애덤
스미스의
따뜻한
손

애덤 스미스의 따뜻한 손

《국부론》과 《도덕감정론》에서 찾은
자본주의 문제와 해법

김근배 지음

중앙books

일러두기

1. 이 책에서 인용한 《국부론》과 《도덕감정론》은 다음 책을 사용하였고, 경우에 따라 영문판을 참고하여 필자가 보완하였습니다.

애덤 스미스 저 · 김수행 역, 《국부론》(개역판), 비봉출판사, 2007

애덤 스미스 저 · 박세일 · 민경국 역, 《도덕감정론》(개역판), 비봉출판사, 2009

Adam Smith, 《The Wealth of Nations》, Penguin Books, 1999

Adam Smith, 《The Theory of Moral Sentiment》, Prometheus Books, 2000

2. 이 책에서 인용한 책들은 대부분 저작권자의 인용 게재 허락을 받았으나, 간혹 저작권자를 찾지 못해 허락을 받지 못한 경우가 있습니다. 또한 경우에 따라 필자가 보완한 부분이 있음을 밝힙니다. 궁금하신 점이 있으시면 편집부로 문의 주시기 바랍니다.

자칭 스미스주의자의 말

이 책은 《국부론》, 《도덕감정론》을 중심으로 한 애덤 스미스Adam Smith 사상의 해설서라 할 수 있습니다. 오래전부터 《국부론》과 《도덕감정론》을 하나로 통합하는 책의 집필을 구상해왔는데, 이렇게 빨리 출간하게 될 줄은 몰랐습니다. 일정을 앞당길 수 있게 된 것은 필자 주변의 젊은 세대 집단들 덕분이라고 할 수 있습니다.

먼저 한 집단은 필자에게 수업을 들었던 학생들과 독서토론 모임에 참가한 학생들입니다. 필자는 과거 다른 책을 집필하는 과정에서 《도덕감정론》과 《논어》의 내용이 매우 유사하다는 것을 알게 되었습니다. 이를 깊이 공부해봐야겠다고 결심한 후 《도덕감정론》과 《국부론》을 연구하면서 자칭 '스미스주의자'가 되었습니다.

이어 필자는 교양과목으로 '고전에서 경영학 배우다'를 만들어 많은 시간을 할애하여 《도덕감정론》과 《국부론》을 다루었고, 학교 도서관에서 운영하는 독서토론 모임에 두 책을 교재로 사용하기도 했습니다. 필자의 수업을 듣는 학생들과 이 독서토론 모임의 학생들을 위해 강의노트를 만들었는데, 그것이 이 책의 바탕이 되었다고 할 수 있습니다. 이 책이 학생들을 위한 교재로 요긴하게 사용되었으면 하는 바람입니다.

또 다른 한 집단은 아직 취직을 못했거나 간신히 취직을 했지만 어려운 근무환경으로 힘들어하는 제자들입니다. 제자들의 딱한 사정을 들을 때마다 위로의 말을 해주곤 하지만, 솔직히 기성세대로서 미안함과 무력감을 느낄 때가 많습니다. 필자는 오늘날 청년실업이나 경제위기가 잘못된 경제구조에서 비롯되었다고 생각합니다. 토마 피케티의 《21세기 자본》이나 장하성 교수의 《왜 분노해야 하는가》 등의 책이 경제불평등에 대한 문제를 다루고 있기는 하지만, 이런 불평등한 제도를 낳은 이념을 비판하지 않고서는 경제제도를 바꾸기란 쉽지 않을 것입니다.

인간의 행동을 생각이 지배하듯이 사회제도는 이념에 의해 유지되고 강화되기 마련입니다. 원래 정치제도나 경제제도란 이념의 산물이며, 대다수 사람들이 명시적으로나 암묵적으로 그 이념을 받아들임으로써 유지되고 강화되는 것입니다. 애덤 스미스가 말한 대로 '제도(법률)라는 것은 종종 그것이 만들어내고 합리화할 수 있었던 상황들이 사라지고 난 후에도 오랫동안 효력을 발휘합니다.' 그리고 제도를 만든 이념은 지배자들에 의해 통치를 원활히 하기 위해 원래 주장한 사람의 의도와 다르게 왜곡되기도 하죠. 앞으로 다룰 애덤 스미스와 공자가 그 대표적 예입니다.

이 책의 또 다른 목적은 서양 최고의 고전인 《국부론》과 동양 최고의 고전인 《논어》를 《도덕감정론》의 관점에서 통합하여 공부하는 것입니다. 그리하여 동서양을 대표하는 두 사상을 하나로 통합해 새로운 정치경제의 방향을 제시하고자 합니다.

　뒤에서 자세히 설명하겠지만, 동아시아의 정치경제 지도자들에게 많은 영향을 준 공자 사상도 다른 사상들이 지속적으로 침투하면서 원래의 공자 사상과 달리 많이 변질되었습니다. 애덤 스미스와 공자의 사상에서 후대에 덧칠된 부분을 벗겨내어 민낯을 보게 되면, 둘 사이의 많은 유사성을 발견할 수 있습니다.

　오늘날 잘못된 경제구조 뒤에는 애덤 스미스의 가면을 쓰고 세계경제를 지배하고 있는 신자유주의 이념이 있다고 봅니다. 오늘날의 경제위기를 극복하려면 우선 이념의 덫에서 벗어나야 합니다. 그리고 애덤 스미스와 공자가 강조한 '동감'이 이기심을 대신하여 자본주의의 정신이 되어야 합니다. 그리고 이에 따라 잘못된 제도를 고쳐야 합니다. 그 결과로 희망을 잃어버린 젊은 세대가 우리 기성세대처럼 미래에 대한 희망을 갖고 살 수 있게 되기를 기원하며 이 책을 썼습니다.

　필자는 이 책이 단지 애덤 스미스 사상의 해설서로 끝나지 않도록 오늘날 경제현실과 실생활을 결부시켜 설명하고자 했습니다. 또 많은 사람들에게 널리 읽힐 수 있도록 쉽고 재미있게 쓰려고 노력했습니다. 그러나 주로 경제 문제를 다루다 보니 쉽게 읽히지 않는 부분도 있을 것입니다. 이는 필자의 역량이 부족한 탓입니다.

　한편으로 애덤 스미스나 공자의 사상에 대한 기존 통념을 철석같이 믿고 있는 독자들은 인지 부조화로 인해 혼란스러울 수도 있습니다. 이런 독자들은 이 책과 함께 애덤 스미스의 《국부론》과 《도덕감정론》의 완역본을 찾아 읽어보기를 권합니다.

이 책은 모두 11장으로 구성되어 있습니다. 먼저 1장과 2장에서는 애덤 스미스의 생애를 다룹니다. 그의 생애와 함께 영국과 스코틀랜드의 대립과 통합의 역사에 대해서 언급하고자 합니다. 애덤 스미스가 당시 경제적으로 후진국이었던 스코틀랜드 사람이었다는 점은 그의 사상을 이해하는 데 매우 중요하기 때문입니다. 3장에서는 《국부론》을 제대로 이해하는 데 중심 연결고리인 《도덕감정론》을 소개합니다. 이후 4장부터 10장까지는 《국부론》을 소개할 것입니다. 참고로 《국부론》은 다음과 같이 5편으로 구성되어 있습니다.

> 1편 노동생산력을 향상시키는 원인과 노동생산물이 상이한 계급들
>   사이에 자연법칙에 따라 분배되는 질서
> 2편 자본의 성질·축적·사용
> 3편 각국의 상이한 국부 증진 과정
> 4편 정치경제학의 학설 체계
> 5편 국왕 또는 국가의 의무와 수입

《국부론》의 1편과 2편에는 오늘날 경제이론의 토대가 되는 가격이론, 노동과 이윤, 자본의 축적, 화폐금융이론 등이 나옵니다. 《국부론》에서 가장 핵심 되는 내용은 중상주의 비판과 자연적 자유주의 체계가 포함된 4편입니다. 따라서 이 책에서는 《국부론》의 원래 순서를 따르지 않고

필자가 생각하기에 중요한 순서대로 소개하려고 합니다.

그래서 이 책의 4장에서는 《국부론》 4편의 중상주의 비판을 다루었습니다. 5장에서는 《국부론》 4편의 중상주의 비판에서 도출되는 자연적 자유주의 체계와 5편의 국가의 의무와 수입에 대해서 설명합니다. 스미스의 중상주의 비판과 자연적 자유주의 체계를 이해하면 그의 경제 사상을 대부분 이해한 것으로 보아도 무방합니다.

6장에서는 애덤 스미스의 정치경제학과 현대 경제학이 어떻게 다른지, 그리고 스미스의 자연가격과 현대 경제학에서의 균형가격이 어떻게 유사하고 또 다른지 설명하려 합니다. 7장에서는 시장이 경제성장에 어떤 역할을 하는지를 상품시장과 금융시장으로 나누어 살펴보겠습니다. 시장은 자본축적에 의해 확대되고 경제성장을 견인합니다. 이 장에서는 특히 스미스 경제학과 케인스 경제학을 비교할 것입니다. 스미스가 후진국의 경제성장을 말했다면 케인스는 자본축적이 끝나 정체된 경제성장을 어떻게 극복할 것인가를 다룬 선진국의 경제학을 말했다고 할 수 있습니다.

8장에서는 '보이지 않는 손'은 무엇이고 이것이 후대 경제학자들에 의해서 어떻게 왜곡되었는지를 설명할 것입니다. 일반인들이 《국부론》에 대해 갖고 있는 잘못된 신화, 애덤 스미스가 '시장에 맡기면 모든 것이 "보이지 않는 손"에 의해서 잘될 것이다라는 믿음을 갖고 있었다'는 것이 오해였음을 푸는 게 이 장의 목적입니다. 9장에서는 노동생산성에 대한 스미스와 마르크스의 상이한 견해를 다루고 여기서 도출되는 자본가와 노동자 간의 분배 문제를 다루겠습니다. 그리고 이에 비춘 우리나라 현실을 살펴볼 것입니다.

10장에서는《국부론》3편의 주제인 부의 증진 과정을 다루겠습니다. 부의 진보는 스미스의 경제발전사에 해당합니다. 여기서는 유럽의 경제 발전과 중국의 경제발전을 비교하겠습니다. 스미스는 농업이 중심이 되어 경제발전을 이끌어야 하는데, 토지를 독점하는 봉건 영주제로 인해 유럽의 발전이 늦어졌다고 했습니다. 마지막으로 11장에서는 이념이 어떻게 권력의 도구가 되는지를 역사적으로 보여주기 위해 공자 사상의 왜곡사를 다루겠습니다. 그리고 공자의 사상을 애덤 스미스의《도덕감정론》과 비교, 재해석하여 양자의 유사성을 밝히려 합니다. 왜곡되지 않은 본래의 두 사상은 서로 유사하다는 것을 알리고자 합니다.

이 책의 가장 큰 목적은 오해와 편견으로 인해 잘못 알려진 애덤 스미스의 경제 사상을 제대로 알려, 위기에 처한 21세기 자본주의의 해법을 구하는 것입니다. 하지만 독자들에게 필자의 관점을 강요하고 싶지는 않습니다. 필자가 애덤 스미스에 대한 기존의 통념을 비판한 것처럼, 독자들 역시《국부론》과《도덕감정론》을 직접 접해본 후 필자의 비판마저 비판할 수 있다면 제 목적은 어느 정도 달성된 것입니다.

이 책을 출간하기까지 많은 분들의 도움을 받았습니다. 먼저 졸저를 출판해주신 중앙북스에 감사를 드립니다. 이 책의 원고를 검토해준 이상진 군과 이민영 양과 이유림 씨에게도 고마운 마음을 전합니다. 매일 책 이야기만 한다고 불평하면서도 항상 격려해준 아내에게도 감사한 마음을 전하고 싶습니다. 주변 사람들의 관심 덕분에 좌절하지 않고 책을 완성할 수 있었습니다.

필자가 만난 진짜 스미스를 여러분도 만나길 기대하며, 이 책이 많은 사람들에게 읽혀 애덤 스미스의 원래 모습이 알려지고 오늘날의 경제위기를 극복하는 데 조금이라도 도움이 되길 기대해봅니다.

2016년 봄, 연구실에서

1장

애덤 스미스와
《국부론》에 대한
오해

21세기 자본주의의 빈익빈 부익부 현상을 조금이라도 완화하려면, 그 본질에 깔려 있는 자본주의 사상을 제대로 이해하려는 노력이 필요하다. 후대에 의해 왜곡된 사상이 아닌 원래의 스미스의 사상으로 돌아가는 것이, 현재의 자본주의를 구하는 길이다. 자본주의를 혁신하려면, 기득권이 만든 제도를 바꾸기에 앞서, 이를 뒷받침하는 사상 혹은 이념을 바꾸어야 한다.

우리가 몰랐던 애덤 스미스

명작일수록 모조품이 많다. 그런데 안타깝게도 일반 사람들은 그 진품 여부를 확인하기 어렵다. 사상 역시 마찬가지다. 과거의 위대한 사상가는 후대에 끼친 영향에 비례해 그 참모습을 알아보기 어렵다. 그들의 사상이 시대가 흐르면서 계속해서 재해석되기 때문이다. 앞으로 다루려 하는 애덤 스미스가 그 대표적 사상가다. 후대에 덧칠된 모습을 한 꺼풀씩 벗겨내 애덤 스미스 본래의 모습을 보여주는 것이 이 책을 쓰게 된 동기이자 목표다.

영국의 경제학자 존 메이너드 케인스John Maynard Keynes는 자신의 저서 《고용, 이자, 화폐의 일반이론》에서 이념idea의 영향력에 대해 '경제학자와 정치철학자들의 사상은 그것이 옳을 때나 틀릴 때에나 일반적으로 알려진 수준보다 더 강력하다. 사실 세계를 지배하는 것은 이것 말고는 별로 없다. 자신은 그 어떤 지적인 영향으로 완전히 벗어나 있다고 믿는 실무가들도practical men 대개는 이미 죽은 경제학자의 노예다'라고 말한다. 또한 '이념의 점진적 침투에 비해 기득권의 힘이 엄청나게 과장되고 있다고 나는 확신한다. 사실 이념의 침투는 즉각적으로 일어나는 것이 아니고 일정한 시간 간격을 두고 이루어진다. 그러나 일찍 드러나든 늦게 드러나든 좋은 것에 대해서든 나쁜 것에 대해서든 위험한 것은 기득권이 아니고 이념이다'라고 덧붙인다.[1]

한국을 포함한 일본과 중국에서 실무가들의 사상을 지배하는 대표적 학자는 애덤 스미스와 공자다. 일본은 메이지 시대인 1878년《국부론》을 번역해 스미스에 대한 연구를 거듭해왔고, 그를 국가를 부강하게 키울 수 있는 방법을 가르쳐준 학자로 존경하고 있다. 뒤늦게 경제개발에 뛰어든 한국도 같은 이유로 스미스 사상을 연구했다.

중국 역시 영국 유학생 엄복嚴復이 귀국하여 1902년에《국부론》을 번역한 것을 시작으로 스미스의 사상이 널리 읽혔으며, 개혁개방 이후에는 지도자들이 자본주의 사상을 연구하기 위해 그의 저서《도덕감정론》과《국부론》을 탐독하는 것으로 알려져 있다.

애덤 스미스와 더불어 동아시아의 정치·경제 사상에 큰 영향을 준 공자는 현대사와 함께 부침을 겪었다. 중국 문화혁명 당시에는 타도의 대상이었다가 자본주의 시장경제를 도입한 후에 부활했다. 중국 최대 유제품업체 멍뉴그룹의 창업자 뉴건성牛根生, 가전제품 하이얼의 창업자 장루이민張瑞敏, IT업계의 대표주자 레노버의 류촨즈柳傳志 회장 등이 경영이념으로 공자 사상을 내세우고 있다.

같은 유교문화권인 한국과 일본에서도 상황은 마찬가지다. 일본에서 자본주의의 아버지로 불리는 시부사와 에이이치나 우리나라의 삼성그룹 설립자 이병철 회장 등도 자신의 경영철학이《논어》에서 나왔다고 말한 바 있다.

애덤 스미스에 대한 11가지 오해

그런데 실무가들은 애덤 스미스나 공자의 사상을 제대로 이해하고 있을까? 안타깝게도 대부분이 오해하고 있다. 그 이유는 이들의 사상을 직접 읽지 않고 사회적 '통념'에 의해 피상적으로 이해하고 있기 때문이다. 그럼 그 '통념'이란 무엇일까? 먼저 애덤 스미스를 중심으로 살펴보면, 대표적으로 다음 11가지로 정리할 수 있다(괄호 안은 이 책에서 이 문제를 다루고 있는 장을 표기한 것이다).

1. 시장은 '보이지 않는 손'에 의해 스스로 조정된다(8장).
2. 정부는 시장에 간섭하지 않는 자유방임주의로 경제를 운영해야 한다(4장과 5장).
3. 좋은 정부란 최소한의 의무만 하는 작은 정부를 말한다(5장과 8장).
4. 개인의 이기심이 사회와 경제를 발전시킨다(3장과 6장).
5. 스미스는 경제학자로 윤리와 도덕 문제는 덜 중요시했다(3장과 11장).
6. 현대 경제학은 스미스의 경제학을 계승했다(6장).
7. 기업은 이윤을 극대화해야 한다(6장).
8. 스미스는 노동자보다 자본가를 우선시했다(9장).
9. 스미스 경제학은 오늘날 선진국 상황에 맞는 경제학이다(7장과 10장).
10. 상품시장처럼 금융시장도 자유화하고 금융기관은 효율을 위해 대형화해야 한다(7장).
11. 선진국이 되려면 제조업이나 상업을 농업보다 먼저 발전시켜야 한다(10장).

안타깝게도 위의 11가지 통념은 모두 잘못된 것이다. 그리고 왜 잘못되었는지를 밝히는 것이 이 책의 목적이라고 할 수 있다. 필자가 살펴본 바에 의하면, 현재 고등학교 교과서를 비롯하여 경제학자들을 소개한 많은 저서들, 그리고 신문 논설 등을 통해서도 이런 통념들이 확대 재생산되고 있다. 그런데 이런 통념들이 '잘못되었다'고 지적하면 오히려 안데르센의 동화 '벌거벗은 임금님'에 나오는 어린아이와 같은 취급을 받곤 한다. 매우 안타까운 상황이다.

왜 이렇게 되었을까? 현재주의적 관점에서의 오해와 의도적 왜곡 때문이다. 인간은 역사적 사실 혹은 과거의 사건을 현재의 관점에서, 즉 현재주의적 관점에서 바라보는 경향이 있다. 마치 과거의 스크린에 현재를 비추는 꼴이다. 과거 그들의 모습을 본다면서 실은 현재 자신의 모습이 투사된 것을 보는 것이다.[2]

애덤 스미스나 공자는 당대에는 진보적 사상가였지만, 현대인들은 보수적 사상가로 인식한다. 스미스나 공자를 보수주의 사상가로 오해하는 이유는 그들의 사상이 오랜 세월 막강한 영향력을 끼쳐 현재에는 실현되어 있기 때문이다.

예컨대, 스미스 당시에는 대다수 사람들이 경제적 자유를 누리지 못하고 있었다. 동업조합법, 도제법, 거주법과 같은 악법이 경제적 약자들의 경제적 자유를 제약하고 있었던 것이다. 스미스는 이를 철폐하여 대다수 국민에게 경제적 자유를 줄 것을 주장했다. 많은 사람들이 스미스를 보수주의 사상가로 오해하는 이유 중 하나가 바로 스미스 당대에 대다수 사람들이 오늘날 자본주의 국가에서 누리는 경제적 자유를 누리고 있었다고 생각하기 때문인 것이다.

우리가 현재 보고 있는 사상가의 모습은 오랜 시간에 걸쳐 현재주의가 누적된 결과일 뿐이다. 예컨대 현대의 공자 사상은 한나라 때 재해석된 공자, 송나라 때 재해석된 공자, 그리고 명과 청을 거쳐 재해석된 공자의 사상들이 누적된 것이다. 실은 후대 학자들이 공자의 모습에 자신의 모습을 투사한 것에 지나지 않을 수도 있다.

이런 사상의 재해석이 권력과 결부되면 지배권력을 합리화시켜주는 이념으로 전락한다. 과거 중국의 위정자들도 의도적으로 공자의 권위를 빌어 지배이념을 정당화했다. 그리고 이 이념들을 교육시켜 통념으로 만들어버렸다. 유럽의 역사에서는 예수의 권위를 빌어 종교권력의 지배를 합리화했고 이에 반발해 나타난 것이 종교개혁이다.

스미스의 사상 역시 심하게 왜곡되었다. 현대의 경제학자들 중에 애덤 스미스의 사상을 자신의 경제이론을 합리화하는 데 사용한 경우가 많았다. 신자유주의 경제학은 애덤 스미스의 '보이지 않는 손'으로 포장되어 있다. 그런데 막상 포장지를 벗겨보면 거기엔 애덤 스미스의 사상 대신 신자유주의 경제학이 옹호하는 '자유방임주의'가 들어 있다.

단언컨대 애덤 스미스는 자유방임주의자가 아니다. 그럼에도 불구하고 애덤 스미스가 자신의 뜻과 무관하게 자유방임주의자로 치부된 데에는 많은 이유가 있을 것이다. 앞으로 그렇게 된 경위에 대해 자세히 설명하려 한다.

오스트리아의 경제학자 카를 멩거Carl Menger는 애덤 스미스가 가난한 자와 약자의 편이었다고 말한다. 그래서 스미스 사상이 사회주의를 이끌었다고 평한 바 있다.

스미스는 모든 경우에 부자와 강자, 빈자와 약자 간 이해 다툼에 그 자신을 '예외 없이' 후자 편에 위치시킨다. 나는 문헌을 철저히 검토한 후에 '예외 없이 without exception'란 표현을 쓴다. 애덤 스미스의 저작에서는 빈자와 약자poor and weak에 대항해서 부자와 강자rich and powerful의 이익을 대변하는 하나의 사례도 존재하지 않았다.[3]

《국부론》을 읽어보면 스미스는 자본가와 노동자, 도시와 농촌, 그리고 원청기업(대기업)과 하청기업(중소기업) 간 대립에서 항상 후자의 편에 서 있는 것을 알 수 있다. 갑이 아닌 을의 편에 섰던 것이다. 카를 멩거의 주장은 《국부론》과 또 다른 저서 《도덕감정론》을 읽어보면 누구나 알 수 있다.

《국부론》과 《자본론》을 모두 번역한 고故 김수행 교수는 애덤 스미스를 신고전경제학과 마르크스 경제학의 원조로 보았다. 다시 말해, 스미스를 자본주의 경제학과 사회주의 경제학의 뿌리로 보고 있는 것이다.

참고로 스미스 당시에는(심지어 마르크스 당시에도) 자본주의라는 용어가 사용되지 않았다. 이는 19세기 후반에서야 만들어진 용어다(1894년에 J.A. 홉슨이 쓴 《근대자본주의 발전Evolution of Modern Capitalism》이나 1902년에 베르너 좀바르트의 《근대자본주의Der moderne Kapitalismus》, 그리고 1904년에 막스 베버의 《프로테스탄트의 윤리와 자본주의 정신》 같은 책이 나오면서 이 용어가 확산된다). 때문에 애덤 스미스 사상은 자본주의적 관점에서도 읽을 수 있지만 사회주의적 관점에서도 읽을 수 있다.

그런 의미에서 서울대 경제학과 김병연 교수는 한 매체를 통해 '북한의 김정은이 꼭 읽어야 할 책'으로 《국부론》을 권하고 있다. 그는 시장 거래를 인정하지 않고 사기업 활동을 막는 사회주의로는 김정은이 원하는 강성대국이 될 수 없다는 것을 강조하고 있다.

그의 의견에 동의하면서 덧붙이자면 필자는 《국부론》은 현재 한국 정치 지도자들에게도 유익한 책이라고 생각한다. 경제민주화와 경제불평등 문제에 대한 방안이 《국부론》에 담겨 있기 때문이다.

앞에서도 강조했지만, 스미스는 통념과 달리 자본가 편에 있지 않았고 노동자, 즉 경제적 약자 편이었다. 스미스에게 있어 자본의 목적은 노동생산성을 높이거나 생산적 노동자수를 늘리는 데 있었다. 한마디로 고용을 위한 것이었다. 이런 점에서 스미스 사상은 자본 친화적이 아닌 노동 친화적이라 할 수 있다. '노동자 우선주의', '고용 우선주의'라 할 수 있다.

이처럼 자본주의 설계자로 생각되는 애덤 스미스를 놓고 오해와 왜곡이 전개되는 한편, 사회주의 설계자로 생각되는 마르크스 역시 똑같은 방식으로 왜곡되어왔다. 대부분의 사람들은 프롤레타리아 독재(공산당 일당 독재)를 마르크스의 사상으로 알고 있지만, 이는 잘못된 것이다. 레닌이 마르크스를 정통으로 계승한 것을 강조하기 위해, 다시 말해 러시아 공산혁명을 정당화하기 위해 '마르크스-레닌주의'라는 말로 묶어버렸기 때문에 벌어진 일이다.

때문에 좌우의 이념논쟁은 서로 상대방의 허상을 공격하는 것이 되었다. 좌파는 탐욕의 자본주의 혹은 천민자본주의를 비판하면서 이를 통해 애덤 스미스를 공격하고 있다고 생각하고, 반면에 우파는 공산당 일당 독재체제를 비판하면서 마르크스를 공격한다고 생각한다. 스미스와 마르크스의 원래 사상을 제대로 이해한다면 이처럼 극단적으로 갈라설 수는 없는 것이다.

자본주의의 위기 속, 세계가 다시 주목하고 있는 애덤 스미스

자본주의가 위기라는 점은 여러 경제 현상을 통해 극명히 나타나고 있다. 특히 부의 양극화 문제는 날로 심각해지고 있다. 《21세기 자본》에서 토마 피케티는 자본가의 소득이 상대적으로 증가하는 현상을 잘 보여주고 있다. 물론 이미 여타 자본주의 국가에서 일어나고 있는 현상이다. 부의 양극화 문제를 해결하지 않으면 자본주의 사회는 더욱 힘들어질 수밖에 없다. 결혼, 출산, 연애를 포기한 '3포세대'라는 말이 나오더니, 이제 취직, 인간관계까지 포기한 '5포세대'라는 말이 나오고 있는 것이 우리나라의 현실이다.

21세기 자본주의의 빈익빈 부익부 현상을 조금이라도 완화하려면, 그 본질에 깔려 있는 자본주의 사상을 제대로 이해하려는 노력이 필요하다. '깨어 있는 자본주의', '온정적 자본주의', '창조적 자본주의' 등 자본주의 앞에 자꾸만 수식어가 붙는 것도 자본주의에 어떤 문제가 생겼음을 반증하는 것이다.

자본주의 사상은 애덤 스미스의 이름으로 포장되어 있지만, 서서히 침투한 후대 경제이론들에 의해 기득권을 옹호하고 정당화하는 도구로 변질되었다. 자본주의를 혁신하려면, 기득권이 만든 제도를 바꾸기에 앞서, 이를 뒷받침하는 사상 혹은 이념을 바꾸어야 한다. 후대에 의해 왜곡된 사상이 아닌 원래의 스미스의 사상으로 돌아가는 것이 바로 자본주의를 바로 세우고 현재의 자본주의를 구하는 길이다.

소르본대학교의 사회학자 레이몽 부동Raymond Boudon 교수는 위기를 맞은 자본주의 체제에 대한 이론적 대안으로 스미스의 또 다른 저서, 《도덕감정론》에 주목한다.《국부론》의 스미스를《도덕감정론》의 스미스로 해석할 것을 제안하는 것이다.[4] 필자 역시 이 책을 통해 애덤 스미스의《국부론》과《도덕감정론》을 통합해 스미스 사상을 재조명하려고 한다. 자본주의가 갖고 있는 문제점과 사회주의가 갖고 있는 문제점 때문에 제3의 길을 추구하는 노선도 등장하고 있는데, 바로 태초의 애덤 스미스로 돌아가는 것이 제3의 길이기도 하다.

중국의 경우를 살펴보자. 2009년 2월 2일 자〈파이낸셜 타임스〉에는 원자바오 전前 중국 총리의 인터뷰 기사가 난 적 있다. 그는 세계 경제위기에 대해 논하면서 애덤 스미스의《도덕감정론》을 언급했다. '애덤 스미스는《국부론》을 1776년에 출간했지만 동시대에《도덕감정론》도 썼다. 이를 통해 경제개발의 과실을 모든 사람이 공유하지 않으면, 도덕적으로 불건전하고 위험하며 사회의 안정을 해친다는 취지의 말을 했다'면서, 또 자신은《도덕감정론》을 항상 지니고 다닌다고도 했다.

또 2015년 4월 8일 자〈인민일보(인민망)〉(www.people.cn) 기사에 따르면, 리커창 총리가 칭화대학교 국학원 원장과 대담하면서 스미스의《국부론》과《도덕감정론》을 언급하는 부분이 나온다. '경제학의 아버지 애덤 스미스는《국부론》에서 경제인 그리고《도덕감정론》에서 도덕인을 이야기했다. 시장경제는 법치경제이자 도덕경제이다.'

이렇게 보면 역설적으로 애덤 스미스의 사상은 자본주의 경제학자들보다는 시장경제를 도입한 중국의 국가 지도자들이 더 열심히 공부하고 더 잘 이해하고 있는지도 모른다. 자본주의 국가의 경제학자들 중에서 애덤 스미스를 전문적으로 연구하는 학자들을 제외하고《국부론》과《도덕감정론》을 완독한 사람이 그리 많지 않기 때문이다.

원자바오 전 총리는 '스미스는 《국부론》과 《도덕감정론》에서 "보이지 않는 손"을 한 번씩 언급했는데 《국부론》에선 "시장"을 말한 것이고 《도덕감정론》에서는 "도덕"을 말한 것'이라고 한 바 있다. 이 말은 마치 자본주의 국가의 주류 경제학자들이 《국부론》의 주제가 '보이지 않는 손'인 것처럼 떠드는 모습을 냉소적으로 지적하는 것처럼 들린다.

《국부론》은 미국이 독립을 선언한 1776년에 출간되어, 조지 워싱턴을 비롯한 미국의 독립운동 지도자와 초기 대통령들에게도 영향을 주었다. 애덤 스미스는 《국부론》에서 식민지 미국 지도자들에게 영국 의회의 대표권을 부여할 것을 주장했으며, 앞으로 식민지가 독립하면 강대국이 될 것이라 예측했다. 이런 우호적인 주장 때문에 미국 초기 정치 지도자들은 《국부론》을 읽었고, 스미스 사상의 영향을 받았다.

그런데 《국부론》이 출간된 지 200년이 훌쩍 넘은 21세기 오늘날, 세계의 헤게모니가 미국에서 중국으로 넘어가려는 이 시점에 《국부론》은 다시 중국 지도자들에게 큰 영향을 미치고 있다. 중국 지도자들이 스미스 사상을 공부하는 이유는 시장경제를 도입함에 따라 그 주창자의 사상을 이해할 필요를 절감했기 때문일 것이다. 그런데 막상 공부해보니 '노동자 우선주의'인 스미스 사상에 쉽게 공감하게 되었을 거라 생각된다.

게다가 스미스의 또 다른 저서 《도덕감정론》은 공자 사상과 유사한 부분이 많기에 친밀감까지 느꼈을 것이다. 2007년 3월 중국 광시사범대학교에서 번역 출간한 《도덕감정론》 표지에는 '서양세계의 《논어》가 《도덕감정론》이다'라는 말이 적혀 있다. 참고로 2015년 11월을 기준으로 아마존에서 《도덕감정론》을 검색했을 때 중국어판이 17종 이상이 나오는 것을 보면(중국어판 《국부론》은 해설서를 제외하고 35종 이상) 《도덕감정론》에 대한 중국인들의 큰 관심을 어림짐작할 수 있다.

이 책에서는 애덤 스미스의 관점에서 오늘날 한국 사회의 가장 큰 문제인 경제불평등과 경제민주화 문제를 짚어보겠다. 한국의 경제불평등은 외환위기 이후 경제자유화가 시작되면서 촉발되고, 스미스의 이념이라며 정부는 간섭하지 않고 모든 것을 시장에 맡겨야 한다는 논리로 정당화되었다. 그리고 경제자유화가 초래한 경제불평등은 선진국으로 가기 위해 마땅히 감내해야 하는 것으로 생각되기에 이르렀다.

그런데 만약 스미스가 살아나 오늘날의 한국 사회를 본다면 정말로 자신의 이념이 구현되었다고 생각할까? 바로 이 점을 짚어볼 것이다. 그리고 한국 경제위기를 어떻게 극복할 것인지 역시 애덤 스미스에게서 그 해법을 찾아보도록 하겠다.

2장

애덤 스미스는
누구인가?

애덤 스미스는 《국부론》으로써 정치경제, 《도덕감정론》으로써 윤리학, 《법학강의》로써 법률까지, 다양한 분야에 걸쳐 지대한 영향을 끼친 사람이다. 그는 실로 만능 지식인이었다. 그런데 《국부론》을 이해하려면, 먼저 그가 스코틀랜드 사람이라는 사실을 고려해야만 한다.

18세기가 낳은 만능 지식인

애덤 스미스는 1723년 스코틀랜드의 커콜디Kirkcaldy에서 유복자로 태어났다. 학자의 피를 타고났던 것인지 이미 열네 살에 도덕철학으로 유명한 글래스고대학교University of Glasgow에 입학해 라틴어, 희랍어, 자연철학과 더불어 도덕철학을 배웠다. 이후 청운의 꿈을 안고 옥스퍼드대학교University of Oxford에 장학생으로 유학을 떠났는데, 당시 교수들의 성의 없는 강의에 크게 실망을 하고 말았다.

그리하여 그는 독학으로 고전 연구를 시작하게 된다. 스미스의 독창성은 이런 아이러니한 환경에서 자라났다고 할 수 있다. 옥스퍼드대학교 생활에 만족하지 못한 스미스는, 스코틀랜드 왕가를 복위시키려고 일어난 내란으로 시국이 어수선해지자 1746년 스물세 살 나이에 학교를 자퇴하고 귀향한다.

애덤 스미스는 고향 스코틀랜드로 돌아온 후 1748년 에든버러에서 진행한 수사학 공개 강의로 유명해졌다. 명강의로 이름이 알려지자

1751년 글래스고대학교의 논리학 교수로 초빙되는데, 이때 나이가 스물여덟이었다. 논리학을 가르치던 스미스는, 이후 스승 프랜시스 허치슨Francis Hutcheson의 공석을 이어받아 도덕철학을 가르치게 된다. 그의 사후에 발견된 당시의 강의노트를 보면 스미스는 이 도덕철학 강좌에서 윤리를 포함해 정치경제학과 법학까지 강의한 것을 알 수 있다. 실로 만능 지식인이었다고 할 수 있을 정도다.

유럽을 강타한 《도덕감정론》과 《국부론》의 탄생

《도덕감정론》이 출간된 것은 스미스가 서른여섯 살이 되던 1759년이다. 지금도 이 책을 읽어본 사람은 누구나 그 젊은 나이에 어떻게 이런 통찰력을 가지고 있었는지 감탄하게 된다. 당시 《도덕감정론》은 출간하자마자 베스트셀러가 되었고 프랑스와 독일에서도 번역되어 인기를 얻었다. 책을 읽고 감명을 받은 많은 국내외 인사들이 글래스고로 스미스를 찾아올 정도였다.

이런 사람들 중에 당시 영국 정계의 실력자로 재무장관을 역임한 찰스 타운센드Charles Townshend도 있었다(그는 귀족의 미망인과 결혼하여 세 아이의 의붓아버지였다). 당시 귀족 자제들 사이에서는 장기간 유럽으로 여행하며 견문을 넓히는 그랜드 투어Grand Tour가 유행했는데, 타운센드는 스미스에게 자기 아들 헨리 스코트의 가정교사로서 동행할 것을 제안하며 평생 동안 300파운드의 연봉을 지급하겠다고 했다. 스미스에게는 일종의 연금이 생긴 셈이었다.

스미스는 이 유럽 여행에 마음이 동했다. 프랑스에 번역 출간된 《도덕감정론》에 호의적인 반응을 보이던 프랑스 철학자들도 만나보고 싶었고, 친구이자 철학자인 데이비드 흄David Hume이 파리에서 영국대사의 비서로 일하면서 항상 파리 소식을 편지로 전해주었기 때문에 그에 호기심을 갖고 있었던 것이다. 결국 1763년, 스미스는 12년간의 대학교수 생활을 접고 유럽 여행길에 나선다.

결과적으로 이 여행은 《국부론》에 커다란 밑거름이 되었다. 스미스는 여행 중 스위스 제네바에서 존경하던 볼테르Voltaire를 만나고, 프랑스에서 중농주의 학파의 대표적인 사상가들인 프랑수아 케네François Quesnay, 안 로베르 자크 튀르고Anne Robert Jacques Turgot와 교제하기도 했다. 이렇게 3년 동안의 유럽 여행을 마치고 돌아온 뒤에는 타운센드에게 받는 연봉 덕분에 스미스는 집필에 매진할 수 있었다. 고향 커콜디에서 무려 10년 동안 집필에 전념한 결과, 그가 쉰세 살이 되던 해이자 미국이 독립을 선언한 해인 1776년 《국부론》이 세상에 나오게 된다.

《국부론》에 대한 반응은 대단했다. 애덤 스미스는 당대 최고 사상가로 존경받게 되었고, 각계각층 인사들과 교류의 물꼬도 트게 되었다. 한번은 당시 수상이던 윌리엄 피트 2세가 그를 주요한 회의에 초대한 일이 있었는데, 스미스가 방으로 걸어 들어오자 참석자들이 모두 자리에서 일어나 그가 극구 앉으라고 말리는 일이 벌어졌다. 그러자 피트 수상은 '아닙니다. 선생님이 먼저 앉으실 때까지 우리는 서 있겠습니다. 우리들은 모두 당신의 제자입니다'라며 최고의 경의를 표했다.

그만큼 《국부론》이 당시 사회에 미친 영향은 대단했다. 스미스는 불과 13년 전 사표를 제출한 글래스고대학교에 명예총장으로 임명되기도 했다. 한편으로 스미스는 연구와 결혼한 사람이었다. 평생을 독신으로 어머니, 사촌누이와 함께 살았고, 1790년 예순일곱의 나이로 에든버러에서 사망하여 그곳 교회에 묻혔다.

스미스는《국부론》을 쓰면서도 한편으론《도덕감정론》을 여섯 번이나 개정했다. 쉴 새 없이 보완해나간 것이다. 그러니 지금 우리가 보는《도덕감정론》은 스미스가 여섯 번 개정한 결과물이다.

애덤 스미스는《국부론》을 쓴 후, 법에 관한 저술에 착수했지만 살아생전 완성할 수 없다고 판단해 주위 사람들에게 원고를 태워버리라는 유언을 남겼다. 그래서 이 원고는 세상에 남아 있지 않다. 그런데 놀랍게도 스미스가 죽은 지 100여 년이 지난 1895년, 1762년부터 1763년까지 스미스의 강의를 기록한 한 학생의 노트가 발견되어 책으로 출간되었다. 이것이 바로《애덤 스미스의 법학강의》(이하《법학강의》)라는 책이다.

이 책은 스미스의 강의가 어떻게 발전되어《도덕감정론》과《국부론》의 토대가 되었는지를 엿볼 수 있고, 또한 그가 불태운 원고에 썼을 법한 법과 정의에 대한 그의 생각을 짐작할 수 있게 한다. 일례로《법학강의》에는《국부론》에 나오는 분업이나 중상주의 비판 같은 내용이 나온다.

이처럼 애덤 스미스는《국부론》으로써 정치경제,《도덕감정론》으로써 윤리학,《법학강의》로써 법률까지, 다양한 분야에 걸쳐 지대한 영향을 끼친 사람이다. 그는 오늘날 사회과학 전 분야를 아우르는 종합적 사상가였다.

애덤 스미스와 스코틀랜드 – 잉글랜드 간 대립과 통합의 역사

《국부론》을 이해하려면 먼저 애덤 스미스가 스코틀랜드 사람이라는 사실을 고려해야 한다. 잉글랜드와 스코틀랜드는 1707년에 통합되었는데, 스미스는 그로부터 16년이 지난 시점에 태어났다. 대립과 반목의 역사로 점철된 두 나라는 통합이 되었어도 한 국가로서의 정체성은 갖지 못했다. 스코틀랜드는 잉글랜드에 비해 경제적으로 낙후되었고 정치적으로도 소수자였다.

앞에서 역사를 이해하는 데 있어서 현재주의적 관점의 문제점을 언급했는데, 이를 극복하기 위해서는 당대는 물론 그 이전 시대까지 거슬러 올라가 살펴볼 필요가 있다. 마찬가지로 이런 고찰을 통해 스코틀랜드인으로서의 스미스의 정체성이 《국부론》에 어떤 영향을 주었는지 이해할 수 있을 것이다.

영국이라는 섬은 남부의 잉글랜드와 북부의 스코틀랜드 그리고 웨일즈와 아일랜드로 이루어져 있다. 잉글랜드는 스코틀랜드에 비해 땅이 넓고 기름지며, 인구는 물론 농업 생산물도 많다. 반면 스코틀랜드는 옥수수조차 여물기 힘든 황무지와 언덕이 대부분으로, 고작 양 떼나 황소 떼를 먹일 풀이 나는 정도였다. 스코틀랜드 사람들은 이런 환경 탓에 잉글랜드 사람들보다 척박한 삶을 이겨내는 데 더 익숙하다.

잉글랜드와 스코틀랜드는 지리적 요건 외에도 인종적, 종교적으로도 다르다. 잉글랜드는 5세기 후반부터 독일 북부에 살던 앵글족과 색슨족이 원주민인 브리튼족을 몰아내고 정착하기 시작한 곳이다. 앵글족과 색슨족은 게르만족으로, 같은 시기 북부에는 픽트족과 스코트족이 세운 스코틀랜드 왕국이 있었다. 이처럼 원류부터 다른 잉글랜드인과 스코틀랜드인들은 1603년에 스코틀랜드 왕이 영국 왕을 겸하며 통합이 시작될 때까지 무려 1,000년 동안 반목을 계속해왔다.

양국의 적대감이 절정을 맞은 것은 13세기, 그러니까 영국 왕 에드워드 1세Edward I가 스코틀랜드를 정복한 시기다. 멜 깁슨이 주연한 영화 〈브레이브 하트〉가 바로 이 시대를 배경으로 하고 있다. 스코틀랜드 영웅으로 추앙받는 저항군 지도자 윌리엄 월리스William Wallace의 사후 스코틀랜드와 잉글랜드는 더욱 가열한 일진일퇴의 전쟁을 벌였고, 1328년 잉글랜드는 스코틀랜드의 독립을 인정하게 된다.

자신들보다 땅도 넓고 인구도 많은 잉글랜드 사람들에게 정복당하지 않은 것을 보면 스코틀랜드인들은 싸움에 능한 것 같다. 하긴 로마 시대에 로마인들이 브리튼을 정복했을 때도 끝내 북쪽은 정복하지 못했다. 로마 멸망 후 로마인들이 철수했을 때 스코틀랜드인들은 브리튼 쪽으로 쳐들어온다. 그러자 원주민이던 브리튼족들은 색슨족과 앵글족을 용병으로 데려왔는데, 이것이 오히려 사단이 되어 자신들의 땅을 내주는 꼴이 되었다. 현재의 영국 사람들은 바로 앵글족과 색슨족의 후손들이다.

일본에서 애덤 스미스 전문가로 평가되는 다카시마 젠야 교수는 스미스의 저서를 보면, 스코틀랜드 사람들이 잉글랜드 사람들에 비해 용감하고 상무尙武 정신이 풍부하다고 하는 등의 서술이 곳곳에서 발견되며, 그가 스코틀랜드 전통을 자랑스러워하는 마음을 엿볼 수 있다고 말한다.[1] 애덤 스미스는 《국부론》에서도 사회의 안전보장은 상비군만으로는 부족하고 국민의 상무정신에 달려 있다고 말한 바 있다.[2]

용맹한 스코틀랜드 사람들은 다른 유럽 국가들에서 용병으로 많이 고용되었다고 한다. 특히 제임스 1세가 영국 왕이 되면서 잉글랜드와 평화관계를 유지하게 되자 그러한 경향은 짙어졌다. 스코틀랜드 출신 군인들이 식민지 전쟁에서 맹활약을 한 것은 당연한 일이었을 것이다.

그런데 이처럼 인종도 다르고 서로 적대적인 상황에서 스코틀랜드는 왜 1707년 잉글랜드에 통합되었을까? 먼저 이는 스페인의 무적함대를 무찔러 영국을 유럽의 강대국 반열에 올려놓은 엘리자베스 1세의 역할이 크다. 양국이 모두 가톨릭에 반대하는 입장에서 이해관계가 깊어지자 적대감이 많이 해소된 것이다. 종교개혁 이후 스코틀랜드에서는 장로교가 확산되었고, 잉글랜드에서는 헨리 8세 이후 영국국교(성공회)가 확산되었다. 그런데 헨리 8세를 승계한 메리 여왕은 가톨릭 신자로서 비가톨릭 교도들을 탄압했고, 메리 여왕 이후 엘리자베스 1세가 반대로 반가톨릭 정책을 취하면서 양국이 가까워지게 된 것이다.

독신이었던 엘리자베스 1세는 1603년 사망하면서 왕위 계승자로 가장 가까운 혈족인 조카를 지명한다. 그가 바로 당시 스코틀랜드의 왕이자 스튜어트 왕가를 연 제임스 6세이다. 이렇게 해서 양국은 공동의 왕을 맞이하게 된 셈이 되었다. 1653년 크롬웰에 의해 일시적으로 합병되는 시기를 제외하면 양국은 공동의 왕이 통치를 하면서 의회를 비롯한 정부는 독자적으로 운영해왔다. 이렇게 스코틀랜드 출신인 스튜어트 왕가가 100여 년간 지속되면서 양국의 적대감이 많이 완화되었고, 1707년에는 아예 양국의 의회가 통합되고 스코틀랜드는 잉글랜드에 합병된다.

그런데 왜 양국은 독립적으로 운영되던 의회를 통합하는 결정을 했을까? 먼저 명예혁명 이후 들어선 영국 정부의 중상주의정책이 스코틀랜드와 전통적으로 우호관계에 있던 프랑스와의 무역을 위험에 빠뜨렸기 때문이다. 또 영국 정부는 항해법을 내세워 스코틀랜드를 영국의 식민지

무역에서 제외시켰다. 애덤 스미스가 《국부론》에서 영국과 적대관계에 있는 국가들(주로 프랑스)로부터의 수입 금지 혹은 수입품에 높은 관세를 부과하는 것을 비판한 것도 이런 배경에서다.

같은 시기 잉글랜드는 식민지 경영으로 번영하고 있었지만, 스코틀랜드는 독자적으로 식민지를 건설해보려 했다가 실패하고 경제는 더욱 곤궁에 빠진다. 스코틀랜드는 독자적 경제력을 갖추지도 못했다. 당시 스코틀랜드의 1인당 부富는 잉글랜드의 5분의 1에 불과했다. 현실적인 일부 스코틀랜드 지도자들은 아예 의회까지 통합하여 경제적 실리를 추구하려 했지만, 이런 노력은 번번이 좌절되고 만다.

그러다가 스튜어트 왕가의 마지막 왕인 앤이 후사가 없자 왕위 계승 문제가 대두된다. 1703년 스코틀랜드는 앤 여왕이 사망할 시 잉글랜드가 스코틀랜드의 자유무역과 장로교의 신앙의 자유를 보장하지 않는다면, 다른 왕위 계승자를 선택할 수 있다고 천명한다. 그러자 잉글랜드는 다시 과거의 적대적 관계로 돌아가기보다 통합이 낫다고 판단한 것이다.

1707년 스코틀랜드는 영국 하원에 45명의 대표를 보냈다. 이로써 양국은 의회가 통합되고 통합왕국이 된다. 물론 당시 인구비율로는 100석을 차지해야 하지만 스코틀랜드가 국가 재정에 기여하는 과세기준을 적용한다면 적은 수는 아니었다.[3]

애덤 스미스가 본 식민지 미국

스미스는 《국부론》에서 잉글랜드와 스코틀랜드가 통합되는 방식을 당시

북아메리카 식민지 문제 해결 방식으로 제안하고 있다. 《국부론》이 출간된 시점은 미국이 독립을 선언하기 불과 4개월 전으로, 스미스는 식민지 문제에 대한 자신의 해결책을 제안한 것이다. 즉, 북아메리카 식민지 사람들에게 대표 선출권을 주어 본국 의회에 파견케 하고 무역의 자유를 허락하는 대신 그들로부터 세금을 거둬들이는 방식 말이다. 《국부론》에는 다음과 같은 내용이 나온다.

영국 의회는 식민지에 대한 과세를 고집하고 있지만 식민지들은 자신들의 대표를 보내지 않는 의회에 의해 과세되는 것을 거부하고 있다. 만일 영국이 총연합에서 탈퇴하는 각 식민지에 대해 식민지가 제국의 공공수입에 기여하는 것에 비례하여 대표자를 인정한다면 [이는 결과적으로 본국 시민과 똑같은 세금을 납부하고 이에 대한 대가로 본국시민과 동일한 상업의 자유가 허용된다는 것이다], 식민지의 납세액에 따라 대표자의 수는 증가할 것이고, 지위를 얻을 수 있는 새로운 방법, 야심에 대해 새롭고 좀 더 눈부신 대상이 각 식민지의 지도자들에게 제공될 것이다.[4]

그러나 이런 제안은 정치적 다수자인 잉글랜드 사람들에게는 받아들이기 어려운 것이었다. 애덤 스미스가 정치적 소수자였기 때문에 이런 제안이 가능했던 것이다. 스미스는 이런 제안이 거부되면 전쟁은 불가피하다고 보았다. 영국은 승리를 자신하지만 결국 패배하게 되고 북아메리카 식민지(미국)는 세계에서 존재하는 가장 위대하고 강력한 제국이 될 가능성이 높다고 그는 예언했다.

그럼 여기서 다시 잉글랜드와 스코틀랜드의 통합 직후 상황으로 돌아가보자. 당시 잉글랜드인들은 스코틀랜드인들을 세금은 제대로 내지 않으면서 교역과 취업에는 항상 끼어들려고 하는 가난하고 욕심 많은 불편한 친척으로 여겼다. 양국의 통합이 잉글랜드 사람들에게는 우월감을, 스코틀랜드 사람에게는 굴욕감을 낳은 것이다. 스코틀랜드 사람들이 기대했던 통합의 긍정적인 효과는 서서히 나타났고, 오히려 통합 이후 스코틀랜드의 허약한 산업 분야가 잉글랜드의 선진 산업과 경쟁을 하면서 불만이 쌓여가는 상태였다.

《애덤 스미스전Life of Adam Smith》의 저자 존 레이John Rae에 따르면, 옥스퍼드에서 스코틀랜드 출신 학생들은 외국인 침입자 취급을 받았다고 한다. 스미스가 옥스퍼드대학교에서 공부한 6년 동안, 그가 우월감에 사로잡힌 잉글랜드 출신 사람들과 평생 친구가 된다는 것은 불가능한 일이었다.

그러다 1745년에 한 사건이 발생한다. 프랑스로 망명한 제임스 2세의 손자가 일곱 명의 동조자를 데리고 스코틀랜드 서해안에 은밀히 상륙해서 스코틀랜드의 수도 에든버러를 점령한 후 남쪽으로 향하여 런던에서 100여 킬로미터 떨어진 더비까지 간 것이다.

결국 사건은 진압되었지만, 이 사건은 양국의 통합에 반대하는 세력이 많이 존재했음을 증명한다. 애덤 스미스는 이 사건이 진압된 후 이듬해 옥스퍼드대학교를 자퇴하고 고향인 커콜디로 돌아온다. 어수선한 시국, 게다가 자신에게 비호의적인 옥스퍼드에서 공부하는 것이 별로 만족스럽지 못했기 때문이다.

그리고 양국이 통합된 지 70여 년이 안 된 1776년 애덤 스미스는 《국부론》을 출간했다. 이때가 스코틀랜드인이 희망한 대로 통합의 긍정적인 효과가 조금씩 나타나기 시작한 때다. 경제적으로 낙후된 스코틀랜드의 젊은이들에게 영국의 광대한 식민지는 인생의 새로운 기회가 되었다.

북쪽 고지대의 용감한 젊은이들은 육군과 해군에 입대하여 군 경력을 쌓을 수 있었고, 남쪽 저지대의 교육받은 사람들은 식민지 또는 동인도회사에 관리로 대거 진출할 수 있었다. 실제로 해외 식민지와 관련된 일자리에 종사한 사람들 중에서 스코틀랜드인의 비중이 상대적으로 높았다. 1775년 벵골에 파견된 동인도회사 관리자 249명 중 47퍼센트가 스코틀랜드인이었다고 한다.[5] 그럼에도 불구하고 잉글랜드와 스코틀랜드의 경제적 격차는 여전히 상당했던 모양이다. 애덤 스미스는 《국부론》에서 에든버러(스코틀랜드 수도) 노동자의 임금이 런던 노동자의 반이라고 했다.

그런데 이렇게 통합으로 경제적 실리를 누렸던 스코틀랜드는 왜 2014년 분리 독립을 하려 했을까? 생각해보면 간단하다. 통합이 경제적 이유에서 이루어졌으니 분리도 경제적 이유에서 하려 했던 것이다. 제2차 세계대전 이후 대영제국이 해체되면서 식민지 경영에 참여했던 사람들은 일자리를 잃게 되었다. 이는 상대적으로 해외 진출이 많았던 스코틀랜드 사람들에게는 엄청난 기회의 상실이었다.

일례로 1950년대에 한 스코틀랜드 민족주의자 무리가 웨스트민스터 사원에 보관되어 있던 '스콘의 돌'을 훔쳐 간 사건이 있었다. 이 돌은 과거 스코틀랜드 왕들이 즉위식에 사용하던 것으로, 1296년 에드워드 1세가 스코틀랜드를 정복하면서 잉글랜드로 가져온 것이었다. 이 사건의 주모자들은 붙잡혔지만 이는 스코틀랜드 분리운동을 상징적으로 보여주는 사건이라고 할 수 있다.

1973년 이후에 영국 경제는 장기불황에 빠졌는데, 경제적으로 취약했던 스코틀랜드는 더 많은 타격을 받았다. 예컨대 1984년에서 1988년 사이 영국 전체 산업의 고용규모는 2퍼센트 증가했는데, 스코틀랜드의 고용 규모는 19퍼센트나 감소한다. 이런 경제적 박탈감이 더해져 분리운동이 퍼져나간 것이다.[6]

이상으로 잉글랜드와 스코틀랜드의 관계를 살펴보았다. 요약하자면, 스코틀랜드는 잉글랜드와 오랫동안 적대적 관계에 있었고, 언어와 문화는 물론 종교도 달랐다. 1707년에 한 나라로 통합되었지만, 당시의 잉글랜드는 선진국이었던 반면에 스코틀랜드는 후진국이었고, 《국부론》이 출간될 무렵 스코틀랜드는 잉글랜드의 식민지 경영에 참여하여 경제적인 면에서 잉글랜드를 따라잡기 위해 노력한다. 《국부론》이 출간된 당시의 이런 배경을 이해하면 이 책에 담긴 애덤 스미스의 사상을 더 잘 이해하게 될 것이다.

3장

《도덕감정론》으로 본
스미스의 도덕철학

인간의 본성은 이기적일까, 이타적일까? 애덤 스미스는 인간을 이기적이면서도 이타적인, 즉 양면적 존재로 보았다. 그의 《도덕감정론》은 동감윤리학이자 동감심리학이다. 스미스는 동감이 윤리의 원천이 되며, 모든 인간은 동감의 본성을 타고났다고 말한다.

지금 왜 《도덕감정론》을 읽어야 하는가

애덤 스미스 하면 단연 《국부론》이 떠오른다. 《국부론》이 워낙 유명하다 보니, 그가 젊은 시절에 쓴 《도덕감정론》을 잘 모르는 경우가 많다. 스미스는 말년에 《국부론》을 썼다. 하버드대학교의 역사학자 니얼 퍼거슨Niall Ferguson 교수는 서양 사상의 근간을 이루는 고전에 두 책을 모두 포함시켜야 한다고 강조한다.

스미스는 자신의 묘비명을 '도덕감정론의 저자, 여기에 잠들다'라고 해달라는 유언을 남길 정도로 《도덕감정론》에 큰 자부심을 가졌다. 실제 묘비명은 '도덕감정론과 국부론의 저자, 여기 잠들다'로 되어 있다.

그렇다면 오늘날 우리는 왜 《도덕감정론》을 읽어야 할까? 첫 번째 이유는 현대 자본주의가 위기를 맞았기 때문이다. 자본주의를 통해 우리는 어느 정도 물질적 번영을 누리게 되었지만, 오늘날 극심한 부의 양극화 현상으로 점차 자본주의에 대해 회의를 갖게 되었다.

많은 사람들이 애덤 스미스가 자유방임주의, 즉 능력과 이기심이 있으면 누구나 큰돈을 벌 수 있고 국가는 거기에 간섭해서는 안 된다고 주장한 것으로 알고 있다. 또 모든 것을 시장에 맡겨두면 알아서 잘 돌아간다고 주장하는 사람들은 그 논리적 근거로 애덤 스미스의 《국부론》의 '보이지 않는 손'을 인용하고 있다. 보이지 않는 손이 작동하면 경제도 잘 굴러가고 사회 번영이 실현된다는 것이다.

하지만 애덤 스미스는 그렇게 말하지 않았다. '보이지 않는 손'은 《도덕감정론》에도 나오는데 이는 시장기능과 아무 관련이 없다. 이렇게 왜곡된 경위를 앞으로 이 책에서 자세히 밝힐 것이다. 스미스가 설파한 자본주의가 '이기심'의 자본주의가 아닌 '동감'의 자본주의인 것을 《도덕감정론》을 읽으면 알 수 있다.

스미스의 저서는 당대에 영국뿐만 아니라 영국과 비교해 후진국이었던 독일에서도 대중적으로 읽혔다. 독일 사람들은 《국부론》을 읽으면서 영국과 같은 경제성장을 꿈꿨다. 그런데 스미스의 앞선 저서 《도덕감정론》을 구해 읽다가 혼란에 빠졌다. 《국부론》에는 개인이 부를 축적하는 일이 나라를 돕는 길이라고 쓰여 있는데, 《도덕감정론》에는 개인의 부와 권세가 도덕을 타락시킨다고 되어 있으니 말이다. 그래서 당대 독일 사람들은 애덤 스미스가 나이가 들면서 인간의 본성을 바라보는 방식이 이타주의에서 이기주의로 바뀐 것이 아닌가 생각하기도 했다고 한다.

하지만 앞서 이야기했듯이 스미스는 《도덕감정론》을 총 여섯 번에 걸쳐 개정했다. 그중 두 번의 개정은 《국부론》이 출간된 이후에 이루어졌다. 만약 그의 관점이 바뀌었다면, 분명 개정판에 반영되었을 것이다. 이와 같은 스미스가 가진 모순에 대하여 우리는 '애덤 스미스의 문제Adam Smith Problem'라고 부른다.

그런데 독일 사람들이 직면했던 '애덤 스미스의 문제'는 현대에도 재현되고 있다. 앞서 말했듯이 현재 중국의 지도자들은 애덤 스미스의《국부론》을《도덕감정론》과 함께 읽고 있다. 자본주의 국가에서 태어나 시장에 모든 것을 맡겨야 경제가 잘 굴러간다고 배운 사람들에게는 이해가 잘 안 되겠지만, 중국의 지도자들은 스미스의 책이 현재 중국의 사회주의 정책과 맞아떨어진다고 해석한 것이다. 애덤 스미스가《도덕감정론》에서 '동감'을 토대로 '더불어 살아야 한다'는 점을 강조했기 때문이다.

애덤 스미스의 경제 사상을 종합적으로 이해하기 위해서는《국부론》과《도덕감정론》을 같이 살펴보아야 한다. 스미스는《도덕감정론》의 말미에 정치와 경제에 관련된 책을 내겠다고 밝힌 바 있다. 따라서 그는《도덕감정론》을 쓰면서 자신이 추후에 집필할《국부론》의 토대에 대해 충분히 말했다고 할 수 있다. 사실《국부론》은 인간의 본성을 다룬《도덕감정론》의 토대 위에서 쓰여진 하나의 각론이라고 봐야 한다. 앞서 말했듯이 소르본대학교의 사회학자 레이몽 부동 교수는 위기를 맞은 자본주의 체제에 대한 이론적 대안으로《도덕감정론》을 강조했다.[1]

흥미롭게도 이런 움직임은 최근 여러 곳에서 포착할 수 있다. 이병남의《경영은 사람이다》나 존 매키John Mackey와 라젠드라 시소디어Rajendra Sisodia가 쓴《돈, 착하게 벌 수는 없는가Conscious Capitalism》등의 책은 자본주의가 탐욕적으로 흘러가면 안 된다는 이야기를 하면서 스미스의《도덕감정론》을 언급한다. 자본주의의 위기로 사람들이《도덕감정론》을 통해 스미스의 사상을 다시 바라보기 시작한 것이다.

오늘날 우리가 스미스의《도덕감정론》을 읽어야 하는 두 번째 이유는 유교 국가 중국이 부상하고 있고,《도덕감정론》은 많은 면에서 유교 사상과 유사하기 때문이다. 필자가 애덤 스미스에서 공자를 보았듯이 《도덕감정론》에서 동양의 전통 사상, 특히 유교 사상을 볼 수 있다. 많은 중국의 지도자들이 이 책을 애독하는 이유도 이것이다. 그런데 왜 서로 다른 동서양의 사상이 비슷한 것일까? 바로 인간의 자연적 본성인 동감에 기초하여 수립되었기 때문이다. 이에 대해서는 이 책의 11장에서 자세히 다룰 것이다.

자본주의의 이론적 기초를 세운 애덤 스미스 사상이 유교 사상과 유사하다는 것은, 이를 토대로 자본주의를 더 튼튼하게 만들 수도 있다는 뜻일 것이다. 우리의 전통 유교 사상을 자본주의와 민주주의의 가치관과 모순되지 않는 방향에서 현대적 시각으로 재해석하여 부활시킨다면 어떤 세상이 펼쳐질까? 위기의 시대에 한번 생각해볼 문제다.

'도덕감정'이란 무엇일까

이제 《도덕감정론》 책의 내용으로 들어가보자. 먼저 '도덕감정'이란 대체 무엇일까? 플라톤의 《파이드로스》에는 말과 마부의 이야기가 나온다.[2] 그에 따르면 마부는 이성, 말은 감정을 상징한다. 마부가 말을 다루듯이 이성이 감정을 이겨야 한다는 것이다.

이러한 전통적인 서양 사상에 대해 반발하는 철학자들이 나타났는데, 바로 '도덕이 감정에서 나온다'고 주장하는 영국 스코틀랜드의 계몽주의자들이었다. 이들은 이성은 감정이 시키는 대로 따라가는 도구에 불과하다며, 감정이 도덕을 지배한다고 주장했다.

그중에 한 사람이 애덤 스미스의 스승인 프랜시스 허치슨이다. 프랜

시스 허치슨은 우리가 시각에 의해 색채의 아름다움을 판단하듯이, 인간 행위의 옳고 그름을 판단하는 감각기관이 있는데 이것이 바로 '도덕감 각moral sense'이라고 했다.

허치슨은 이런 도덕감각의 원천이 타인을 사랑하는 자비심benevolence 에 있다고 했다. 스미스는 바로 이런 스승의 이론을 계승하고 발전시켰는 데, 스승과는 달리 자비심이 아닌 인간이 선천적으로 타고난 '동감'에 기 초한 '도덕감정론'을 주장한다. 동감은 공감, 동정, 동료애와 같은 의미로, 이 책에서는 《도덕감정론》의 국내판 번역을 따라 '동감'이라 하겠다.

《도덕감정론》은 1759년 출간되었는데, 즉시 베스트셀러가 되었다. 이 책 덕분에 스미스도 유명해졌다. 실제로 《도덕감정론》을 읽어보면 굉 장히 재미있다. 왜냐하면 이 책은 요즘 주목받고 있는 심리학, 특히 배려, 동감, 공감 등의 주제를 체계적으로 다루고 있기 때문이다.

사실 동감이라는 주제는 적용되지 않는 곳이 없다. 우리는 타인에게 동감하면서 살도록 태어났고 또 그렇게 살아야 한다. 또한 자기성찰과 수 양을 통해 살아야 한다. 이를 유교에서는 충서忠恕라 한다. 충忠이란 가운 데 중中, 마음 심心이 모인 글자로 마음속 가운데에서 우러나오는 것을 의 미하며, 서恕는 같을 여如, 마음 심心이 모인 글자로 공감을 의미한다. 공자 는 《논어》에서 '충서를 겸비한 사람이 행복하고 성공하며, 다른 이에게 존경을 받는다'고 했다.

다산 정약용은 '서恕라는 한 글자에 초점을 맞추어 사서四書를 읽어 본다면, 천언만어千言萬語가 모두 서恕에 대한 풀이가 아닌 것이 없다'고 했 다.[3] 또 '《대학》과 《중용》은 모두 서恕에 대한 부연설명'이고, '《논어》와 《맹자》는 힘써 서恕를 행해 인仁을 구한다는 것을 거듭 말한 것이다'라고 했다. 또한 다산은 《논어》에서 증자가 공자의 일이관지一以貫之가 충서忠恕라고 명명백백히 말했음에도 후세의 유학자들이 이를 의심하며 충서忠恕를 하찮게 여기고, 그 결과 충서忠恕가 지극히 소소한 말이 되고 말았다'고 지적했다.[4] 다산의 통찰력도 보통이 아니다.

그런데 똑같은 이야기를 애덤 스미스의 《도덕감정론》에서도 발견할 수 있다. 그래서 공자가 '길은 달라도 종착지는 결국 같다'라는 말을 남겼나 보다.

인간의 본성은 이기적일까, 이타적일까? 이에 관해서는 많은 논쟁이 있어왔다. 스미스는 인간을 이기적이면서도 이타적인, 즉 양면적 존재로 보았다. 실제로 우리 자신을 한번 돌아보자. 남을 배려하다가도 돌아서면 자기 자신만 생각할 때가 있지 않은가. 《도덕감정론》은 다음과 같이 시작한다.

인간이 아무리 이기적selfish이라고 상정하더라도, 인간의 천성nature에는 분명이와 상반되는 몇 가지 원칙들이 존재한다. 이 원칙들로 인해 인간은 타인의 운명에 관심을 가지게 되며, 단지 그것을 지켜보는 즐거움밖에는 아무것도 얻을 수 없다고 하더라도, 타인의 행복을 필요로 한다. 연민과 동정이 이런 종류의 천성에 속한다. 이것은 타인의 고통을 목격하거나 또는 그것을 아주 생생하게 상상할 때 우리가 느끼는 감정이다. 우리가 타인의 슬픔을 보고 흔히 슬픔을 느끼는 사실은 너무나 명백하여 애써 증명하려고 예를 들 필요조차 없다.[5]

애덤 스미스는 책의 첫머리부터 인간은 이기적이라고 전제하지만 한편으로는 착한 마음이 존재한다고 이야기하고 있다. 도스토옙스키는 《카라마조프가의 형제들》에서 '악마와 신이 싸우는 전쟁터가 인간의 마음 속'이라 했다. 또 심리학자이자 인지과학자인 스티븐 핑커는《우리 본성의 선한 천사》라는 책에서 '인간은 악마적인 성향과 천사적인 성향을 모두 가지고 있지만 만년의 인류 역사에서 천사적 근성이 악마적 근성을 억제하면서 평화를 이룩하고 사회가 발전해왔다'고 주장했다.

또한 애덤 그랜트의《기브 앤 테이크》라는 책을 보면 '이기주의자가 아닌 이타주의자가 성공한다'고 한다. 왜 이타주의자가 성공할까? 그는 이렇게 말한다. '교통과 정보의 발달로 인간 간 교류가 활발해져 타인의 이익을 위해 노력하는 사람은 주위에 알려지고 주위의 동감을 받게 되기 때문'이라고 말이다. 그렇다면 세상이 투명해지면서 이기주의자는 타인으로부터 따돌림을 당하게 될 것이다. 타인의 동감을 받지 못하고 따돌림을 당하는 것은 인간이 제일 두려워하는 형벌이다.

동감이 윤리의 원천이다

《도덕감정론》은 동감윤리학이자 동감심리학이다. 스미스는 동감이 윤리의 원천이 되며, 모든 인간은 동감의 본성을 타고났다고 말한다.《도덕감정론》의 앞부분에는 인간이 타인과 동감하는 본성을 타고났다는 주장의 근거로 스미스가 직접 목격한 여러 사례가 서술되어 있다.

느슨한 밧줄 위에서 춤을 추고 있는 사람을 보고 사람들은 자신도 모르게 몸을 비틀어 꼬면서 몸의 균형을 잡는다. 그들 자신이 그 상황에 처했다면 자신들도 그렇게 하지 않을 수 없다고 느끼기 때문이다. 성격이 섬세하고 몸이 약한 사람들은 거리의 걸인들의 상처와 종기를 보고 자신도 같은 부위에 가려움과 불쾌감을 느낀다고 하소연한다.[6]

뿐만 아니라 인간은 죽은 사람에 대해서도 동감한다고 한다. 우리나라에서도 예부터 조상에게 제사를 지내왔다. 마치 조상의 영혼이 음식을 먹으러 오는 것처럼 제사상 위에 수저를 놓는다. 이처럼 인간은 죽은 사람과도 동감하는 존재다. 또 우리가 한 권의 책을 여러 번 되풀이해서 읽다 보면 더 이상 기쁨을 느끼지 못하는 순간이 오는데, 그때 친구에게 그 책을 읽어주면 다시 기쁨을 느낄 수 있다고 한다. 그 책을 읽고 즐거워하는 친구의 표정을 보며 동감한다는 것이다.

인간은 타인의 표정을 읽어 그 사람의 마음을 헤아리는 능력이 있다. 그래서 표정을 통해 상호 동감하게 되는 것이다. 흔히 부모는 자식이 먹는 모습만 봐도 배가 부르다고 하지 않는가. 이 또한 동감의 기쁨 때문이다. 그런 의미에서 동감은 행복의 원천이기도 하다.

자, 예를 들어보자. 사업상의 이익을 얻으려고 철천지원수와 일류 호텔 레스토랑에서 식사를 하겠는가, 아니면 마음 맞는 친구와 하숙방에서 라면을 끓여 먹을 것인가? 아마 대부분 후자를 택할 것이다. 이렇듯 인간은 이익만을 추구하는 존재가 아니다. 이익보다는 동감을 추구하는 존재다.

동감을 추구하는 인간의 본성

행동경제학에서는 '최후통첩 게임ultimate game'이라는 실험이 있다. 이 실험은 인간이 생각처럼 합리적이지 않다는 것을 보여준다. 먼저 두 명의 참가자가 돈을 분배한다. 첫 번째 참가자가 돈을 어떻게 분배할지 제안하면, 두 번째 참가자는 이를 수용하거나 거부할 수 있다. 두 번째 참가자가 첫 번째 참가자의 제안을 받아들이면 그 제안에 따라 돈이 분배된다. 그런데 만약 두 번째 참가자가 거부하면, 두 사람 모두 한 푼도 받지 못한다. 실험 결과, 첫 번째 참가자의 제안이 5 대 5이면 두 번째 참가자는 이를 당연히 수용하고, 제안이 두 번째 참가자에게 불리한 경우에도 어느 선까지는 수용된다.

그런데 여러 사람을 대상으로 실험한 결과를 살펴보면, 분배 제안이 7 대 3 이하로 내려가면 두 번째 참가자가 첫 번째 참가자의 제안을 거부하는 빈도가 높아지는 것이 관찰된다. 반복 실험 결과, 두 번째 참가자의 절반 이상이 거부했다. 합리적으로 따지자면 자신에게 1달러라도 분배되면 이익이니까 수용해야 하는데, 반 이상의 참가자가 거부했다는 것이다.

왜 거부할까? 바로 인간이 가지고 있는 동감을 추구하는 본성 때문이다. 상대방이 자신의 입장을 배려하지 않고 너무 많은 이익을 가져가는 것에 동감하기 어렵기 때문이다. 자신이 손해를 보더라도 이런 사람에 대한 반감(동감의 반대말)으로 그가 손해를 보게 하고자 하는 것이 인간의 본성이다.

이 실험 결과는 인간이 합리적이지 않다는 증거로 자주 인용된다. 경제학에서는 인간이 합리적이라고 가정하지만, 인간은 동감하는 동물이기 때문에 '합리적'이라는 가정은 맞지 않다. 사실 인간은 서로에게 이익을 주기도 하지만 서로에게 해를 끼치기도 하는 양면적 존재다. 앞서 설명한 최후통첩 게임을 보면《도덕감정론》의 다음 구절이 생각난다.

인간 사회의 모든 구성원들은 서로 도움을 필요로 하지만 동시에 서로에게 해를 끼칠 가능성도 있다.[7]

앞서 인간은 이기적이면서도 동감을 갖고 있는 이타적 존재라고 했다. 다시 말하지만 서로에게 해를 주기도 하지만 도움을 주기도 하는 양면적 존재다. 그러나 경제학이 가정하는 인간은 어떤가? 이기적이고, 서로에게 동감하지 못하고 해를 주는 한쪽 면만을 가정하고 있다.

인간에게 있어 동감 중에서도 슬픔에 대한 동감은 기쁨에 대한 동감보다 중요하다. 지인의 결혼식장에는 가지 못하더라도 장례식장에는 꼭 찾아가라는 말도 있다. 기쁠 때보다 슬플 때 함께하는 친구가 더 소중하게 느껴지는 법이다.

앞서 동감은 행복의 원천이라고 했는데, 그런 의미에서 애덤 스미스는 가장 행복한 사람이 한 걸음씩 위로 올라가는 사람이라고 말한다. 예컨대 벼락출세한 사람의 경우, 옛 친구들은 질투심 때문에 그와 서먹해지고 새로운 친구들은 갑자기 자신들과 대등해지려고 하는 게 싫어서 그를 무시하거나 경멸하게 되는 것이 보통이다.

그래서 스미스는 벼락출세를 한 사람일수록 겸손한 자세를 유지해야 한다고 말한다. 그래야만 주변 사람들의 동감을 얻을 수 있기 때문이다. 출세했다고 위세를 부리면 곁에 아무도 남지 않는다. 동양의 유교에서도 겸손해야 주변으로부터 인정과 동감을 얻을 수 있다고 가르친다. 이처럼 스미스는 행복의 원천을 타인으로부터의 동감 혹은 인정에서 찾았다.

여러 관찰자들의 동감이 정의의 원천이다

《도덕감정론》의 주요 내용은 '동감은 인간의 타고난 본성이며 행위의 적정성은 동감에 있다'는 것이다. 동감은 상호 간의 동감도 있지만, 쌍방의 상호작용을 지켜보는 제3의 관찰자의 입장에서의 동감도 있다. 쌍방의 상호작용에서 어떤 행위를 한 사람들을 행위자 그리고 그 행위에 의해 영향을 받는 사람을 수혜자(혹은 피해자)라 해보자. 관찰자의 입장에서는 행위자의 감정에 동감하고 또한 수혜자의 감정에도 동감하게 된다. 전자를 '직접 동감'이라 하고 후자를 '간접 동감'이라고 한다.

그런데 어떤 행위자가 피해자에게 악행을 저질렀을 때 관찰자는 분개한다. 즉, 행위자에게는 반감(직접 동감)을 갖게 되고 피해자의 분개(간접 동감)에 대해서는 동감을 하게 된다. 예컨대 유괴 사건이 벌어졌을 때, 피해자 가족뿐만 아니라 주변 사람들까지도 치를 떨며 분노하는 것을 볼 수 있다. 이렇게 악행을 보고 느끼는 분노, 관찰자 한 사람이 아니라 여러 사람이 분노의 감정을 느끼면, 그것이 바로 사회정의의 원천이 된다.

경우에 따라 우리는 관찰자의 입장이 아닌 행위자의 입장에서 평가받게 되고 우리 스스로도 평가를 하게 된다. 그런데 이런 경우에 인간은 천성적으로 타인의 칭찬을 갈구하고 비난을 피하려는 경향을 보인다. 인간은 우리 자신에 대한 다른 사람들의 평가(의견)를 대단히 궁금해하며 그것이 호의적이면 의기양양해하고 그렇지 않으면 낙담한다. 그래서 '칭찬은 고래도 춤추게 한다'는 말이 있는 것이다.

마음속에 공정한 관찰자를 설정하라

그런데 잠깐, 우리는 이런 타인의 칭찬이나 비난에 무조건 동감해야 하는 걸까? 타인의 칭찬은 아첨일 수도 있고 비난은 근거 없는 비방에 불과할 수도 있다. 이에 애덤 스미스는 인간이 칭찬을 갈구하고 비난을 피하려는 경향을 경계하며, 마음속에 '공정한 관찰자impartial spectator'를 설정하여 자신의 행위에 대한 타인의 평가를 제대로 살피라고 말한다.

동감은 나를 다른 사람의 입장에 서게 함으로써 자기중심적 태도에서 벗어나게 한다. 그럼에도 불구하고 칭찬을 바라고 비난을 회피하는 우리의 본성 때문에 공정한 관점을 유지하기란 쉽지 않다. 그래서 공정한 관찰자가 필요한 것이다. 행위의 주체자로 자신을 분리하여 공정한 관찰자의 입장에서 바라보라는 것이다. 다시 말해 자신의 행위에 대해 타인으로부터 칭찬을 받았을 때, 그에 동감하기 전에 공정한 관찰자에게 물어 자신의 행위가 칭찬을 받을 만한 가치가 있는지 물어보고, 공정한 관찰자가 시인하면 그때 동감하라는 말이다.

공정한 관찰자는 애덤 스미스의 《도덕감정론》에서 매우 중요한 개념이다. 인간의 감정은 그리 믿을 만하지 못하다. 한쪽으로 치우칠 수 있다. 그래서 플라톤 같은 철학자는 도덕의 원천을 이성에 둔 것이다. 만약 《도덕감정론》에 공정한 관찰자라는 개념이 없다면 이성주의(도덕합리주의)의 비난을 방어하기 어려울 것이다. 실제로 《도덕감정론》에서는 공정한 관찰자를 이성이나 양심으로 설명한다.

그것은 이성, 원칙, 양심, 가슴속의 동거인, 내부인간, 우리 행위의 재판관 및 조정자이다. 우리가 다른 사람들의 행복에 영향을 미치려 할 때마다 우리 격정의 가장 몰염치함을 향하여 놀랄 정도의 큰 목소리를 내는 사람은 바로 이 사람이다. 즉 우리는 대중 속의 한 사람에 불과하고, 어떠한 점에 있어서도 그 속의 다른 어떠한 사람보다 나을 것이 없으며, 우리가 그처럼 몰염치하고 맹목적으로 다른 사람들보다 자신을 편애한다면 다른 사람들의 분개와 혐오와 저주를 받아 마땅하다고. (⋯) 이 공정한 관찰자의 눈에 의해서만 자기애self-love에 의해서 자연히 빠지게 되는 잘못된 생각을 바로잡을 수 있다.[8]

우리 마음속에 있는 공정한 관찰자는 우리가 하는 행위에 대해서 시인하거나 부인한다. 스미스의 일반적 행위 준칙에 따르면, 인간은 공정한 관찰자가 시인한 행동은 하고, 부인한 행동은 하지 않아야 한다. 공정한 관찰자가 시인하는 행위를 하는 것은 선천적으로 그렇게 하도록 주어진 능력이 아니라, 타인과의 교제를 통해 자기를 반성하면서 터득해나가는 것이다. 스미스는 이 같은 행위 준칙이 도덕의 일반준칙으로 유지되도록, 신神은 인간의 마음에 수치심과 자책감을 심어놓았다고 한다. 즉, 공정한 관찰자가 부인하는 일을 하면 수치심과 자책감을 느끼는 것이다. 반대로 시인하는 일을 하면 마음의 평정과 자기만족을 얻게 되는 것이다.

《논어》에도 등장하는 공정한 관찰자

애덤 스미스는 《도덕감정론》에서 인간을 '지혜로운 사람wise man'과 '연약한 사람weak man'으로 구분하고 있다. 지혜로운 사람은 칭찬 자체를 좋아하는 것이 아니라 칭찬받을 만한 존재가 되는 것을 좋아한다. 그러니까 지혜로운 사람은 마음속에 공정한 관찰자가 있는 사람이다. 연약한 사람은 타인의 평판에 쉽게 반응하지만, 지혜로운 사람은 그 칭찬이 자신에게 합당한지를 다시 한 번 생각하여 반응한다.

따라서 지혜로운 사람은 남이 칭찬하더라도 자기 마음속 공정한 관찰자가 부인하는 행동에는 기뻐하지 않는다. 반면 연약한 사람은 남이 칭찬하면 자신이 칭찬받을 만한 존재가 아님에도 불구하고 기쁨을 느낀다.

그런가 하면 공자는 《논어》에서 인간을 '소인'과 '군자'로 구분한다. 《논어》에는 '군자는 기쁘게 하기는 어려워도 섬기기는 쉽고, 소인은 기쁘게 하기는 쉬워도 섬기기는 어렵다'는 말이 있다. 스미스의 구분에 빗대어 보면 군자는 마음속에 공정한 관찰자가 있는 사람이다.

다시 한 번 강조하지만, 지혜로운 사람과 연약한 사람의 차이는 마음속에 공정한 관찰자가 있느냐 없느냐에 달려 있다. 지혜로운 사람은 덕과 지혜를 추구하고, 연약한 사람은 부와 권세를 추구한다. 연약한 사람은 부와 권세를 행복의 기준으로 생각하기에 무한한 부를 추구하는 경향이 강하다.

타인의 즐거움과 고통을 공유하는 인간

현대 과학은 인간이 갖고 있는 '동감' 능력에 대해 새로운 사실을 발견한 바 있다. '거울뉴런'에 대해 들어본 적이 있는가. 거울뉴런은 인간의 뇌에서 작용하고 있는 신경세포로 동감에 관여하고 있는 것이다. 1992년 이탈리아의 신경과학자 자코모 리촐라티Giacomo Rizzolatti 교수와 동료들은 원숭이 뇌에서 특별한 뉴런을 발견했다. 원숭이가 물건을 집을 때 활성화되는 신경세포가, 원숭이가 주위에서 실험을 진행하는 사람이 물건을 집는 모습만 봤을 때도 활성화된 것이다. 그리고 이후 원숭이와 같이 인간에게도 거울뉴런이 작동하고 있음이 밝혀졌다.

또 영국 런던의 한 의대에서는 16쌍의 부부를 대상으로 실험을 진행한 적이 있다. 부부 중 한 사람의 손을 바늘로 찌르는 모습을 배우자가 지켜보도록 하고, 부부의 뇌를 fMRI(기능적 자기공명영상)로 관찰한 것이다. 그러자 놀랍게도 두 사람 모두의 뇌에서 동일한 반응이 일어나는 것이 발견되었다. 바늘에 찔리면 따끔한데, 그 모습을 지켜보는 사람도 정서적으로 유사한 아픔을 느낀다는 것이다.

일찍이 애덤 스미스는 《도덕감정론》에서 다른 사람의 얼굴빛과 표정을 통해 마음을 읽는 인간의 능력을 '거울'에 비유한 바 있다.

만약 한 개인이 자기 동류와 어떤 교류도 없이 어떤 고립된 장소에서 성인으로 성장할 수 있다면, 그는 자신의 얼굴의 아름다움 및 추함과 마찬가지로 그 자신의 성격에 대해서도, 자신의 다양한 감정 및 행위의 부적합성에 대해서도, 그리고 자신의 마음의 아름다움과 추함에 대해서도 생각할 수 없을 것이다. (…) 그러나 이 사람을 일단 사회 속으로 데리고 오면 그는 곧 이전에 가지고 싶어 했던 거울을 제공받게 된다. 그 거울은 그가 함께 살아가는 사람들의 표정과 행동 속에 놓여 있는데, 이들이 그의 격정에 언제나 공감하고 언제 비난하는지를 항상 기록해둔다. 그가 처음으로 자기 자신의 여러 가지 격정의 적정성과 부적정성 및 마음의 아름다움과 추함을 인식하는 곳은 바로 여기다.[9]

스티븐 핑커의 《우리 본성의 선한 천사》에는 다음과 같은 내용이 있다. 전쟁터에 나간 사람들이 총을 제대로 쏠 수 있을까? 웬만큼 훈련을 받지 않으면 제대로 쏘지 못한다. 특히 가까이 있는 사람을 쏘려고 하면 손이 떨릴 수밖에 없다. 왜냐하면 총을 쏘려는 사람이 총 맞을 사람의 고통을 느끼기 때문이다. 전쟁터에서는 우리가 흔히 영화에서 보는 것처럼, 모든 사람이 무자비하게 변할 것 같지만, 인간은 동감 능력이 있어서 거리낌 없이 총을 쏠 수 없는 것이다. 이것이 바로 인간 본성의 선한 측면이다.

우리 인간은 영화나 소설 속의 주인공과도 동감할 수 있다. 영화나 소설 속 인물과 상황에 자꾸 감정이입을 하게 되기 때문이다. 소설을 많이 읽으면 동감 능력이 향상된다는 주장도 있다.

인간에게는 동감 능력이 있지만, 한편으로 다행히도 고통과 고통에 수반되는 감정은 분리할 수 있다. 인간은 신체 감각으로 고통을 느끼고, 정서 감각으로는 고통에 수반되는 감정을 느낀다. 상대방이 바늘에 찔리는 모습을 지켜보는 사람은 신체 감각으로 고통 자체는 공유하지 못하지만 정서 감각으로는 고통에 수반되는 감정을 공유한다. 고통 자체는 그대로 느끼지 못해도 상대방이 얼마나 괴로울까 하는 '거울'은 가지고 있다는 것이다. 만약에 신체 감각으로 고통도 공유하게 된다면 우리는 소설이나 영화의 살인 장면을 그대로 볼 수 없을 것이다.

이처럼 인간은 타인의 표정을 읽어 그 마음을 헤아리는 능력을 타고 났다. 그래서인지 《논어》에서 타인의 표정을 관찰하라는 말이 자주 나온다. 세상에 통달한 사람은 상대방의 말과 표정을 살핀다고 했다. 이를 찰언이관색察言而觀色이라고 한다. 다산 정약용은 찰언이관색을 서恕, 즉 동감이라고 풀이한다. 남의 표정을 살펴야 예의를 지킬 수 있는 것이다. 남의 표정을 살피고 마음을 헤아리고 거기에 맞춰 내가 행동하는 것이 바로 유교의 덕목인 예禮다.

도덕의 일반준칙은 어떻게 세워질까

애덤 스미스는 《도덕감정론》에서 도덕의 일반준칙을 이렇게 정리했다. 자신을 타인의 처지에 두어 시인될 수 있는 행위는 하고, 부인될 수 있는 행위는 피하라고 말이다.

다른 사람들의 행위를 지속적으로 관찰하여 우리는 부지불식간에 무엇은 하고 무엇은 하지 말아야 타당하고 적정한가에 대한 어떤 일반준칙general rule을 형성한다. 타인의 어떤 행위는 우리의 자연감정natural sentiments을 격분하게 한다. 우리는 주위 사람들도 그런 행위에 똑같은 혐오감을 표시하는 것을 보고 듣는다. 이런 사실은 그들의 행위의 추악함에 대한 우리의 자연감정을 확인시키고, 심지어 강화시키기까지 한다. 다른 사람들도 그것을 같은 관점에서 본다는 사실을 알게 되면, 우리는 그것을 정확하게 보고 있다고 생각되어 만족한다. 그리고 우리는 결코 그와 같은 죄를 짓지 않겠다고 결심하고, 어떤 이유로든 우리 자신을 다른 모든 사람들이 부인하는 대상으로 만들지 않겠다고 결심하게 된다. 우리는 자신을 가증스럽고, 경멸스럽고 또는 처벌받아 마땅한 대상, 즉 우리가 두려워하고 혐오하는 모든 감정의 대상으로 만드는 그런 행위는 마땅히 피해야 한다는 일반준칙을 스스로 세운다.[10]

도덕의 일반준칙은 이렇게 세워진다. 앞서도 잠깐 말했지만, 애덤 스미스에 따르면 신은 도덕의 일반준칙에 따르는 행위는 마음의 평정을 주고 이에 반하는 행위는 내적 수치심으로 처벌한다고 했다. 이는 동양의 역지사지易地思之의 원리와 같다.

무엇이 도덕감정을 타락시키는가

그런데 인간은 왜 부자가 되려고 할까? 왜 먹고살 만한 수준에 만족하지 못하고 더 부유해지려 할까? 이에 대해 애덤 스미스는 다른 사람에게 인정받고 싶은 욕구 때문이라고 답한다. 《도덕감정론》에는 다음과 같은 구절이 나온다.

> 부자가 부富를 자랑하는 것은 그 부가 자연히 세간의 이목을 끈다는 것, 부로 얻는 이익이 그에게 제공하는 모든 유쾌한 감정들에 의해 사람들이 쉽게 공감하기 마련이라는 것을 알기 때문이다. 이런 생각을 하면 그는 가슴이 벅차오르고 자랑스러움을 느낀다. 그는 부로 얻는 다른 어떤 이익보다도 바로 이 이유 때문에 부를 좋아하는 것이다.[11]

즉, 사람들은 자신이 가진 재산의 크기를 통해 세상으로부터 인정받고 싶어서 부자가 되려고 한다는 것이다. 부유함이 가져다주는 물질적 이익보다도 타인의 동감을 얻을 수 있기 때문이라는 것이다. 그러면서 스미스는 부자들을 숭배하면서 가난한 사람을 경멸하는 것이 도덕감정을 타락시키는 보편적 원인이라고 썼다. 이는 일반인들에게 스미스가 《국부론》에서 말하는 것과 배치되는 것으로 느껴질 수 있다.

바람직한 부富는 어떤 것일까

그렇다면 동감도 얻고 도덕감정을 타락시키지도 않는 부富는 어디쯤 위치하는 것일까? 스미스는 최소한의 부, 그 이상은 인간의 행복을 증진시켜주지 않는다고 말한다. 그런데도 대부분 사람들은 그렇게 생각하지 않는다는 것이다.

우리는 흔히 악착같이 부를 축적하여 행복을 얻으려 하지만 그것은 착각이다. 부자들은 행복을 얻기 위해 끊임없이 부를 추구하지만 인생의 최후의 순간에 이르게 되면 부와 권세는 사소한 효용을 지닌 것에 불과하고, 부는 편리함 이상의 번거로움을 더 많이 준다는 것을 깨닫게 되는 경우가 많다.

워렌 버핏은 '돈은 손이 많이 가는 애완견과 같다'고 했다. 또 애플의 스티브 잡스는 죽기 전, 《도덕감정론》의 스미스의 생각과 비슷한 말을 남겼다. "이제야 나는 깨달았다. 정말 자부심을 가졌던 사회적 인정과 부는 결국 닥쳐올 죽음 앞에 희미해지고 의미가 없어져간다는 것을. 생을 유지할 적당한 부를 쌓았다면 그 이후엔 부와 무관한 것을 추구해야 한다는 것을."

부와 권세에 대한 지나친 추구는 행복을 가져다주지 못하고 인간을 기만한다고 많은 사례들이 말하지만, 그럼에도 불구하고 애덤 스미스는 또 이런 기만이 사회의 번영을 가져온다고 말한다. 21세기 스티브 잡스가 가져다준 사회적 번영을 놓고 보면 정말 그렇다. 애덤 스미스는 《도덕감정론》에서 이런 부의 기만이 의도하지 않게 사회적 번영을 가져다주는 것을 '보이지 않는 손'이 작용한 결과라고 했다.

> 부자는 가난한 사람보다 많이 소비하지도 못한다. 그리고 그들의 천성적 이기심natural selfishness과 탐욕에도 불구하고, 비록 그들이 자신만의 편의를 생각한다 하더라도, 또한 그들이 수천 명의 노동자를 고용해서 추구하는 유일한 목적이 그들 자신의 허영심과 만족될 수 없는 욕망의 충족임에도 불구하고, 그들은 자신이 쏟아부은 성과물을 가난한 사람들과 나누어 가진다. 그들은 '보이지 않는 손'에 이끌려서 토지가 모든 사람에게 똑같이 나누어졌을 경우에 있을 수 있는 것과 같은 생활필수품의 분배를 하게 된다. 그리하여 부지불식 중에 사회의 이익interest of society을 증진시키고 인류 번식의 수단을 제공하게 된다. 신의 섭리providence는 대지를 소수의 귀족 지주들에게 나누어주면서 이 분배에서 제외되었다고 생각되는 사람들을 망각하지도 버리지도 버리지도 않았다.[12]

앞서 언급했지만 연약한 사람은 부와 권력을 추구하고, 지혜로운 사람은 덕과 지혜를 추구한다. 연약한 사람의 부에 대한 생각은 환상이 되고 '보이지 않는 손'은 이들을 기만하지만, 뜻하지 않게 경제 번영을 초래한다. 이것이 《국부론》과 연결되는 내용이다. 스미스는 부를 추구하는 인간의 동기에 대해 양가적 태도를 가졌다고 할 수 있다. 부자를 숭배하고 가난한 자를 무시하는 것은 옳지 않고, 또한 부를 지나치게 추구한다고 해서 개인적으로 행복해지지도 않지만, 사회에는 번영을 가져다준다고 말하고 있는 것이다.

이 대목에서 《국부론》에도 나오는 '보이지 않는 손'이 등장한다. 현대 경제학(주류 경제학)에서는 《국부론》의 '보이지 않는 손'을 '자유롭게 놓아 두면 스스로 조정이 되는 시장', 즉 '자기조정적 시장기능'이라고 흔히 해석하지만, 《도덕감정론》에서는 그렇게 해석될 여지가 없다. 인용된 문장을 보면 '보이지 않는 손'은 뒤에 나오는 '신의 섭리'에 대한 비유로 쓰인 것으로 보인다. 이것이 정확하게 무엇인지는 8장에서 다시 언급하겠다.

부의 축적은 타인의 공감을 받는 범위 내에서

인간관계에는 세 가지 미덕이 있다. 자기 자신의 행복과 관련된 미덕 한 가지와 타인의 행복과 관련된 미덕 두 가지다.

우선 자신의 행복과 관련된 미덕은 '신중prudence'의 덕이다. 인간은 자기 보존을 위해 쾌락을 추구하고 자신의 행복을 찾는 데 있어 신중의 덕을 필요로 한다. 이 신중의 덕은 자신의 이익을 추구하는 것을 말한다.

《국부론》에서 스미스는 자신의 이익 추구를 자신의 처지를 부단히 개선하려는 욕망이라 표현했다. 이것은 타고난 본성으로 태어나서 죽을 때까지 간직하고 있는 욕망, 즉 인간의 자연적 본성이라고 했다.

저축을 촉진하는 행동원리는 우리의 상태를 더 좋게 하려는 욕망desire of bettering our conditions이고, 일반적으로 조용하고 열정적이지 않지만 태아 적부터 가지고 있는 것이고, 무덤에 묻힐 때까지 우리 곁을 떠나지 않는다. 태어나서 죽을 때까지 이 기간 전체를 통해 사람이 어떤 변경이나 개선을 희망하지 않을 정도로 자기의 처지에 만족하는 순간은 아마 한 번도 없을 것이다. 재산의 증식은 대부분 사람들에게 자신의 처지를 개선하려는 수단이다. 그것은 가장 통속적이고 가장 분명한 수단이다.[13]

인간은 자기이익 추구를 위해 부를 축적한다. 그러나 부의 축적은 탐욕에 이르지 않고 타인의 동감을 받는 범위 내에서 행해져야 한다는 것을 《도덕감정론》을 읽으면 알 수 있다. 동감의 범위에서 이를 추구하기 위해서 남에게 해를 끼치지 않는 신중함이 필요하다는 것이다.

다음, 타인의 행복과 관련된 미덕으로는 '정의justice'와 '자비심benevolence'의 덕이 있다. 정의는 남에게 피해를 끼치지 않는 행위다. 다소 소극적인 의미의 정의라고 할 수 있다. 마지막 미덕은 더 나아가 자신을 희생해서 남을 돕는 행위로, 한마디로 자비심이라고 한다. 이는 적극적 정의라고 할 수 있다.

그런데 스미스는 이 둘 중에서 자비심보다 정의가 더 중요하다고 했다. 그는 사회 질서에 필요한 덕을 건물에 비유했다. 정의가 건물의 기둥 곧 사회의 근간을 이룬다면, 자비심은 건물의 장식물이라는 것이다. 이는 자신의 이익을 희생해서 남을 돕는 행위는 하면 좋지만 안 해도 상관없다는 뜻이다.

애덤 스미스가 말하는 '자유'의 진짜 의미

그런데 이 신중과 정의는 스미스의 《국부론》에 언급되는 '자연적 자유주의'와 연결되어 있다. 그 의미는 무엇일까?

스미스가 말하는 자유는 신중과 정의가 전제되어 있는 자유다. 타인이나 사회에 어떤 해도 끼치지 않는 자유다. 결국 자유방임의 자유가 아니라, 신중과 정의의 범위 안에서의 자유인 것이다. 필자는 이를 '동감 자유주의'라 부르고자 한다.

이를 한번 동양의 공자 사상과 연결시켜보자. 스미스가 말하는 미덕은 《논어》에서 나오는 미덕과 유사하다. 신중의 덕은 《논어》의 '욕이불탐欲而不貪, 욕심을 내도 탐욕에 이르지 않는다'와 통하고, 정의의 덕은 '기소불욕물시어인己所不欲勿施於人, 내가 싫어하는 것을 남에게 행하지 않는다'라는 말과 일맥상통한다. 그리고 자비심은 '기욕입이입인己欲立而立人, 내가 서고자 하면 남을 먼저 서게 하라'와 같은 내용이라고 볼 수 있다.

그렇다면 '도덕은 감정에서 오는가, 이성에서 오는가?' 이 문제에 대해 애덤 스미스는 《도덕감정론》의 말미에서 '도덕철학의 체계'라는 제목으로 말했다. 그는 미덕이 사람들이 갈망하고, 악덕이 사람들이 혐오하는 것이라면, 이는 이성에 의해서가 아닌 감관sense에 의한 것이라 주장한다. 이성은 우리 마음의 쾌·불쾌를 가져오는 대상을 획득할 수 있는 수단일 뿐이라는 것이다.

이는 스미스와 친분이 두터웠던 스코틀랜드 출신의 철학자 데이비드 흄이 《인간본성론》에서 주장한 것과 동일한 것이다. 흄은 스미스에 앞서 도덕의 원천으로 동감을 내세웠고, 스미스는 흄의 동감이론을 확장하여 보다 일반화한 것이다.

스미스는 어떤 행위를 판단할 때 마음의 쾌·불쾌를 가져오는 여러 감정을 뭉뚱그려 도덕감각이라고 했는데, 이 도덕감각은 우리 천성의 한 원인으로부터 발생되는 여러 다양한 감정들(사랑, 증오, 감사, 분노 등)을 말하고 있는 것이라 했다. 그렇다면 그 하나의 원인은 무엇일까? 바로 동감이다. 그는 자신의 《도덕감정론》에서 다음과 같이 말하고 있다.

이상에서 논의한 철학 체계에 따르면, 우리가 어떤 성품이나 행동을 시인할 때 느끼는 감정들은 네 가지 근원에서 나온다. 이들은 몇 가지 점에서 서로 다르다. 첫째, 우리는 행위자의 동기에 대해 동감한다. 둘째, 우리는 그의 행위에 의한 수혜자의 감사하는 마음에 공감한다. 셋째, 우리는 그의 행위가 이상의 두가지 동감(행위자의 동기, 수혜자의 감사)이 그것의 행동 근거가 되고 있는 일반 준칙과 일치하는지를 관찰한다. 마지막으로, 그러한 행위가 개인이나 사회의 행복을 촉진시키는 경향을 가진 행위 체계로 간주될 때, 그 행위들은 효용(유용성) 때문에 아름다운 것 같다.[14]

애덤 스미스는 흄의 동감이론은 위에 언급한 것 중에서 마지막 부분, 즉 행위자가 개인이나 사회에 주는 행복에서 얻는 동감에 국한되지만, 자신의 동감이론이 이를 포괄하여 더 넓은 범위로 일반화시켰다고 말한다. 즉 행위자, 수혜자 그리고 이를 판단하는 공정한 관찰자까지 포함한다는 것이다.

앞서 언급한 것처럼 플라톤을 포함한 전통적인 서양 사상은 이성을 중요하게 여긴다. 이러한 흐름은 도덕합리주의의 계보라 할 수 있다. 도덕합리주의를 대표하는 칸트의 도덕론은 의무론이다. 칸트는 도덕에는 조건이 없으며 어떤 순간이든 그래야만 한다고 주장했다.

반면 스미스와 흄은 자연스런 감정에서 도덕을 찾았다. 스미스와 흄은 누구나 갖고 있는 동감 능력을 잘 발전시켜 도덕으로 승화시켜야 한다고 했다. 루소나 쇼펜하우어도 이성이 도덕이 원천이라는 주장에 반대하여, 감정이 도덕의 원천이라 했다. 스미스와 같은 입장에서 도덕철학을 주장했다고 볼 수 있다.

그렇다면 최근 우리나라에서 '정의' 열풍을 일으킨 책,《정의란 무엇인가》의 저자 마이클 샌델의 입장은 어떨까? 앞서 칸트의 도덕철학을 간략히 언급했지만, 마이클 샌델은 칸트처럼 도덕합리주의를 지지하는 입장인 듯하다. 그런 면에서 스미스와 다른 입장인 것처럼 보이지만, 사실 어떤 철학자의 입장이 도덕합리론인지 도덕감정론인지 하는 구분은 학문적으로는 의미가 있지만 실천상에서는 별 의미가 없다. 현실에서는 이 철학자가 지향하는 가치가 무엇인지 중요하다.

마이클 샌델은 공동체 의식을 중요시했다. 샌델은 개인의 자유도 중요하지만 거기에는 한계가 있다고 하면서 공동선에 반하는 자유는 규제할 수 있다고 했다. 이는 애덤 스미스 생각과 거의 같다고 할 수 있다. 스미스도 개인은 자기 이해관계를 '신중'히 추구할 수 있지만, 이것도 타인의 동감을 얻는 범위, 그리고 공정한 관찰자가 시인하는 범위에서 이루어져야 한다고 했기 때문이다. 즉 공동체로부터 동감을 얻는 것이 중요하다는 말이다.

샌델은 또 다른 저서 《돈으로 살 수 없는 것들》에서 시장의 효율성을 주장하는 시장만능주의자, 즉 자유주의자들의 영향으로 오늘날에는 돈으로 살 수 없는 명예나 사랑도 돈으로 사려고 하는 사회가 되었고, 이는 공동체 의식을 약화시키는 비도덕적인 행위라 한 바 있다. 과거 한 드라마에서 나온 상대의 사랑을 얻기 위해 '얼마야? 얼마면 되니?' 하는 대사가 크게 유행했다는 사실을 굳이 말하지 않더라도, 사랑마저 돈으로 사려는 시대가 되어버린 것이다.

결국 샌델은 애덤 스미스가 《도덕감정론》에서 지혜와 덕에 바쳐야 할 존경과 감탄을 부와 권세에 바치는 행위를 개탄한 것과 같은 입장이라 할 수 있다. 오늘날 스미스가 살아 있었다면, 사랑, 연대, 존경심, 즉 돈으로 절대 살 수 없는 인간 사이의 진정한 동감에 지갑을 열고 달려드는 세태에 대해 경악했을 것이다.

애덤 스미스가 자유방임주의자라는 오해

스미스는 《국부론》에서 정부가 간섭하지 않고 시장에 맡겨야 한다고 했지만, 이것도 오늘날의 자유주의자들과는 다른 입장에서 주장한 것이다. 스미스 당시에는 상인과 제조업자가 국가 권력과 결탁해서 시장을 독점하고 있었기 때문에 경제적 약자들이 을의 입장에서 피해를 보고 있었다. 그래서 기득권자의 독점을 없애고 시장에 맡겨야 국민이 잘살 수 있다고 한 것이다.

스미스 당시에는 자본가라는 용어가 없었는데, 상인과 제조업자는 요즘 자본가에 해당한다. 즉 기득권자인 자본가와 반대되는 입장에서 시장에 자유롭게 맡겨야 한다는 것이다. 애덤 스미스가 자유방임주의자라는 오해는 《국부론》과 《도덕감정론》을 제대로 읽지 않았기 때문이다. 이에 대해서는 뒤에서 좀 더 자세히 이야기하겠다.

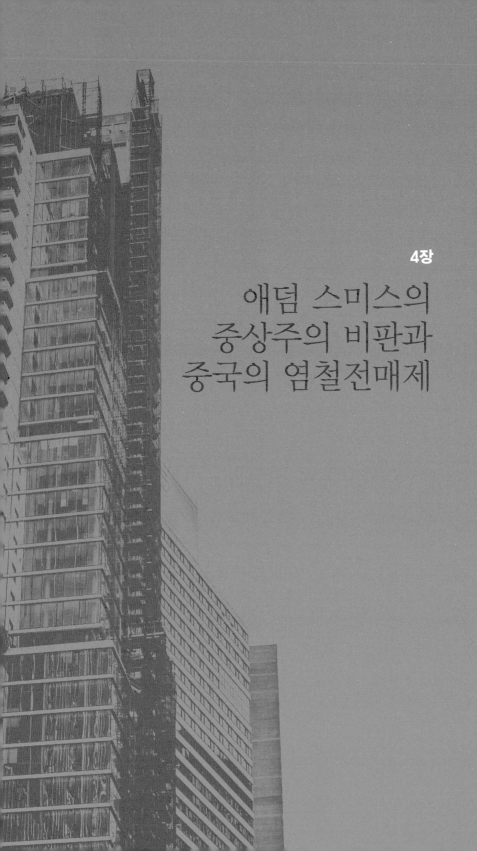

4장

애덤 스미스의
중상주의 비판과
중국의 염철전매제

《국부론》은 영국 전체 상업 체제에 대한 매우 맹렬한 공격이다. 여기서 말하는 양국 전체 상업 체제란, 중상주의 체제를 말한다. 이는 국가의 부를 한 국가가 보유한 금과 은의 양으로 보고, 이를 더 많이 확보하기 위한 정책이었는데, 이 과정에서 상인과 제조업자가 정부와 결탁하여 독점을 통해 불공정한 이윤을 추구하게 되는 경우가 많았다.

애덤 스미스는 본래 경제학자가 아니다

보통 사람들은 애덤 스미스를 경제학자로 알고 있지만, 사실 그는 대학에서 주로 도덕철학을 강의했다. 당시에는 경제학이라는 학문이 아예 없었다. 그러니 당연하게도 스미스는 대학에서 경제학을 가르치지 않았다.

세계 유명 대학이 경제학을 가르치게 된 것은 현대 경제학(이를 신고전경제학이라 함)을 창시한 앨프레드 마셜Alfred Marshall로부터 시작한다. 1903년 케임브리지대학교에서 경제학을 정식과목으로 채택하면서부터다. 애덤 스미스의 《국부론》이 출간된 것이 1776년이니 무려 130년 가까이 흘러서야 대학에서 독립된 과목으로 경제학을 가르치게 된 것이다. 그 이전까지 경제학은 신학, 윤리학, 철학, 정치학의 한 부문으로서만 존재했을 뿐이다.

《국부론》을 제대로 읽는 법

우리는 역사를 이해할 때 현재의 맥락과 기준으로 과거를 판단하는 오류에 빠지는 경향이 있다. 앞서 언급한, 역사를 바라볼 때 빠지는 현재주의 경향이 그것이다. 《국부론》을 비롯한 고전을 대할 때도 이런 오류에 빠지지 않도록 유의하는 것이 중요하다.

우리는 흔히 이런 현재주의 경향 때문에 스미스를 현대의 경제학자와 동일시한다. 하지만 스미스는 도덕철학자로서 정치와 경제의 원리를 설명한 《국부론》을 썼다. 그래서 현대 경제학의 관점으로 《국부론》을 읽으면 거기에 함축된 윤리성을 간과하게 된다.

물론 현대인들이 고전에서 지혜를 얻는 것도 중요하지만, 현재주의적 관점에서 편견을 가지고 고전을 해석하는 것은 피해야 한다. 고전이 쓰여진 바로 그 시점으로 돌아가서 당시 맥락에서 사건들을 발생론적으로 추적하여 분석할 필요가 있다. 이렇게 해야 시사점을 제대로 이해할 수 있다.

모두 잘 알고 있는 온고이지신溫故而知新의 방법이 바로 그것이다. 이 점은 공자가 강조하고 있기도 하다. 애덤 스미스 역시 이런 접근법을 취하고 있다. 예를 들어 《국부론》에서 화폐의 효용이나 식민지정책 등을 설명할 때는 화폐나 식민지 건설의 기원부터 시작해서 그것이 현재에 이르기까지의 과정을 자세히 설명하고 있는 것이다.

《국부론》의 탄생 배경

이번 장에서는 《국부론》이 탄생한 역사적 배경을 중심으로 그 내용을 살펴보려고 한다. 앞서 소개한 스코틀랜드와 잉글랜드 간의 대립과 통합의 역사, 그리고 《국부론》이 탄생할 당시 영국의 경제적 사정을 알아야 애덤 스미스가 중상주의를 맹렬히 비판한 이유를 알게 된다. 그리고 당시 영국 상황과 유사했던 중국으로 가 한무제漢武帝의 염철전매제鹽鐵專賣制, 즉 소금과 철의 생산과 판매를 국가에서 독점한 제도를 같이 살펴보겠다.

영국과 중국의 국가독점제도를 비교해보면 스미스의 중상주의 비판에 대해 더 잘 이해할 수 있다. 이렇게 현재의 기준이 아닌 그 시점의 기준에서 《국부론》을 읽으면 애덤 스미스가 자유방임을 주장했다거나, 작은 정부와 이기심의 자본주의를 주장했다는 오해를 불식시킬 수 있다.

그렇다면 도덕철학자 애덤 스미스는 어떤 계기로 《국부론》을 썼을까? 《도덕감정론》 말미에는 이런 말이 나온다.

나는 또 다른 강의discourse에서 법과 정부의 일반원칙 및 사회의 상이한 연대와 상이한 시기에 이 일반원칙들이 겪어온 다양한 변혁들에 대해 전체적으로 설명하기 위해 노력할 것이다. 그때 가서 나는 정의의 문제뿐만 아니라 내정 police, 세입revenue, 국방arms 및 법률과 관련된 모든 문제들에 대해 설명하려고 한다.[1]

어떤 책에서는 애덤 스미스가 유럽을 여행하면서 프랑스 중농주의 학파의 경제학자 케네를 만난 것을 계기로 《국부론》을 쓰게 되었다고 하는데, 이는 반만 사실이다. 앞에서 언급한 것처럼 스미스의 사후, 그가 1763년 이전에 이미 글래스고대학교에서 《국부론》의 일부 내용을 강의로 했고, 이 내용을 적은 한 학생의 노트가 발견되어 《법학강의》라는 책으로 출간되었다고 밝힌 바 있다.

《법학강의》에는 《국부론》에서 다루어진 분업, 중상주의에 대한 비판, 상품가격을 결정하는 요인, 화폐이론, 국가재정에 대한 내용들이 나온다. 스미스는 《국부론》을 책으로 출간하기 전에 이미 그 핵심 내용들을 학생들에게 강의로 가르치고 있었던 것이다. 따라서 《국부론》은 유럽 여행중 구상했다기보다, 기존에 강의하던 내용에 유럽 여행을 하면서 만난 많은 학자들과 토의한 내용을 발전시켜 책으로 낸 것으로 보인다.

그럼 잠깐 스미스가 글래스고대학교에서 강의했던 내용을 살펴보겠다. 당시 그의 도덕철학 강의는 네 부분으로 나누어진 것으로 알려져 있다. 첫 번째 부분은 자연신학으로 신의 존재와 속성에 대한 근거를 다루고 있고, 두 번째 부분은 윤리학으로 후에 《도덕감정론》으로 출간된 것이다. 세 번째 부분은 정의와 법에 대한 내용이며, 네 번째 부분은 국가의 부, 권력 그리고 번영을 증대시키는 것으로 정치적 규제를 검토한 내용이다.

이 세 번째와 네 번째 부분이 《법학강의》의 1부와 2부가 된다. 그리고 이 2부 내용을 나중에 《국부론》으로 발전시킨다. 《법학강의》에 나타난 스미스의 강의 내용을 검토해볼 때 위 네 가지 주제는 하나의 사상 체계로 긴밀히 연결되어 있다. 그래서 《국부론》은 스미스의 사상 체계 전체를 이해한 것을 바탕으로 해석해야 한다.

앞에서도 말했지만, 스미스가 《국부론》을 쓴 이유를 이해하려면, 그가 스코틀랜드 출신으로 영국에서 정치적·경제적으로 소수자로 살아왔다는 점을 염두해두어야 한다. 이 책을 통해 스코틀랜드 사람인 스미스는 경제적으로 낙후된 스코틀랜드의 입장에서 나라가 부유해지는 길을 모색했던 것이다. 그리고 정치적·경제적 소수자들에게 피해를 주는 정책이었던 중상주의를 비판했던 것이다. 이는 앞서도 설명한 바 있다.

중상주의 체제를 맹렬히 공격한 《국부론》

"《국부론》은 영국 전체 상업 체제에 대한 매우 맹렬한 공격very violent attack이다."[2] 이는 1780년 10월 애덤 스미스가 친구에게 보낸 서신에 나오는 말로, 그가 《국부론》을 쓴 동기와 목적이 여실히 드러나는 부분이다. 여기서 말하는 영국 전체 상업 체제란, 당시의 지배적 경제정책인 중상주의 체제를 말한다.

중상주의重商主義란 국가의 부를 한 국가가 보유한 금과 은의 양으로 보고, 이를 더 많이 확보하기 위해 상업을 중시하며 추진하는 정책을 말한다. 중상주의자들은 국내 상업이 외국 무역에 직접 영향을 미치지 않는 한, 국내 상업으로 나라가 부유해지지 않는다고 보았다. 그래서 금은의 보유량을 늘리기 위해 수입은 최대한 억제하고 수출은 장려하는 정책을 취한다. 그런데 이 과정에서 상인과 제조업자가 정부와 결탁하여 독점을 통해 불공정한 이윤을 추구한 것이다. 애덤 스미스는 《국부론》에서 다음과 같이 중상주의를 비판했다.

이런 원칙(중상주의)에 의해, 이웃 나라를 궁핍하게 만드는 것beggaring their

neighbours이 자신들에게 이익이 된다고 배웠다. 각 국민은 자기 나라와 무역하는 상대국의 번영을 질투의 시선으로 바라보았으며, 그들의 이익이 자기들의 손실이라고 생각하게 되었다. 상업은 개인 간에서와 마찬가지로 국가 간에도 자연스런 연합의 우정과 유대여야 하는데, 이것이 불화와 적의를 가장 많이 발생시키는 원천이 되었다. 금세기와 전세기 사이에 국왕과 대신들kings and ministers의 종잡을 수 없는 야심도 상인과 제조업자들의 가당치 않은 질투심에 비하면 유럽 평화에 치명적이지 않았다. 인류 지배자들의 폭력과 부정은 오래된 악덕이며 성질상 치유될 수 없는 것이라 생각된다. 그러나 인류의 지배자도 아니고 지배자가 될 수도 없는 상인과 제조업자들의 비천한 탐욕과 독점정신이, 설령 고칠 수 없다 하더라도, 다른 사람들의 평온을 교란하지 못하도록 저지하는 것은 매우 용이할 것이다. 이 정책doctrine을 고안하고 보급시킨 것도 본디 독점정신이었다는 것은 의심할 여지가 없다.[3]

위 문장에서 '상인과 제조업자의 비천한 탐욕과 독점정신'이라는 말에 주목하자. 스미스에게 상인과 제조업자는 탐욕과 독점정신의 동의어였다. 인용한 부분을 읽고 있으면 중상주의의 부도덕함에 분개하는 애덤 스미스의 목소리가 들리는 것 같다. 탐욕과 독점정신의 대표적인 예가 중국과의 아편무역이다. 영국은 중국과의 무역역조를 시정하기 위해 인도에서 재배한 아편을 중국에 수출하여 중국을 궁핍하게 만들었다.

그런데 본문에서 언급된 '금세기와 전세기 사이의 국왕과 대신들의 종잡을 수 없는 야심'이란 무엇일까? 이를 이해하려면 17세기 스튜어트 왕가에서 일어난 왕권과 의회권의 충돌을 살펴보아야 한다.

애덤 스미스는 《법학강의》에서 영국 시민의 자유를 신장시켜준 주요 요인으로 '상비군과 왕실 재정'을 꼽고 있다. 영국은 섬이어서 외세의 침입이 큰 위협이 되지 않았다. 스코틀랜드가 잉글랜드를 자주 침공했지만 통합왕국을 수립하면서 그 위협에서도 벗어나게 되었다. 그래서 상비군을 유지할 필요를 느끼지 못했다. 하지만 상비군이 없으면 왕의 권력은 약해지기 마련이다. 특히 세금을 마음대로 거두기가 어려워진다. 이런 상황에서 엘리자베스 1세의 통치를 거치면서 왕실 재정은 고갈된다.

엘리자베스 1세는 국민의 사랑을 받으려고 부단히 애를 쓴 탓에 불만을 가질 만큼의 세금은 절대 부과하지 않았다. 스페인과 전쟁을 벌일 때도 왕실 소유의 토지를 팔아 자금을 마련하고, 오히려 국민들의 세금을 감면해줄 정도였다. 그 결과 1603년 왕위에 오른 제임스 1세(스코틀랜드의 제임스 6세)에 이르러서는 재정난에 처해 의회의 협조를 얻어 왕실 재정을 충당할 수밖에 없었다.[4] 그런데 의회를 소집하면 의원들은 왕권이 다시 강화될 것을 우려하여 제한하려는 움직임을 보였고, 그러면 왕은 이를 견제하여 의회를 해산하는 일이 반복되었다.

그 결과 제임스 1세는 다른 방법을 모색하게 된다. 바로 귀족들이나 부유한 상인들에게 특허권을 팔아 왕실 재정을 충당하는 것이다. 여기서 특허권이란 무엇일까? 원래 영국에서는 외국 기술자를 받아들여 기술을 훈련시키기 위한 목적으로, 또는 국내 산업을 부흥시킬 수 있는 유용한 노동의 결과물에 대해서 왕이 특허권을 부여하는 것이 관례였다.

사실 특허에 대해 독점권을 부여하는 정책은 엘리자베스 1세 때 스페인과의 전쟁으로 부족해진 재정을 메우기 위해서 시작되었다. 그런데 수많은 일상용품에 독점이 허용되었다. 그 결과 물가는 오르고 독점업자의 배만 불리고 다수가 고통받는 상황이 되자, 1597년 의회는 강력하게 독점

에 반대했다.[5]

대런 애쓰모글루와 제임스 A. 로빈슨이 쓴《국가는 왜 실패하는가》에 의하면, 당시 영국은 1621년에 이르자 특허에 의한 독점 품목이 무려 700여 개에 달했다고 한다. 제임스 1세가 즉위한 지 18년이 지난 시점이다. 이들은 영국 역사가 크리스토퍼 힐의 말을 재인용해 당시 대중들의 어려운 삶을 다음과 같이 적었다. '누구나 독점 벽돌로 지은 집에 산다. 창문 역시 독점 유리로 만든다. 난방은 독점 무쇠로 만든 난로에 독점 석탄을 태워 해결한다. 독점 비누로 몸을 씻고 독점 전분으로 옷에 풀을 먹인다'며, '글을 쓸 때도 독점 종이 위에 독점 펜을 사용한다. 독서를 할 때도 독점 책을 읽는다'고 했다.[6] 애덤 스미스의《국부론》에서도 이런 식의 비판을 찾아볼 수 있다.

모든 동업조합 및 동업조합법들이 생겨난 것은 자유경쟁을 제한함으로서 이러한 가격인하 및 그에 따른 임금이윤의 저하를 방지하기 위한 것이었다. 옛날에 유럽의 많은 지역에서 동업조합을 설립하기 위해서는 동업조합이 설립되는 자치시의 허가만이 필요했다. 잉글랜드에서는 왕의 특허도 필요했다. 그러나 왕이 이 특권을 가진 것은 백성으로부터 돈을 갈취하기 위한 것이었지 억압적인 독점에 대항하여 백성의 자유를 옹호하기 위한 것은 아니다. 왕에게 요금을 지불하면 특허장은 일반적으로 곧 허가되었다.[7]

1623년에 이르자, 영국 의회는 독점법Statute of Monopolies을 통과시켜, 제임스 1세가 국내에서 더 이상 새로운 독점권을 부여하지 못하도록 했다. 왕이 특허를 남발하지 못하도록 한 것이다. 그러나 안타깝게도 의회의 권위가 국제무대에는 미치지 못했다. 왕은 여전히 해외무역에 대해서는 독점권을 부여할 수 있었고, 기존에 부여된 독점권도 그대로 유지할 수 있었던 것이다.

애덤 스미스가 《국부론》에서 자유무역을 주장한 것도 이런 폐단 때문이었다. 제임스 1세를 이은 찰스 1세 때에는 이런 독점권 남용이 가장 심했는데, 재판 과정에 관여하여 사법부 독립을 훼손하는가 하면 의회의 승인 없이 선박세를 거두기도 했다.

왕과 의회의 대립은 결국 내란, 즉 청교도혁명으로 이어지게 되고 의회군이 승리하면서 1649년 찰스 1세는 처형된다. 이후 1649년부터 11년간 왕정이 폐지되어 공화국이 들어서면서 독점권도 없어졌지만 완전히 없어진 것은 아니었다. 크롬웰이 죽고 제임스 2세가 왕이 되면서 과거의 독점권도 부활하게 된 것이다.

독점권으로 이익을 보던 사람들은 왕을 지지했고, 당연히 제임스 2세는 과거처럼 절대왕정을 확립하려 했다. 이런 상황이 또다시 내전을 불러온다. 결국 의회의 요청을 받은 그의 딸 메리와 사위인 오렌지 공 윌리엄이 네덜란드에서 귀환하여 새로운 왕이 되었고, 제임스 2세는 쫓겨나 프랑스로 망명한다. 이때 의회가 절대왕정을 몰아내고 입헌군주제를 수립하는데, 이것이 1688년에 일어난 명예혁명이다.

이런 격변의 시대에 의회도 내외부적으로 파란만장한 일이 많았다. 독점세력과 왕을 지지하던 토리당과 대립하며 신흥 상인의 경제적 이해를 대변하는 휘그당이 창설되는데, 이들이 바로 명예혁명의 구심점이 된다. 이들은 1714년부터 1760년까지 의회를 지배하며 정권을 잡게 되는데, 1723년에 태어난 스미스의 일생 중 반 이상이 이와 겹쳐진다.

다시 말해 앞서 스미스가 언급한 '금세기'란 휘그당의 정치가와 신흥 상인들이 결탁하여 시장을 독점한 시기를 말하는 셈이다. 이처럼 정치권력의 중심이 왕에서 의회로 옮겨가자 상인들은 이제 의회를 대상으로 독점권을 얻으려고 움직인다. 왕실중상주의가 의회중상주의로 바뀐 것이다. 당시의 상황은 《국부론》에도 잘 묘사되고 있다.

> 독점을 강화하는 법안을 지지하는 의원은 상업을 이해하고 있다는 명성을 얻을 뿐 아니라, 그 숫자와 부富에 의해 큰 중요성을 갖는 계층의 사람들에게 인기와 영향력을 얻게 된다. 반대로 의원이 독점적 제조업자들을 반대하거나, 나아가 그들을 제압할 권위를 갖는다면, 그가 잘 알려진 성실한 인물이고 높은 지위에 있고 가장 큰 사회적 봉사를 했더라도, 파렴치한 욕설과 비난 그리고 개인적인 모욕을 피할 수 없으며, 분노하고 실망한 독점업자의 무례한 행위에 의한 실질적 위험을 피할 수는 없다.[8]

위의 인용문을 통해 알 수 있듯이 1623년에 이미 독점법이 만들어졌지만, 이는 법률로서 효력을 발휘하지 못하고 있었다. 역사를 살펴보면 경제적 강자를 위한 법이나 제도는 신속히 발의되고 집행되지만, 경제적 약자를 위한 법이나 제도는 입법화되어도 기득권자들의 보이지 않는 저항으로 실행이 지체되는 경향이 있다. 예컨대 1833년에 제정된 영국의 공장법도 그랬다. 공장법은 9세 미만 아동의 노동 금지와 노동시간의 준수를 규정했지만, 제정만 되었을 뿐 당시에는 그 효력을 발휘하지 못했다.

덧붙여 우리나라의 경우, 1987년 헌법 개정 시에 경제민주화 조항이

들어갔지만, 30년이 지난 시점에도 이것이 사회에서 구현되지 못하고 있다. 관련 헌법 119조 2항은 다음과 같다. '국가는 균형 있는 국민경제 성장과 적정한 소득 분배, 시장 지배와 경제력 남용 방지, 경제주체 간의 조화를 통한 경제 민주화를 위해 경제에 관한 규제와 조정을 할 수 있다.'

스미스가 자유무역을 주장한 이유

스미스는 《국부론》에서 상인과 제조업자들이 독점을 통해 부당한 이익을 얻고 있으며, 이것이 대다수 국민의 이익과 상충된다고 비난했다.

> 상인과 제조업자는 국내시장의 이런 독점에서 가장 큰 수혜자들이다. (…) 상인과 제조업자들의 사리私利에서 나온 궤변이 인류의 상식을 혼란시키지만 않았더라도 이것은 문제가 될 수 없다. 이점에서 그들의 이해는 국민 대다수의 이해와 정면으로 대립된다. 주민들이 자기들 이외에 다른 사람들을 고용하지 못하게 하는 것이 동업조합원의 이익이듯이, 국내시장에서 독점권을 확보하는 것이 상인과 제조업자에게 이익이 된다.[9]

그런데 스미스가 모든 상인과 제조업자를 다 미워한 것은 아니었다. 그는 독점이익을 통해서 부를 축적하려는 상인과 제조업자만을 미워했다. 스미스는 《도덕감정론》에서 열심히 공정하게 돈을 버는 상인은 존경받아야 한다고 했다.

상인의 경우에도 소위 특수한 장사 기회나 또는 특별 이익을 얻기 위해 열심히 노력하지 않는다면 그의 이웃들 사이에서 소심한 자로 간주될 것이다. 이러한 정신과 열의가 모험적인 사업가와 뻔히 보이는 길만 따라 가는 사람들의 차이를 만들어낸다. 자기이익 추구의 이러한 위대한 대상들은 우리가 야심이라고 불러도 좋을 열정의 대상이 된다. 이런 열정은 신중과 정의의 범위 안에서 통제되는 한 항상 세상 사람들의 존경을 받게 된다. 그리고 그런 대상을 획득하는 것과 상실하는 것은 그 사람의 신분을 크게 변화시키게 된다.[10]

여러 번 강조했지만, 남에게 동감을 얻는 범위에서, 즉 남에게 폐를 끼치지 않는 범위에서 신중히 정의롭게 부富를 추구해야 한다는 것, 이것이 바로 스미스 사상의 핵심이다.

부富, 명예와 높은 지위를 향한 경주에서 사람들은 다른 경쟁자를 이기기 위해 자신의 온 힘을 다하여 달리고, 자신의 정신적 육체적 노력을 다 기울일 것이다. 그러나 만약 그가 자기 경쟁자들 중 어느 누구를 밀어제치거나 넘어뜨린다면, 관찰자들의 관용은 거기서 완전히 끝난다. 그것은 공정한 게임의 룰을 위반하는 것으로violation of fair play, 관찰자들은 그것을 용인할 수 없다. 관찰자들에게는 넘어진 사람도 모든 면에서 넘어뜨린 사람과 마찬가지로 중요하다. 즉, 관찰자들은 이 넘어뜨린 사람이 자신을 남보다 훨씬 중요하게 생각하는 자기애에 공감하지 않으며, 그가 다른 사람을 해치게 된 동기에 공감할 수 없다. 따라서 그들은 피해자가 느끼는 자연스런 분개의 감정natural resentment에 기꺼이 동감하고, 가해자는 그들의 증오와 분개의 대상이 된다.[11]

새로운 부富의 정의와 중상주의를 타개할 진보적인 발상

애덤 스미스는 이렇게 중상주의를 혹독히 비난하는 한편, 이를 타계할 발상의 전환을 제시했다. 그것은 부에 대한 관점의 전환이었다. 중상주의자들은 국가의 부를 '한 나라가 보유하고 있는 화폐량(금과 은의 총량)'과 동일시했다. 그러나 애덤 스미스는 '토지와 노동에서 얻는 연간 생산물annual produce'을 국가의 부로 정의하자고 제안했다. 한마디로 이러한 정의는 현대 경제학에서 이야기하는 국내총생산gross domestic product, GDP이나 국민총생산gross national product, GNP을 뜻하는데, 이러한 발상은 당시로 봐서는 너무도 혁신적이고 진보적인 것이었다.

그렇다면 애덤 스미스의 발상이 혁신적인 이유에 대해 좀 더 살펴보자. 이런 발상은 '화폐'에 대한 관점을 바꾸는 것이다. 즉 화폐를 본질적인 것이 아닌 부수적인 것으로 보는 것이다. 금과 은 같은 화폐의 증가는 생산량이 증가한 결과이지 원인으로 볼 수 없다. 만약 그렇다면 금광이 많이 발견되는 나라가 최고의 부자 나라일 것이다. 한 나라의 부는, 그 나라의 생산물의 증가에 따라 늘어나는 것이고, 이에 따라 화폐량도 자연히 증가하는 것이다. 스미스는 이 점을《국부론》에서 여러 차례 강조한다.

> 은에 의해 유통되는 상품의 양은 그대로인 채 은의 양이 증가한다면, 은의 가치가 저하하는 것 이외에는 다른 아무런 영향도 없다. (…) 그와 반대로, 그 나라에서 매년 유통되는 상품량의 증가는, 그 상품을 유통시키는 화폐량이 불변이라면, 화폐의 가치를 증가시킬 뿐만 아니라 다른 많은 결과를 초래한다. 그 나라의 자본(부와 동의어)은 명목상으로 불변이지만 실질적으로 증가할 것이

다. 그것은 여전히 동일한 양의 화폐에 의해 표현되지만 더 많은 양의 노동을 지배할 것이다.[12]

또 애덤 스미스의 발상이 진보적이라고 평가할 수 있는 이유는, 그가 새로운 부의 정의로 경제 민주주의, 민생주의를 주장했기 때문이다. 국가가 보유하는 금과 은의 총량은 왕실이나 정부의 부이지 국민의 부는 아니다. 스미스는 《국부론》에서 상업과 제조업이 발달하지 않은 국가의 군주는 긴급사태에 대비하는 유일한 재원으로 금은을 축적하려 한다고 말했다. 긴급사태란 전쟁이나 내란 등을 말하는 것일 테다. 당시 동아시아에는 덩치 큰 중국이 버티고 있어 평화가 유지되고 있었던 반면, 유럽은 비슷비슷한 세력을 가진 나라들 간에 전쟁이 끊임없이 벌어지고 있었다. 그래서 군주들은 전쟁에 대비해 금과 은을 확보해야 했다.

그런데 이는 민생과는 아무 관련이 없다. 국가에 금과 은이 쌓인다고 국민 생활이 윤택해지는 것은 아니다. 금과 은을 발밑에 쌓아둔 군주와 지배층에게만 좋은 것이다. 이 점을 꿰뚫어본 애덤 스미스는 한 국가의 생산물의 총량이 국가의 부를 결정한다고 한 것이다.

소비야말로 모든 생산의 유일한 목표이자 목적이며, 생산자의 이익은 그것이 소비자의 이익을 촉진하는 데 필요한 한도에서만 고려되어야 한다. 이 명제는 더 없이 자명한 것으로서, 이를 증명하려고 시도하는 것은 어리석은 일이다. 그러나 중상주의에서는, 소비자의 이익은 거의 언제나 생산자의 이익에 희생되고 있으며, 소비가 아니라 생산이 모든 산업의 궁극적인 목표이고 목적이라고 생각하는 것 같다.[13]

당시에 국가란 왕과 귀족을 의미하는 것이었다. 그런 상황에서 애덤 스미스는 일반 서민이 부자가 되어야 국가가 부강한 것이라고 말한 것이다. 그는 또한 독점으로 이익을 얻는 생산자보다 소비자, 즉 일반 서민의 이익이 중요한 것이라고 보았다.

스미스는 이런 새로운 부의 정의에 입각하여 중상주의의 모든 정책을 비판한다. 앞서도 말했지만, 중상주의는 한마디로 금과 은을 더 많이 확보하기 위해 수입은 최대한 억제하고 수출은 장려하는 정책을 취한다. 구체적으로 국내에서 생산되는 생산물을 보호하기 위한 수입제한정책, 무역역조가 심한 나라의 생산물을 수입하지 못하게 하는 정책이 있다.

그리고 수출한 생산물에 대해 세금을 환급해주는 정책과 장려금을 제공하는 수출장려정책이 있다. 거기에 외국과 유리한 통상조약을 맺는 정책과 식민지를 건설해 수출시장을 확보하는 정책들이 있다. 이상의 여섯 가지 정책에 대해 스미스는 각 정책별로 한 장씩 할애해 새로운 부의 정의에 입각하여 이런 정책들의 불합리성을 설명했다.

수입제한과 수출 장려금과 같이 무역차액을 유리하게 하는 정책이 화폐를 가져오는 경향이 있다는 주장에 대해서는 더 이상 주의를 기울이지 않고, 나는 그들 각각이 본국의 연간 생산물에 미치는 효과가 어떤 것이 될지 검토할 생각이다. 연간 생산물의 가치를 증가시키는 경향이 있는가, 감소시키는 경향이 있는가에 따라 그것들은 본국의 실질적인 부와 소득을 증가시키거나 감소시키는 경향이 있는 것이다.[14]

《국부론》에서 논의된 중상주의 여섯 가지 정책의 불합리성을 정리하

애덤 스미스의 중상주의정책에 대한 비판

중상주의정책		스미스의 비판
수입 제한	국내 생산물 보호	국내 생산물을 보호하려는 정책이 노동과 자본을 그런 생산물에 집중시켜 전체 사회의 자본과 노동은 비효율적으로 운영된다. 특정 산업에는 이익이 될지 몰라도 사회 전체적으로는 불이익이 된다.
	무역역조가 심한 나라의 생산물 수입제한	프랑스와 영국의 상업은 적대적 관계로 서로 제약을 두었다. 중상주의는 이웃을 가난하게 하는 것을 목적으로 했지만 이런 적대감을 없애고 상호이익만을 생각한다면 우호적인 나라와의 무역보다 유리하다.
수출 장려	세금환급	세금환급은 합리적 정책이다. 이 정책은 국가의 자본을 비정상적으로 과도하게 어떤 특정한 사업에 집중시키는 경향이 없다.
	장려금	수출기업에 대한 장려금 제공은 생산을 촉진하기보다는 장려금을 확보하기 위한 행동을 촉발한다.
	외국과 통상조약	통상조약에 의해 우대받고 있는 상인과 제조업자에게는 유리하나 상대국의 상인과 제조업자에게는 불리하다. 그들은 자유경쟁이 인정하고 있는 경우보다 비싸게 사야만 한다.
	식민지 건설	식민지는 금과 은을 확보할 목적으로 건설되었다. 미국은 토지가 풍부하고 저렴하여 농업생산성이 높았다. 미국이 오직 영국과만 무역하도록 하여 미국과 함께 영국의 번영이 억제되었다. 식민지에 의회의 대표권을 주든지 아니면 독립시키는 것이 낫다.

면 위와 같다. 스미스는 중상주의정책에 대한 결론을 다음과 같이 정리했다. '이것은 정부와 상인과 제조업자가 유착으로 만든 것으로 그 이익은 상인과 제조업자들이 차지하고 피해는 고스란히 국민인 소비자에게 돌아간다!'

이런 중상주의 전체를 고안해낸 것이 과연 누구인지를 파악하는 일은 그다지 어렵지 않다. 우리는 그것을 고안해낸 사람들이 소비자들이 아니라 생산자들이었다고 믿어도 좋을 것이다. 왜냐하면 소비자 이익은 전적으로 무시되었음에 반해 생산자의 이익에는 매우 신중한 주의가 기울여지고 있기 때문이다. 또한 생산자 가운데 우리의 상인과 제조업자들이야말로 특히 중요한 설계자들architect이다.[15]

오늘날 한국 현실도 이와 크게 다르지 않다. 소비자인 가계가 어려워 경제위기가 왔는데도 생산자인 기업의 이익이 우선이다. 이에 대해서는 뒤에서 다시 언급하겠다.

애덤 스미스가 '자유방임주의자' 라고?

밀턴 프리드먼Milton Friedman을 포함한 신자유주의 경제학자들은 '애덤 스미스가 자유주의자이며, 모든 것을 시장에 맡기라 했'고 말한다. 그래서인지 흔히 스미스를 모든 정부의 규제나 간섭을 반대한 자유방임주의자로 생각한다. 바로잡자면, 스미스는 규제 자체에 반대한 것이 아니라, 전체 국민의 이익보다 특수한 계층의 이익을 추구하는 규제에 반대한 것이다. 여기서 특수한 계층이란 정부와 결탁하여 독점을 추구하는 상인과 제조업자를 말하는 것이다.

시장을 확대하고 경쟁을 제한하는 것은 항상 상인과 제조업자의 이익이 된다.

시장을 확대하는 것은 흔히 공공의 이익과 충분히 일치할지 모르지만, 경쟁을 제한하는 것은 항상 공공의 이익에 반한다. 왜냐하면 경쟁을 제한하면 상인과 제조업자는 자기 자신의 이익을 위해 동료시민에게 불합리한 세금(예: 상품가격의 인상)을 부과할 수 있으며, 이에 따라 상인과 제조업자의 이익이 자연적인 수준 이상으로 증가하기 때문이다. 따라서 이들 계층(상인)에서 나오는 새로운 상업적 법률이나 규제에 대해서 항상 큰 경계심을 가지고 주목해야 하며, 그것들을 매우 진지하고 주의 깊게 오랫동안 신중히 검토한 뒤가 아니면 결코 채택해서는 안 된다. 그 이유는 그 이해가 결코 공공의 이해와 정확하게 일치하지 않는 계급, 그리고 사회를 기만하고 심지어 억압하는 것이 그들의 이익이되며, 따라서 수많은 기회에 사회를 기만하고 억압한 적이 있는 계급에서 나온 제안이기 때문이다.[16]

그가 규제를 반대한 것은 당시 정치적으로나 경제적으로 강자였던 대★상공인을 위해서가 아니었다. 시장에 맡기자고 한 것은 맞지만 그 목적은 경제적 약자의 이익을 지키기 위한 것이었다. 경제적 약자란 중소상공인과 노동자인 일반 국민, 그리고 경제적으로 낙후한 스코틀랜드인을 포함하는 것이었다.

《염철론》으로 본 당시 동양의 경제 사상

여기서 잠시 영국에서 눈을 돌려 동양으로 가보자. 그것도 18세기가 아닌 그리고 기원전의 중국으로 돌아가보자. 중국에서도 경제독점이 큰 사회적

이슈가 되었던 시기가 있었다. 바로 한무제 때의 이야기다.

한무제는 흉노, 조선, 월남 등을 정복하여 한족 역사상 두 번째로 영토를 크게 넓힌 황제다. 하지만 정복정책을 무리하게 추진하다 보니 재정이 궁핍해졌다. 《사기》〈평준서〉는 당시 상황을 이렇게 전하고 있다. '전쟁은 계속되어 병사가 갑옷을 벗을 시간도 없으니 천하의 백성이 노역에 시달리고 전쟁의 참화는 나날이 심해졌다. 출정하는 사람들은 군수품을 가져가고 남아 있는 사람들은 군수품을 보내어 중앙과 지방이 소란스럽게 서로 공급하니 백성은 지치고 피폐해져 교묘히 빠져 나갈 궁리만 했다. 이에 따라 재화는 소모되어 부족하게 되었다.'

또 '나라에 재물을 납입하는 자는 관직에 보임하고 재화를 내는 자는 죄를 면제시켜 이 때문에 관리를 선발하는 선거제도가 날로 기능하지 못했다. 사람들은 염치없이 서로 속이고 무부역사武夫力士가 등용되며 법령은 더욱 엄격하고 번잡하고 많아졌다. 정부의 재정만을 중요시하는 흥리지신興利之臣이 이로부터 출현했다'고 말한다.[17]

흥리지신이란 백성의 부담은 생각하지 않고 황제의 비위를 맞추기 위해 재정을 확충하려고 하는 주변 신하를 말한다.《국부론》에서 스미스가 말한 중상주의를 옹호하는 국왕과 대신들을, 사마천은 흥리지신이라고 표현한 것이다. 한무제 당시 염철전매를 건의한 흥리지신이 공근孔僅이란 사람이다.《한서》〈화식지〉를 보면 그는 한무제에게 다음과 같이 말했다고 한다.

'국가의 재원의 확충을 위하여 원컨대 백성들 가운데 스스로 비용을 대고 관官의 기구를 써서 소금 구울 자를 모집하여, 관청에서 소금 굽는 솥을 주어 관영하여야 합니다. 그런데 무위도식하며 생산에 종사하지 않는 상인과 부호들은 산해山海의 재화인 소금과 철을 농단하여 치부하고 넉넉해져서 가난한 백성을 부려 이익을 얻으려 합니다. 소금과 철의 관영하려는 일을 저지하려는 이들의 논의는 다 들을 수 없을 정도로 많습니다. 소금과 철의 관영제를 무시하고 감히 사사로이 철기를 주조하고 소금을 굽는 자들은 왼발의 발목에 차꼬를 채우고 그 기물을 몰수해야 합니다.'[18]

한무제는 이 건의를 받아들여 소금과 철과, 술을 민간에서 파는 것을 금하고 국가 전매제專賣制를 시행하여 부족한 재정을 확충한다. 이런 상황은 앞서 설명한, 영국의 엘리자베스 1세가 스페인과 전쟁을 치르면서 궁핍해진 재정을 충당하기 위해 상인에게 독점권을 남발한 상황과 유사하다. 단지 한무제는 관직을 팔았다는 점이 다르다. 진황한무秦皇漢武라고, 말그대로 진시황한무제라는 말이 있다. 중국을 대표하는 황제의 대명사로도 쓰이지만, 백성을 착취하는 데는 한무제도 진시황과 별반 다르지 않았다는 의미도 담겨 있지 않을까 싶다.

국가 염철전매에 대한 논쟁

한무제가 죽자 기원전 94년 소제가 어린 나이에 즉위하게 된다. 소제는 한무제의 정복전쟁으로 인한 백성의 원성과 궁핍을 해결하기 위해 요역과 세금을 경감하는 정책을 편다. 《한서》〈화식지〉에는 소제가 즉위하면서 '고향을 등진 유민들이 돌아와 전야가 개간되고 가축과 농업이 축적되었다'고 되어 있다.[19]

소제가 즉위한 지 6년이 지나 섭정을 맡은 곽광霍光은 전국의 학자들을 수도 장안으로 불러 모아 염철전매를 비롯한 한무제 때 시행된 경제정책을 계속할 것인지를 논의했다. 이때 논의를 기록한 것이 바로 《염철론鹽鐵論》이다. 《염철론》은 기원전 81년 한나라 조정에서 국가독점의 타당성 여부를 놓고 당시 관료와 민간 학자들 간의 논쟁한 것을 기록한 것으로 환관桓寬이 지었다고 알려져 있다.

염철회의에 참가한 관료들은 승상 차천추車千秋, 대부 상홍양桑弘羊으로 한무제 때부터 한나라 경제정책을 맡아온 대신들이다. 이들은 당연히 염철전매를 옹호하는 입장이었다. 《염철론》에 따르면 이들은 '선제(한무제)께서는 변방 백성이 오랫동안 피해를 입고 흉노의 약탈에 시달리는 것을 불쌍히 여기셔서 변방 지역에 성을 쌓고 요새를 만들었으며 봉화대를 두고 둔전제를 실시하여 군사를 주둔시켜 적군을 막았던 것이고, 방어 비용이 부족하여 염철의 관영사업을 일으키고, 술, 전매제도를 세우며, 균수법을 시행하고, 국가재정을 증가시킴으로써 변방 경비를 보충하고자 한 것이다. 따라서 지금 그것을 폐지하고자 한다면, 안으로는 국고가 텅 비게 될 것이고, 밖으로는 변방 비용이 부족하게 되어 변방을 수비하는 병사들이 동상을 입거나 굶주리게 될 것'이라며, 폐지를 반대했다고 한다.[20]

반대 입장에는 민간을 대표하는 유학자들이 있었다. 그들은 정부보다는 백성의 편에서 '옛날에는 덕을 숭상하며 군대를 동원하는 것을 천시했고, 공자는 "먼 곳의 사람들을 복종시킬 수 없으면, 예악이나 덕정을 닦아 그들을 불러오라. 이미 왔으면 그들을 안심시키라" 했다'며, '도덕을 버리고 무력을 사용하며, 병력을 일으켜 그들을 공격, 둔전의 군사로 하여금 적을 방비하게 하고 있어, 외곽 지역에 있는 장기간 병사들을 배치하여 끊임없이 식량을 운송하니, 변방의 병사들은 굶주리고 안에 있는 백성은 괴

로워하고 있다'면서 국가 염철전매의 폐지를 주장한다.[21]

국가와 민생 중 무엇을 우선시할 것인가

염철전매의 찬반논쟁은 국민의 생활(민생)보다 국가를 우선하는 법가와 국가보다는 국민의 생활을 우선시하는 유가 간의 경제이념 차이를 보여주고 있다. 한무제는 염철전매뿐만 아니라 균수법均輸法과 평준법平準法도 시행했다. 이를 건의한 것도 염철회의에 관료 측 대표로 참여한 상홍양이었다. 그는 염철전매제를 건의한 공근을 대신하여 염철 업무를 관장하고 있었다.

그러던 상홍양이 균수평준법의 실시를 주청하여 재가를 받는다. '균수'는 지방에서 거두는 조세를 중앙정부에 보내지 않고 현지 물품을 구입하여 서로 교류시키는 것이고, '평준'은 값이 쌀 때 사들인 후 비쌀 때 팔도록 하여 물가를 조절하는 것을 말한다. 그러니까 균수는 공간적 물가조절이고, 평준은 시간적 물가조절이므로 둘을 하나의 정책으로 묶어 균수평준법이라고 하는 것이다. 취지는 물가를 억제하여 백성을 위한다는 것이었지만, 관리와 상인이 결탁해서 백성들은 더 고통을 받았다.

그런데 당시 기록을 보면 염철전매제와 균수평준법을 시행하면서 장사꾼을 관리로 임명했다고 되어 있다. 균수평준법을 건의한 상홍양도 사실 장사꾼 출신이다. 낙양 상인 출신의 아들로 암산을 잘해 열세 살에 시중이 되었다고 하는데, 이익을 논할 때는 미세한 것까지도 헤아렸다고 한다.[22] 이처럼 균수평준법은 상인의 매점매석을 방지한답시고 제도를 만들어놓고 그 관리로 상인을 기용하여 운영했으니, 어떻게 전개되었을지 알 만하다. 당시 폐해가 얼마나 심했는지 《사기》〈평준서〉에 나오는 다음의 예로도 알 수 있다. 한번은 가뭄으로 한무제가 기우제를 지내라 하자 한 관리가 다음과 같은 상소를 올린다. '정부는 조세만으로 의식을 해결해야 하는데 지금 상홍양은 관리들을 죽 늘어선 점포에 앉혀 물건을 팔아 이익을 올리게 하고 있으니, 그를 삶아 죽인다면 하늘이 비를 내릴 것'이라고 말이다.[23]

사마천이 말한 흥리지신은 요즘 말로 하면 정경유착을 꾀하는 정상배政商輩와 같다. 앞서 말했듯이 애덤 스미스는 《국부론》에서 '상인에게서 나오는 상업상의 법률이나 규제에 대한 제안은 언제나 큰 경계심을 가지고 주목해야 하며, 가장 의심 깊은 주의를 기울여 오랫동안 신중히 검토한 뒤가 아니면 결코 채택해서는 안 된다'고 했다. 한무제가 이런 스미스의 말을 들었다면 어떤 결정을 내렸을지 궁금해진다.

그럼 염철회의에 참석한 유학자들이 균수평준법에 대해 어떻게 비판했는지 들어보자. 《염철론》에 따르면 '그들은(관리) 거짓 수단으로 생산품을 낮은 가격으로 거둬들여 농민들의 고통을 몇 배로 늘렸고, 부녀자들에게도 세금을 거둬들이니, 국가에 바치는 것이 공평하게 이루어지지 않는다. 관청이 명령을 혼란스럽게 하고, 성문을 닫고 시장을 독점하자, 어떤 물건이든 모두 모인다. 모든 물건이 모이자 물가는 뛰고, 물가가 뛰니 상인은 폭리를 취한다. 관리도 직접 상업에 개입하여 간사한 상인과 결탁하고, 일부 간교한 관리와 부유한 상인은 기회를 타서 물건을 사들여 독점하여, 시장에 물건이 부족할 때 높은 가격으로 판다. 이렇듯 간사한 상인과 탐관오리가 낮은 가격으로 사들여 높은 가격으로 되파니 균등함은 없다는 것은 자명하다. 고대의 균수는 노동을 조절하여 공물 수송을 편리하게 했지, 결코 폭리를 취해 모든 물건을 거둬들이지는 않았다'는 것이다.[24]

균수평준법은 한무제 때 처음 실시된 것이 아니다. 사마천은 《사기》 〈평준서〉에서 춘추전국 시대에 성공한 경제정책으로 제나라 환공 시절의 재상 관중管仲의 정책과 위나라 문후 시절의 재상 이회李悝의 정책을 꼽고 있다. 이 두 인물은 경제정책의 성공으로 제후의 우두머리, 즉 패자覇者의 위치에 올랐다고 했다. 제나라 관중의 정책은 경중지권輕重之權이라 했고, 위나라 이회의 정책은 진지력지교盡地力之敎라 했다. 경중지권은 물가조절 정책을 말하고, 진지력지교란 땅의 힘을 다한다는 의미로 단위면적당 생산성을 높이는 집약농법을 백성에게 가르치는 것을 말한다.[25] 이 두 정책은 농지와 산야를 개간하고 이를 효율적으로 활용하는 것과 함께 물가를 안정시켜 농민들이 안심하고 생산에 전념하도록 하는 것이다.

혹시 '상평창'이나 '상평통보'라는 말을 들어본 적 있는가? 상평창이란 고려 성종 12년(993년) 물가조절을 목적으로 설립된 기관으로, 풍년에 곡물을 비싸게 사서 흉년에 싸게 팔았다. 이는 조선 시대까지 존속되었다. 그런가 하면 상평통보는 조선 시대에 유통된 화폐로, 여기서 상평이란 상시평준常時平準을 줄인 말이다. 관중의 성공한 경제정책 중 평준법에서 유래된 말이다. 그래서 평준은 유교 국가의 가장 보편적인 경제정책이 되었다. 사마천이 《사기》 중 경제를 다룬 책의 제목을 〈평준서〉라 했을 정도다.

위나라 이회의 경제정책 중에도 평적법平糴法이라는, 풍년에 정부에서 곡물을 많이 구매하고 평년에는 적게 구매하며 흉년에는 구입한 곡물을 방출하여 곡물이 유통되는 양을 고르게 하여 물가를 안정시키는 물가조절정책이 있다.[26]

관중의 평준법이든 이회의 평적법이든 그 목적은 같다. 일반 백성의 몫을 강탈하는 상인의 매점매석을 막아 물가를 안정시키는 것이다. 농민이 가격변동에 개의치 않고 농업에 전념하게 하기 위한 것이다.

그렇다면 염철회의의 결과는 어떻게 되었을까? 염철회의는 관리들과 유학자들이 무려 5개월 동안 팽팽하게 맞서 진행되었다고 한다. 그리고 마침내 유학자들 쪽 주장이 받아들여져 염철전매제를 비롯하여 한무제 때 시행한 경제정책이 폐지되기에 이르렀다.

그렇다면 대표적인 흥리지신이었던 상홍양은 어떻게 되었을까? 평소 스스로 나라를 위해 큰 공을 세웠다고 자랑했던 그는, 큰 위기감을 느끼고 자신의 공훈을 고려하여 아들들에게 관직을 줄 것을 요구했지만 거절당했다. 이에 외척과 결탁해 섭정인 곽광을 죽이고 천자를 폐위하려는 모반에 가담하지만 사전에 발각되면서 처형되고 말았다.[27]

중상주의의 반대말은 민생안정이었다

그런데 《국부론》에서 본 애덤 스미스의 중상주의에 대한 신랄한 비판과, 《염철론》에서 민간을 대표하는 유학자들의 주장이 닮았다는 느낌이 들지 않는가? 양자의 공통점은 쉽게 찾을 수 있다. 우선 스미스 당시의 중상주의자들이나 중국의 염철전매를 유지하려는 사람들은 부국강병책을 주장했다는 것이다. 이들은 동양 사상으로 치면 법가와 일치한다. 법가의 부국강병책은 스미스 당시의 중상주의자들의 주장과 비슷하다. 그리고 국가 염철전매를 반대하는 유학자들은 국가의 부국강병보다 국민의 경제안정,

즉 민생을 우선으로 하고 있다.

애덤 스미스가 중상주의를 반대한 이유는 소수의 상인과 제조업자가 권력과 유착하여 독점이윤을 추구하는데, 그 피해가 고스란히 국민의 대다수인 농민과 노동자에게 돌아갔기 때문이다. 스미스는 기본적으로 중농주의 입장에 있었지만, 여러 번 이야기했듯이 그가 모든 상인과 제조업자를 나쁘게 본 것은 아니었다. 스미스는 정부와 결탁하여 독점적 이윤을 챙기는 상인과 제조업자들은 혐오했지만 성실하게 정당한 이윤을 추구하는 상인과 제조업자들은 존경했다. 당시 산업혁명이 막 시작되면서 농업국가였던 영국에서 상업과 제조업이 어느 정도 발전하여 경제발전에 기여하는 것을 보았기 때문이다.

스미스의 중상주의 비판을 읽다 보면 권력은 상인들과 결탁하기 쉽다는 점을 알 수 있다. 영국이든 중국이든, 과거든 현재든 권력과 상인들은 쉽게 서로의 이해가 맞아떨어지는 경향이 있다. 특히 정부가 재정이 부족할 때 상인을 활용하면 쉽게 재정을 충당할 수 있기 때문이다.

이와 관련해서는《국부론》의 마지막 '공채'를 다룬 부분에도 잘 드러나 있다. 영국 정부는 전쟁비용을 마련하기 위해 국민의 세금을 담보로 대상인들에게 국가채무를 인수하게 하고, 그 대가로 그들이 주주인 은행(잉글랜드은행)에 특혜를 주었다. 즉 높은 이자와 은행권 발행을 독점하도록 해준 것이다. 이는 7장에서 자세히 설명하겠다.

자본주의＝시장경제?

애덤 스미스의 중상주의 비판은 페르낭 브로델Fernand Braudel의 자본주의 모델로도 설명할 수 있다. 브로델은 프랑스 출신의 역사학자로 그가 쓴 《물질문명과 자본주의》는 현대 자본주의가 어떻게 발전해왔는지를 잘 보여준다. 그는 자본주의는 삼층 구조로 되어 있다고 말한다. 바로 맨 아래 '물질문명', 중간에 '시장경제' 그리고 맨 위에는 '자본주의'가 자리하고 있다는 것이다.

흔히 '자본주의＝시장경제'로 보는데, 브로델은 이 둘이 다르다고 말한다. 왜냐하면 시장경제는 역사 이래 항상 존재해왔다는 것이다. 중국 역사를 보면 특히 그렇다. 역대 중국 왕조의 경제 관련 역사 기록은《한서》〈식화지〉의 이름을 따서 〈식화지〉로 되어 있다. 많은 사람들이 자본주의를 시장경제와 동일시하는데, 사실 시장이 존재하지 않은 시절은 없었다. 그래서 시장경제와 자본주의를 동일시하는 것은 무리일 수 있다.

그러면 브로델이 말하는 자본주의란 무엇일까? 그는 자본주의는 독점이라고 말한다. 즉 상인과 권력이 서로 결합하는 것이다. 브로델에 따르면 역사상 거상들은 군주에게 전쟁자금을 빌려주고 원거리 무역을 위해 띄운 배에는 대포를 장착했다. 그리고 이익을 위해서는 시장의 게임을 왜곡할 수천 가지 방법을 고안해냈다. 브로델은 '국가가 지원하고 감독하며 항상 얼마간 국가에 의해 좌우되는 어떤 뚜렷이 구분되는 집단 안에서가 아니면, 자본주의란 있을 수 없다'고 말한다.[28]

또 자본주의가 독점을 통해서만 나타나기 때문에 반시장적이라고 말한다.[29] 브로델의 자본주의에 대한 정의는 논란이 있을 수 있다. 흔히 우리가 아는 자본주의는 생산수단을 소유한 자본가가 노동자를 활용하여 이익을 추구하는 경제제도를 말하는데, 이는 마르크스의 이론을 따른 것이기 때문이다.

《국부론》에서 스미스가 비판한 것도 어쩌면 브로델식의 자본주의일 수 있다. 스미스는 권력과 상인이 유착한 자본주의는 국민에게 해를 끼친다고 했다. 그래서 독점을 철폐하여 정의로운 시장을 만들자고 주장한 것이다.

이는 정부 주도하에 대기업을 중점적으로 지원하며 압축성장을 이룬 우리나라에도 중요한 시사점을 제공해준다. 《국부론》에서 애덤 스미스의 중상주의에 대한 비판이나 《염철론》의 유학자들의 주장이 오늘날 한국 경제에 어떤 의미가 있는지 되새겨볼 필요가 있다.

5장

자연적 자유주의
vs.
자유방임주의

애덤 스미스는 모든 경제 행위를 개인의 판단에 맡기는 '자연적 자유주의 체계'를 가장 이상적인 정치경제제도로 간주했다. 그런데 여기 두 가지 중요한 전제조건이 있다. '시장에서 특혜나 억제가 사라져야' 하고, '누구든지 정의의 법을 어기지 않는 한'이라는 것이다.

스미스는 왜 중농주의를 지지했을까

중상주의 비판을 다룬《국부론》4편의 제목은 '정치경제학의 학설 체계'라고 되어 있다. 여기서 정치경제학은 국가와 국민을 부유하게 하는 학문으로 애덤 스미스는 중상주의와 중농주의를 비교한다. 그는 중상주의는 국민과 국가를 부유하게 하지 못한다고 비판한 반면, 중농주의에 대해서는 지지하는 입장을 보인다.

중농주의는 토지 생산물을 국가 부의 유일한 원천으로 본다. 부의 원천을 화폐에 두지 않고, 노동을 통해 토지에서 얻은 생산물에 두었다는 점, 그리고 시장의 자유를 주장한다는 점에서 스미스는 중농주의를 긍정적으로 평가한 것이다. 그러나 부정적인 평가도 있다. 바로 중농주의가 수공업자, 제조업자, 상인을 비생산적인 계급으로 이해하고 있다는 점이다.

애덤 스미스는 중상주의는 여러 국가에서 채택되어 실행되었지만 중농주의를 채택한 나라는 없고, 케네와 같은 프랑스 학자들 사이에서 사상으로서만 존재한다고 했다. 당시 프랑스 정부가 중상주의를 채택하고, 도시산업을 농촌산업보다 우대하는 정책을 편 것에 대한 반감에서 중농주의가 나왔다고 했다.

잠깐 언급했듯이 스미스가 중농주의를 무조건 지지한 것은 아니다. 그는 비판 의견도 내놓았다. 농업을 우선시하여 제조업이나 외국무역을 억제하려는 정책은 이와 대비되는 중상주의정책만큼이나 그 목적에 반한다고 했다. 중상주의는 농업보다 제조업이나 외국무역을 장려한다. 이런 정책은 그 사회의 자본을 더 불리한 방향으로 몰아간다. 중농주의도 마찬가지다. 제조업과 상인의 활동을 억제하여 토지의 연간 생산물의 가치를 오히려 감소시키니 말이다.

이렇게 중상주의와 중농주의를 비교 비판하면서 스미스는 한 가지 제안을 한다. 이것이 《국부론》4편의 결론이자 어떻게 보면 전체 결론에 해당하는 '자연적 자유의 체계'다. 한마디로 중농주의의 장점에 중상주의의 장점을 보완한 통합의 정치경제학적 체계라 할 수 있다.

왜 스미스를 자유주의자라고 단정하는 걸까

모든 특혜나 억제의 체계가 완전히 사라진다면, 명백하고 단순한 자연적 자유의 체계obvious and simple system of natural liberty가 스스로 확립된다. 이 제도 하에서 누구든지 정의의 법을 어기지 않는 한as long as he does not violate the law of justice, 모든 사람은 자기 방식대로 자신의 이익his own interest을 추구하고, 자신의 노동과 자본을 다른 어떤 사람 또는 어떤 계층의 사람들의 노동과 자본과 경쟁시킬 수 있도록 완전한 자유perfectly free에 맡겨진다.[1]

스미스를 자유주의자라 부르는 것은 《국부론》의 바로 이 문장에서 비롯된 것이다. 스미스는 모든 경제 행위를 개인의 판단에 맡기는 '자연적 자유주의 체계'를 가장 이상적인 정치경제제도로 간주했다. 그런데 여기서 중요한 것은, 스미스는 '자연적 자유주의자'이지만 흔히 말하는 '자유방임주의자'는 아니라는 것이다. 왜냐하면 위의 인용문에서 보듯이 두 가지 전제조건이 제시되어 있기 때문이다.

먼저 첫 번째 전제조건은 시장에서 특혜나 억제가 사라져야 한다는 것이다. 억제란 경쟁을 제한하는 독점을 말한다. 그런데 특혜나 독점을 없애는 것은 정부만이 할 수 있다. 정부는 상인이나 제조업자에게 주는 특혜를 없애야 할 뿐만 아니라, 시장에서 독점이 발생하지 않도록 끊임없이 감시해야 하는 의무가 주어지는 것이다. 스미스는 《국부론》에서 다음과 같이 말한다.

> 그렇다면 식민지무역을 어떤 방법으로 점차 개방해야 할 것인가? 제일 먼저 제거되어야 할 제한은 무엇이며, 가장 뒤에 제거되어야 할 제한은 무엇인가? 완전히 자유롭고 공정한 자연적 체계natural system of perfect liberty and justice는 어떤 방식으로 점차 회복되어야 할 것인가? 우리는 이런 문제를 장래의 정치가와 입법가의 지혜에 맡겨둘 수밖에 없다.[2]

또 스미스는 《국부론》에서 정부가 국민이 잘할 수 있는 경제 행위를 법으로 금지하는 것은 인권을 침해하는 행위라고 주장한다. 그래서 경제적 약자를 억압하여 시장에 자유롭게 진입하지 못하도록 하는 각종 악법을 없앨 것을 주장한다.

국민들 모두에게 그들이 좋아하는 어떠한 직업에도 종사할 수 있는 자연적 자유를 회복시켜주어야 한다. 즉, 자연적 자유를 심각하게 침해하는 동업조합의 배타적 특권을 타파하고, 도제법을 폐지해야 한다. 그리고 이에 더하여 거주법을 폐지함으로써 가난한 노동자가 어느 직업이나 어느 장소에서 실직하더라도, 고발당하거나 이전을 강요당할 근심 없이, 다른 직업을 얻거나 다른 장소에서 직업을 얻을 수 있도록 해야 한다.[3]

여기서 동업조합은 길드guild라고 불린, 중세 도시에서 상공업자들이 직업별로 조직한 조합을 말한다. 동업조합은 조합원이 되는 자격을 엄격히 규제하면서 시장에서 독점적 지위를 유지했다. 그리고 동업조합에는 도제제도로 일컬어지는 엄격한 신분제도가 존재했는데, 장인Meister은 도제를 지도하면서 그들의 노동력을 활용했다.

스미스 당시 도제는 최소 7년을 장인 밑에서 일해야만 비로소 독립하여 사업을 할 수 있었다. 물론 그동안 기술도 배우지만 마치 장인의 노예처럼 노동착취를 당하는 일이 다반사였다. 요사이 비정규직으로 고용된 직원이 몇 년씩 노동착취를 당한 후 회사에 잘 보여야 겨우 정규직 직원으로 전환되는 것도 이와 크게 다르지 않다고 본다.

스미스는 상인의 독점적 지위를 없애는 이런 악법을 철폐하는 것은 군대 장교들에게 병력감축을 강요하는 것처럼 완강한 반대에 부딪힐 것이라 예상했다. 앞서 설명한 대로 당시 상인과 제조업자는 자신들에게 독점을 주도록 정부를 부추기는 일이 비일비재했기 때문이다.

다시 말해 스미스는 상인과 제조업자에게 독점을 주는 정부의 시장 개입을 반대한 것이다. 정부와 상인이 결탁한 독점체제를 없애고 자유롭게 시장에 맡기라고 한 것이다. 갑의 횡포를 없애 을도 자유롭게 참여할 수 있도록 하자고 한 것이다. 여러 번 강조하지만 스미스는 경제적 약자의 자유를 말한 것이지 경제적 강자를 위한 자유를 말한 것이 아니다.《국부론》에는 다음과 같은 구절이 있다.

이 위대한 국민들에게 자신들의 생산물을 이용하여 자신이 만들 수 있는 모든 것을 만들지 못하도록 하거나, 자신들의 자본과 노동을 자신들이 판단 하에 자기에게 가장 유리한 방식으로 사용하는 것을 금지하는 것은 인간의 가장 신성한 권리에 대한 명백한 침해다.[4]

두 번째 전제조건은 '누구든지 정의의 법을 어기지 않는 한'이라는 것이다. 이는《도덕감정론》에서 '신중과 정의의 범위 안에서 자기이익 추구는 비난이 아닌 존경의 대상이다'라고 말한 것과 일맥상통하는 부분이다. 다음은《국부론》의 한 구절이다.

자기 자신의 노동에 대한 소유권은 기타 모든 재산권의 토대이며, 따라서 가장 신성불가침의 것이다. 가난한 사람의 세습재산은 그의 두 손의 힘과 기교에 있는데, 그가 이 힘과 기교를 이웃사람에게 해를 끼치지 않고 적당하다고 생각하는 어떤 방법으로 사용하는 것을 방해하면, 이것은 가장 신성한 재산권에 대한 분명한 침해다. 이것은 노동자 자신과 그를 고용하려고 하는 사람들의 정당한 자유에 대한 분명한 잠식이다.[5]

그런데 이런 두 가지 전제조건들은 무시하고 '완전한 자유에 맡겨진다'만 강조하니, 스미스를 자유방임주의자로 오해하게 된다. 스미스는 다수 행복을 위해 소수의 자연적 자유를 제약할 수 있음을 《국부론》에서 여러 차례 밝히고 있다.

> 은행가로 하여금 은행권을 발행하지 못하게 하는 것은, 자연적 자유의 분명한 침해인데, 법률의 본래 임무는 그것을 침해하지 않고 지원하는 것이다. 그와 같은 규제는 틀림없이 어떤 점에서는 자연적 자유의 침해로 간주될 수 있지만, 사회 전체의 안전을 위협하는 몇몇 개인의 자연적 자유의 행사는, 가장 자유로운 정부이든 가장 전제적인 정부이든, 모든 정부의 법률에 의해 제한되고 있으며 또 제한되어야만 한다. 불길이 번지는 것을 막기 위해 방화벽을 쌓게 하는 법률은 자연적 자유의 침해지만, 여기서 제한하는 은행업의 규제와 동일한 침해다.[6]

예컨대 화재와 같이 공동체에 위해를 줄 수 있는 사고를 막기 위해 모든 사람에게 방화벽을 쌓도록 하는 것은 자연적 자유의 침해가 아니라, 다수를 위해 법률의 규정으로 제약할 수 있다는 것이다. 스미스는 그런 맥락에서 법으로 은행업을 규제하는 것에 찬성했다. 또 고리대금업자가 고금리로 경제적 약자를 수탈하지 않도록 법으로 최고 이자율을 정하는 것에도 반대하지 않았다.

스미스는 무역에서도 '자유'만을 강조하지는 않았다

흔히 애덤 스미스가 자유방임을 주장한 것처럼 무역에서도 자유무역을 주장했다고 알려져 있다. 하지만 그는 무역에 있어서도 '무제한의 자유'를 주장하지 않았다. 그가 자유무역을 주장한 것은 맞지만 보호주의를 펼 수 있는 예외적 상황도 언급하고 있다. 《국부론》에서 그는 우선 국방을 위해서는 자유무역을 제한할 수 있다고 봤는데, 그 대표적 사례로 든 것이 항해조례다.

항해조례란 영국과 여타 국가 간 상품의 수출입을 영국인과 영국선박이 독점하는 조례였는데, 이는 당시 영국의 안전을 위협하는 해상국 네덜란드의 해군력을 약화시키기 위한 목적이었다. 이 조례는 1651년에 네덜란드를 겨냥해 제정되었지만 영국의 방어책으로 현명한 정책이라는 것이다.

또 스미스는 필요한 경우 자국 내 유치산업을 보호하기 위해 높은 관세를 매기거나 수입을 금지할 수 있다고 했다. 이는 외국상품이 국내시장에 들어와 자국민들의 고용을 악화시키고 실업자를 발생시키는 혼란을 막고자 한 것이다. 《국부론》에는 다음과 같은 구절이 나온다.

외국상품의 수입 자유가 일시적으로 중단된 이후에 언제 어떤 방식으로 그것을 회복하는 것이 적당한지를 고려해야 하는 경우는, 특정 제조업이 자기와 경쟁할 수 있는 외국상품에 대한 높은 관세나 수입금지를 통해 수많은 일손을 고용할 만큼 확대되었을 때다. 이 경우 사람들은 자유무역이 다만 천천히 매우 신중하게 회복되어야 한다고 주장한다. 만약 높은 관세나 수입금지가 한꺼번에 제거된다면, 동종의 싼 외국상품이 국내시장으로 밀려들어와 수천 명의 우리 국민의 고용과 생계를 빼앗을 수 있다는 것이다. 의심할 바 없이 이것이 야기하는 혼란은 심각할 것이다.[7]

뒤에서 자세히 살펴보겠지만, 한편으로 스미스는 분업의 피해를 시정하기 위해 국가가 노동자 교육에 일정한 역할을 해야 하며, 또 서민의 교육도 국가가 맡아서 해야 한다고 주장했다. 당시는 의무교육이 보편화되지 않았던 시기로, 이는 자유방임주의와는 상당한 거리가 있는 것이다. 따라서 애덤 스미스가 말한 '자연적 자유주의'를 '자유방임주의'와 동일시하는 것은 잘못된 해석이다.

스미스의 자유주의는 동감 자유주의다

그럼 이제 애덤 스미스에 대한 오해가 어느 정도 풀렸을 것이다. 스미스를 자유방임주의자로 보는 것은 그가 언급한 '보이지 않는 손' 때문이다. 그러나 '보이지 않는 손'을 시장기능으로 해석한 것은 신고전경제학자들이다. 스미스는 '보이지 않는 손'을 시장기능에 대한 비유로 사용하지 않았다. 이에 대한 내용은 8장에서 상세히 밝히도록 하겠다.

여러 번 강조했듯이 애덤 스미스는 상인과 제조업자의 탐욕과 독점정신을 비난해왔다. 그는 《도덕감정론》에서 다음과 같이 말한다.

부러움의 대상인 이런 상태에 도달하기 위하여 재부財富를 추구하는 사람들은 흔히 도덕적인 인간이 되는 길을 포기한다. 왜냐하면 불행하게도 한쪽으로 통하는 길과 다른 쪽으로 통하는 길은 때로는 전혀 반대의 방향으로 나 있기 때문이다. 그러나 야심으로 가득 찬 인간은 이렇게 생각하면서 스스로를 기만한다. 즉, 자신이 목표하는 높은 지위에 도달하기만 하면 사람들의 존경과 감탄을 얻을 수 있는 많은 수단을 갖게 될 것이고, 또한 자신은 대단히 도덕적 적정성과 품위를 가지고 행동할 수 있기 때문에, 그의 장래의 행위들이 발산하는 광채가 그 지위로 올라가기까지 모든 단계에서 저지르게 될 부정한 행위의 자취를 완전히 감추거나 지워줄 것이라고.[8]

《국부론》을 읽어도, 위에서 인용한 것처럼 《도덕감정론》을 읽어도, 스미스는 부를 추구하는 사람들을 믿지 않았다는 것을 알 수 있다. 스미스가 '보이지 않는 손'에 맡겨놓으면 모든 것이 자유롭게 조정되어 경제가 잘 굴러간다고 주장했다고 강변하는 사람들은 그의 사상을 잘못 이해하고 있는 것이다.

'자연적 자유'는 바로 《도덕감정론》에서 언급한 인간 간의 동감과 상호성을 전제로 한다. 시장에서 상인과 제조업자의 독점에 의한 이윤 추구 행위는 동감을 받을 수 없고 공정한 관찰자의 입장에서는 불의인 것이다. 이렇게 보면 스미스가 말하는 조건이 붙어 있는 자유는 모순처럼 들리기도 한다. 하지만 이는 앞서도 말했지만, 그의 인간관이 양면성을 전제하고 있기 때문이다. 스미스는 인간은 이기적이면서도 타인과 동감하는 이타적 측면을 동시에 갖고 있다고 했다. 이기적 측면에서 인간은 무한한 자유를 추구하지만 이타적 측면에서는 타인을 배려하는 절제가 요구된다. 인간은 서로에게 이익을 주기 때문에 자유롭게 해도 좋지만 서로에게 해도 주기 때문에 구속도 필요하다. 그래서 자유에 조건이 달려 있는 '동감 자유주의' 혹은 '정의로운 자유주의'인 것이다.

중용주의자, 스미스와 밀

애덤 스미스가 《국부론》에서 경제적 자유를 언급했다면, 존 스튜어트 밀 John Stuart Mill은 《자유론》에서 정치적 자유를 언급했다. '사회는 다른 사람의 영향을 주는 행위에 한해서만 개인에게 간섭할 수 있다. 이에 반해 당사자에게만 영향을 미치는 행위에 대해서는 개인이 당연히 절대적 자유를 누려야 한다'고 말이다.[9]

밀이 절대적 자유라 표현했지만 사실 절대적인 것은 아니다. 다른 사람에게 영향을 주는 개인의 행위에는 사회가 간섭할 수 있으니 조건이 붙어 있는 자유다. 조건부 자유라 할 수 있다. 즉 개인의 경제 행위도 타인에게 해를 끼치면 정부(사회)가 간섭하여 제약할 수 있다는 것이다. 결국 스미스와 같은 논리 선상에 있는 것이다.

앞서 《도덕감정론》을 설명하면서, 《국부론》을 읽고 나서 《도덕감정론》을 읽은 독일 사람들이 스미스의 사상이 이기심에서 이타심으로 바뀌는 것을 보고 혼란스러워하는 현상을 '애덤 스미스 문제'라고 한 바 있다. '애덤 스미스 문제'가 있듯이 밀의 경우에도 그의 전체 사상을 이해하지 못하면 이처럼 혼란스러워진다. 그가 개인의 자유를 옹호했지만 개인의 자유를 반대하는 것도 발견되기 때문이다.

밀에 따르면, 술에 취하는 것은 개인의 자유이나 술에 취해 남에게 피해를 주는 것은 범죄 행위다. 교육을 안 받는 것도 자유라 할 수 있겠지만, 그 자신과 사회에 대항하는 도덕적 범죄이므로 강제로라도 교육을 시켜야 한다고 말한다. 그래서 밀은 개인의 자유와 국가의 개입이 양립할 수 있다고 믿었다.

흔히 밀이 《자유론》을 썼기에 자유주의자로 알려져 있지만, 밀 자신은 스스로를 '사회주의자'라 칭했다. 실제로 다른 저서에서는 사회주의적 사상을 내보이기도 한다. 그에게 자유주의와 사회주의는 모순되는 게 아닌 '동감'을 통해서 조화되어야 할 가치였던 것이다.

이것은 스미스나 밀이 인간의 양면성을 잘 이해했기 때문에 나타난 현상이다. 스미스는 인간은 자기이익을 추구하지만 동감을 통해 타인을 고려하는 본성을 타고났다고 했다. 마찬가지로 밀은 인간은 개별성과 사회성을 동시에 지니고 있다고 했다. 그래서 개별성을 갖는 인간은 자유를 원하지만 사회성을 갖는 인간은 사회 속에서 타인과 관계를 맺게 된다는 것이다.

스미스나 밀은 중용주의자로 양자의 균형을 중시했다. 스미스의 《도덕감정론》은 인간의 동감 본성과 사회성에 맞추어 쓰여진 반면에 《국부론》은 인간의 자기이익을 추구하는 본성과 개별성에 초점을 맞추어 쓰여진 것으로 보인다. 그러나 분명한 것은 어떤 저서든 양자의 균형을 중시했다는 것이다.

자기이익self-interest을 추구하는 본성과 동감 본성은 서로 독립적인 것이 아니고 서로 의존하고 있는 것이다. 자기이익을 추구하는 것은 이기심selfishness과는 다르다. 자기이익 추구는 신중과 정의의 범위에서, 즉 타인과 동감하면서(타인에게 피해가 가지 않도록 하면서) 개인의 이익을 추구하는 것으로 이기심과 구별된다. 이기심에는 타인에 대한 배려가 없다. 자기이익 추구는 이기심과는 달리 타인에 대한 배려가 따르며, 상호성이 존중된다. 즉 동감이 수반되는 것이다. 스미스는 《도덕감정론》에서 이웃 간의 상호성을 중요시했다.

> 비록 이웃의 파멸이 자신의 아주 작은 불행보다도 우리에게 훨씬 적은 영향을 준다고 하더라도, 자신의 작은 불행을 막기 위하여, 심지어는 자신의 파멸을 막기 위하여, 이웃을 파멸시켜서는 안 된다. 이때 우리는 자연스럽게 자신을 대하는 그런 눈으로써가 아니라, 남들이 우리를 대하는 눈으로 자신을 대하여야 한다. 속담에 의하면, 모든 사람은 자신에게는 전 세계일지라도 타인에게는 전 세계의 지극히 하찮은 부분에 불과하다. 비록 자신의 행복이 전 세계의 행복보다 중요하다고 하더라도, 그의 행복은 타인에게는 덜 중요하다. 따라서 비록 모든 개인이 각자의 마음속에서는 자신을 모든 인류보다 더 선호하는 것이 사실이라 할지라도, 그가 타인을 정면으로 똑바로 쳐다보고 자신은 이 원칙에 따라서 행동할 것이라고 공언해서는 안 된다.[10]

맨더빌의 사상에서 중상주의를 본 애덤 스미스

스미스는 이렇게 상호성을 중요시하면서 《도덕감정론》을 통해 버나드 맨더빌Bernard Mandeville의 철학 체계를 방종의 체계licentious system라고 신랄하게 비판한다. 맨더빌은 1714년 《꿀벌의 우화The Fable of the Bees》라는 책을 통해 개인의 이기적selfish 행위가 사회에 유익하다는 점을 강조하여 중세적 도덕주의에 젖어 있는 사람들에게 상당한 충격을 주었다.

대강의 내용은 이렇다. 탐욕스럽게 이익을 추구하는 벌들이 죄악 속에서 행복하게 살고 있었는데, 어느 날 설교자가 나타나 도덕과 근검절약을 가르쳤다. 그러자 벌집은 사라지고 모든 벌들이 죽었다는 것이다. 개인들이 죄악 속에서 탐욕을 추구해도 사회는 잘 돌아갔는데, 오히려 개인들이 도덕적으로 바뀌니 사회가 잘 돌아가지 않았다는 역설적인 이야기다.

20세기 전반에 활약한 경제학자 조지프 슘페터Joseph Schumpeter는 맨더빌의 이 우화가 '스미스의 자연적 자유에 대한 주장을 구체적으로 표현한 것'이라 말했다. 하지만 필자는 이에 동의할 수 없다. 스미스와 맨더빌의 생각에는 엄청난 차이가 있기 때문이다. 스미스의 자유는 타인에 대한 배려, 즉 동감이 전제된 반면, 맨더빌의 자유는 타인을 배려하지 않는다. 맨더빌은 타인의 행복과 자신의 행복은 양립할 수 없다고 믿었는데, 이것은 한마디로 이기심이라 할 수 있다. 스미스는 맨더빌의 생각은 천박한 것이며 이를 공공연히 뻔뻔스럽게 주장한다고 《도덕감정론》을 통해 비난했다.

그런데 악덕과 미덕의 구분을 완전히 없애버린 듯이 보이는 또 다른 철학 체계가 있다. 이 철학 체계의 경향은 그 때문에 전적으로 유해하다. 맨더빌 박사의 철학 체계가 바로 그것이다. (…) 맨더빌이 관찰한 바로는, 인간은 태어날 때부터 타인의 행복보다는 자신의 행복에 훨씬 더 큰 관심을 가지며, 자신의 번영보다 타인의 번영을 진심으로 우선시하는 것은 불가능하다. 사람들이 타인을 위해 일하는 것처럼 보일 때는, 우리를 속이는 것이고 언제나 이기적 동기에서 행동하고 있다는 것을 확신해도 좋다는 것이다. 인간의 다른 이기적 열정 가운데서 허영심이 가장 강렬한 것이며, 인간은 자신에 대한 이기적 열정을 칭찬받게 되면 쉽게 우쭐해지고 대단히 기뻐한다. (…) 맨더빌에 의하면 개인의 이익보다 공익을 우선시하는 공익정신은 인류에 대한 기만이며 속임수에 불과하다는 것이다.[11]

또 스미스는 《법학강의》에서 《꿀벌의 우화》를 언급했다. 그는 맨더빌의 사상을 자신이 비판하는 중상주의 체계와 같은 것으로 간주했다. '《꿀벌의 우화》의 저자인 맨더빌 박사는 사익私益은 곧 공익이라는 이론을 만들었다. 어떤 사치나 어리석은 소비, 상상할 수 있는 최고의 낭비도 국내의 상품을 대상으로 했다면 아주 조금밖에 해롭지 않으며 많은 경우 오히려 이롭다고 생각했다. 즉 그는 만일 우리가 외국의 모든 상품을 들어오지 못하게 하면 사람들이 마음대로 소비를 하게 내버려두어도 화폐는 프랑스나 네덜란드와 같이 해외로 빠져나가지 않고 여전히 국내에 있으므로 여전히 이전과 똑같이 부유할 것이라 생각했다. 이것은 오른손이 왼손에게 지불하는 경우이므로 그 사람은 더 가난해지지 않는다. 국가의 경우도 마찬가지다.'[12]

스미스는 왜 맨더빌의 사상을 중상주의와 같은 것으로 보았을까? 근간이 같기 때문이다. 맨더빌이나 중상주의자들이나 사업을 뺏고 뺏기는 제로섬zero-sum 게임으로 보았는데, 스미스는 이를 경멸했다. 왜냐하면 중상주의를 비판하면서 말한 것처럼 '이웃 나라를 궁핍하게 만드는 것이 자신들에게 이익이 되고, 이웃 나라의 이익이 자신들의 손실'이라고 생각해온 이기적 태도 때문이다. 스미스가 생각하는 인간은 이기적이어도 타인과 동감하는 능력도 함께 갖고 있다. 그러나 맨더빌이 생각하는 인간은 동감하지 못하는 데다가 탐욕의 이기심을 가지고 있는 존재다. 《국부론》의 다른 대목을 보면, 스미스가 인류 지배자들의 이기심에 대해 비판하는 내용도 나온다.

모든 것은 자신을 위해서 타인에게는 아무것도 주지 않는 것이all for ourselves and nothing for other people 세계의 어떤 시대에서나 인류 지배자의 비열한 좌우명이었던 것으로 보인다.[13]

맨더빌과 스미스의 공통된 생각, 즉 개인의 행동이 사회에 의도하지 않는 결과를 낳을 수 있다는 부분 때문에 현대 경제학자들은 맨더빌과 스미스를 헷갈리고 있다. 그러나 《도덕감정론》에 썼듯이 스미스는 이기심, 즉 타인에 대한 배려가 결여된 탐욕을 절대 옹호하지 않았다. 현대 경제학자들이 그렇게 생각하고 있다면 스미스를 맨더빌로 오해하는 있는 것이다.

맨더빌은 가난하고 약한 자의 편이 아니라 부유하고 강한 자의 편에 서서, 대다수 사람들이 가난하고 무지해야 사회가 행복하다고 말했다.[14] 반면 스미스는 가난하고 약한 자의 편에 서서, 국민의 대다수인 노동자가 가난하고 비참하다면 행복하고 번영된 사회일 수 없다고 말한 바 있다.[15]

자유방임이라는 말의 창시자 케네에 대한 비판

맨더빌과 같이 스미스가 납득할 수 없었던 또 한 사람이 있었다. 앞서 잠깐 언급한, 중농주의자로서 자유방임을 주장한 케네. 1758년 케네는 《경제표Tableau économique》라는 책을 내는데, 의사인 케네는 사회를 하나의 육체로 보고 이 사회가 건강을 유지하기 위해 어떤 조건이 필요한지를 연구한 것이다.

케네는 인간이 노동을 이용하여 식량과 원료를 획득하고 이것으로 만든 제품을 유통시켜 사회라는 육체를 성장시킨다고 보았다. 이 육체는 생산자(농민), 비생산자(상공업 종사자) 그리고 소유자(지주)의 세 계급으로 구성되어 있고, 혈액처럼 화폐가 이 세 계급 사이를 순환하며 생산물을 공급한다고 본 것이다.

케네는 혈액순환이 원활하려면 막힘이 없는 완전한 자유가 실현되어야 하고, 이런 완전한 자유에 대한 침해가 발생할 때마다 노동생산물의 가치는 떨어지고 국가의 부는 감소한다고 했다. 이에 대해 스미스는《국부론》에서 이렇게 말한다.

그 자신이 의사였고 더구나 매우 이론적인 의사였던 케네는 사회에 대해서도 이와 마찬가지의 생각을 가지고 있었던 것 같다. 즉 사회도 어떤 정확한 양생법regimen, 다시 말해 완전한 자유와 완전한 정의라는 양생법 아래서만 비로소 번영한다는 것이다. 그는 사회에서는 각자가 자신의 상태를 개선하려고 끊임없이 행하는 자연적 노력이 어느 정도 불공평하고 억압적인 경제정책의 악영향을 시정할 수 있는 건강 유지의 원동력이라는 것을 생각하지 않은 듯하다. (…) 만일 어떠한 나라가 완전한 자유perfect liberty와 완전한 정의perfect justice를 누리지 않으면 번영할 수 없었다면, 일찍이 이 세상에서 번영을 누렸을 나라는 한 나라도 없다.[16]

케네는 자유방임주의자였고 실제로 '자유방임laissez-faire'이라는 말을 만든 사람도 케네였다. 양생법이란 식사나 운동에 의존하는 건강 유지 방법을 의미하는데, 스미스는 인간이 양생법 외에도 '다른 치료책'으로 건강을 지켜나가듯이 경제도 독점을 철폐하여 시장을 자유화하면서도 다른 보완책으로 건강하게 유지할 수 있다고 주장한다. 덧붙여 역사적으로 자유방임주의로 성공한 나라는 한 나라도 없다고 했다. 비록 스미스는 케네의 이론을 부분적으로는 수용했어도 '완전한 자유'만이 국가의 번영을 가져다준다는 자유방임주의에는 동의하지 않았다.

스미스는 또한 《도덕감정론》에서는 힘과 폭력에 의지해서라도 사회에서 타인을 해치는 불의를 몰아낼 것을 강력히 주장했다. 이는 그가 사회 정의를 바로 세우는 데 국가가 적극 개입할 것을 주장한 것과 다르지 않다고 할 수 있다.

> 불의injustice는 필연적으로 사회를 파괴한다. 따라서 불의가 나타날 때마다 인간은 놀라고, 그대로 놓아두면 그에게 소중한 모든 것을 급속하게 파괴시켜버릴 불의한 사건으로 진행되지 않도록 달려든다. 만약 그가 온당하고 정당한 방법으로 그것을 중지시킬 수 없다면, 그는 힘과 폭력에 의지해서라도 그것을 타도해서 불의가 지속되는 것을 어떻게든 중지시켜야 한다. 인간은 종종 정의의 법을 위반하는 사람들에 대해서는 심지어 사형에 처해 정의의 법을 시행한다. 공공의 평화를 방해하는 자는 이렇게 세상에서 제거되고, 다른 사람들은 그의 죽음을 보고 겁이 나서 그 행위를 따라하지 못하게 된다.[17]

스미스는 자연주의 체계의 큰 틀을 시장과 정부로 나누었는데, 이때 시장은 자유방임의 시장이 아니다. 스미스는 자유방임주의는 결국 경제적 강자가 경제적 약자를 착취하는 방향으로 흘러간다는 것을 잘 알고 있었다. 갑이 을을 착취하도록 방임하는 자유는 스미스가 생각하는 자유의 개념에는 없었다. 그가 생각한 자연적 자유주의는 정부의 감시하에 시장이 정의롭고 공정하게 돌아가는 것이다.

오늘날 신자유주의 경제학자들이 말하는 '자유로운 시장'은 경제적 강자에게 맡겨두는 '정의롭지 못한 시장'이라는 점을 유념해야 한다. 한마디로 신자유주의 경제학이 말하는 자유는 경제적 약자의 자유가 아니다.

하지만 스미스가 말하는 자유는 갑이 을의 팔을 비틀어서 이윤을 얻을 수 있는 자유, 다른 사람들을 곤경에 빠뜨리면서 자신의 이윤만을 추구하는 자유, 기술혁신이 사회에 혜택이 되는 것을 방해할 수 있는 자유, 사회에 제대로 기여하지도 않으면서 엄청난 이득을 취할 수 있는 자유가 아니다. 그가 말하는 자연적 자유는 자신의 이익 추구와 사회적 책임이 균형을 이루는 자유인 것이다.

결국 애덤 스미스가 주장한 것은 '포용적 경제제도'다

스미스의 자연적 자유주의를 현대적으로 해석하기 위해 대런 애쓰모글루와 제임스 A. 로빈슨이 2012년에 쓴 《국가는 왜 실패하는가》라는 책을 한번 살펴보겠다. 이 책은 왜 어떤 국가는 성공하고 실패하며 어떤 국가는 부유해지고 가난해지는지를 다루고 있다. 어떻게 보면 현대판 《국부론》이라 할 수 있다. 《국부론》이 18세기의 영국을 다루었다면, 이 책은 과거와 현재의 영국과 유럽은 물론 아시아와 아프리카의 많은 국가들의 사례를 다루고 있어 매우 흥미롭다.

이 책이 주장하는 내용은 아주 단순하다. 경제적 약자를 포함해 모두를 끌어안는 포용적 제도inclusive institution를 가진 나라는 발전과 번영을 이루고, 경제적 강자만을 위한 착취적 제도extractive institution를 가진 나라는 빈곤에 이르고 실패한다는 것이다. 그리고 이때 제도는 다시 정치제도와 경제제도로 구분하는데, 정치제도가 경제제도를 결정한다고 한다. 결국 포용적 정치제도는 포용적 경제제도를 낳고 이렇게 되면 국가는 성공과 번영의 길로 간다는 것이다.

이들의 이론은 단순한 것이 장점이자 단점이다. 포용적 제도와 착취적 제도를 보다 분명히 정의하지 않고, 과거에 성공했던 나라는 포용적 제도를, 실패한 나라는 착취적 제도를 사용한 것으로 설명하는 경향이 있다. 물론 이것은 역사를 탐구할 때 종종 발생하는 후견지명後見之明의 편견일 수도 있다. 과거 국가들의 성공과 실패 사례들이 이 책에서 주장하는 이론에 다 부합하지는 않지만, 이 책은 동서양은 물론 현재와 과거를 아우르는 다양한 사례들로 통찰력을 제공해주고 있다.

그러면 《국가는 왜 실패하는가》에서 성공 사례로 다루고 있는 영국을 짚고 넘어가보자. 이 부분을 《국부론》과 대조해가면서 읽으면 《국부론》을 이해하는 데 상당한 도움이 될 수 있다. 앞에서 언급한 것처럼 영국은 명예혁명을 통해 절대왕정을 무너뜨리고 포용적 정치제도를 확립했다.

이때 절대왕정을 무너뜨린 집단은 연합세력이었고 연합의 범위도 넓었다. 이들의 힘은 1670년대에 휘그당을 창설하면서 더 강해진다. 연합의 이익을 증진할 조직력을 제공했기 때문이다. 이 세력이 바로 1688년 명예혁명을 주도한 것이다. 명예혁명을 기념비적 사건이라고 하는 이유는 바로 이 광범위한 연합세력이 혁명을 주도했기 때문이다. 그래서 명예혁명 이후에 의회의 권한이 커진 상황에서도 특정세력의 힘이 비대해져 권력을 남용하는 일을 견제할 수 있었다. 《국부론》은 바로 이런 시점에서 탄생한 것이다.

이처럼 스미스 당시에 정치제도는 포용적으로 변했지만, 경제제도는 과거와 같이 착취적인 상태였다. 권력이 의회로 넘어가면서 상인과 의원들이 결탁하여 독점권을 얻은 것이다. 다만 이전만큼 쉽지는 않았다. 광범위한 연합세력이 존재하는 다원주의가 의회를 지배하면서 특정세력이 경제적 이권을 독식하는 것을 견제하기 시작했기 때문이다. 따라서 경제제도 역시 점차적으로 포용적으로 변하기 시작했다. 포용적이라는 말의 의미는 많은 사람들, 특히 경제적 약자도 시장에 자유롭게 진입할 수 있도록 하는 것이다.

앞서도 말했지만, 스미스 당시에는 오늘날과는 달리 대다수 국민들이 경제적 자유를 누리지 못하고 있었다. 동업조합법, 도제법, 거주법과 같은 악법이 경제적 약자들의 경제적 자유를 제약하고 있었기 때문이다. 하지만 많은 사람들이 역사를 현재주의적 관점에서 보기 때문에 스미스의 사상이 당시에는 매우 진보적이었다는 것을 이해하지 못하고 있는 것이다. 스미스가 주장한 대로, 경제적 약자를 포함한 모든 사람들의 자유로운 경제 행위를 포용하는 제도는 혁신적 아이디어를 가진 사람들의 시장 참여를 촉진했고, 그들의 창조적 파괴creative destruction로 기술혁신은 가속화되었다. 이것이 바로 18세기 후반에 시작된 산업혁명이다. 결국 포용적 경제제도가 산업혁명의 발판을 마련해주어 영국을 번영과 발전의 길로 이

끌었다는 것이《국가는 왜 실패하는가》의 설명이다.[18]

대런 애쓰모글루와 제임스 A. 로빈슨의 말을 빌리면, 결국 애덤 스미스는《국부론》에서 '지배층이 경제적 약자에게도 경제 행위를 자유롭게 허용해줄 것을 요청'한 것이다. 스미스의 '자연적 자유주의 체계'란 바로 이들이 말하는 '포용적 경제제도'라 볼 수 있다.

애쓰모글루와 로빈슨은 포용적 경제제도를 '사유재산이 확고히 보장되고, 법체제가 공평무사하게 시행되며, 누구나 교환 및 계약이 가능한 공평한 경쟁 환경을 보장하는 공공서비스를 제공한다. 또 새로운 기업의 참여를 허용하고 개인에게 직업선택의 자유를 보장한다'는 것으로 정의하고 있다.[19]

사유재산권, 시장참여의 자유, 직업선택의 자유, 공평무사한 사법제도 등은 애덤 스미스가《국부론》에서 반복적으로 강조한 내용이다. 결국 영국은 스미스가《국부론》에서 주장한 '자연적 자유주의 체계', 혹은 '포용적 경제제도'로 변화하면서 산업혁명이 싹을 터 번영을 이룰 수 있었던 것이다.

한편으로《국가는 왜 실패하는가》에서는 포용적 제도와 착취적 제도가 어떤 결과를 초래하는지, 그 대조적 사례로 남한과 북한을 들고 있다. 밤에 촬영한 위성사진만 봐도 남과 북의 경제적 격차를 알 수 있다는 것이다. 북한의 밤은 전력난으로 칠흑같이 어두운 반면에 남한의 밤은 대낮같이 휘황찬란하게 보인다는 것이다.

남한의 평균 생활수준은 북한의 10배에 이른다. 문화를 비롯한 여러 여건이 같음에도 불구하고 남한과 북한이 이렇게 차이가 나는 것은, 북한은 지배층만을 위한 착취적 정치제도가 착취적 경제제도를 취한 결과이고 남한은 모든 사람들을 위한 포용적 정치제도를 취해 경제성장을 꾀한 결과라고 이 책은 설명한다.

또한 애쓰모글루와 로빈슨에 따르면, 착취적 경제제도에서도 그런대로 경제성장이 가능하지만 문제는 지속적이지 못하다고 한다. 이들은 바로 1990년대에 무너진 소련을 그 예로 들고 있다. 그렇다면 왜 모든 국가가 번영을 위한 제도를 선택하지 않고 착취적 제도를 택할까? 그것은 포용적 경제제도가 가져올 창조적 파괴가 기존 정치권의 기득권을 위협하기 때문이라고 한다. 이것이 북한이 처한 딜레마다.

노벨경제학상을 수상한 인도 출신의 하버드대학교 교수 아마티아 센 Amartya Sen은 빈곤과 불평등 문제에 관한 권위자다. 그는 자신의 책《자유로서의 발전》에서 경제발전이란 결국 자유가 확장되는 것으로 보고 있으며 민주주의 국가에서는 기근이 발생하지 않는다고 말했다. 기근이란 정부가 막고자 한다면 충분히 막을 수 있고 선거와 언론의 자유가 존재하는 민주주의 체제에서는 정부가 기근을 막으려는 강력한 정치적 인센티브를 갖고 있다는 것이다. 정치적 자유는 궁극적으로 경제적 자유로 발전한다는 말이다. 스미스가《국부론》을 발간한 이후, 수 세기에 걸쳐 목격한 바와 같이 한 국가의 발전과 퇴보의 원동력은 국가의 정치·경제적 자유다. 스미스가 바로 이런 사상의 토대를 확립한 것이라고 할 수 있다.

포용과 착취의 대비는 중국의 경제사에서 더욱 극명하게 나타난다. 앞서 한나라 무제의 경제정책을 언급했는데, 한나라가 가장 번영했던 때는 바로 한무제의 할아버지 문제文帝와 아버지 경제景帝에 이르러서다. 역사가들은 기원전 179년부터 141년까지 두 황제 시절의 경제적 번영을 일컫는 말로 문경의 치文景之治라는 말을 사용한다.

문제와 경제는 백성들에게 휴식을 제공하는 민생안정정책으로 번영을 이루었다. 한무제는 할아버지와 아버지로부터 경제적 번영이라는 훌륭한 유산을 물려받았다. 그러나 한무제는 정벌전쟁으로 물려받은 유산을 탕진하는 것도 모자라 염철전매제를 시행했다. 그 결과 한무제 말기에는 진시황 말기처럼 백성들이 고향을 등지고 유랑을 하게 되는 상황에 이르렀다.

아마 한무제의 착취정책이 계속되었다면 진나라가 15년 만에 망했던 것처럼 한나라도 얼마 안 가 망했을 것이다. 다행히 한무제를 이은 소제와 선제가 경제정책을 민생안정 방향으로 선회하면서 좀 더 오래 버틸 수 있었지만, 한무제가 물려준 짐이 너무 컸던지 한나라(전한)는 한무제 사후 90년 만에 망하고 말았다.

중국 역사의 경제 번영은 황제의 포용적 경제정책에 힘입은 바가 크다. 당나라의 정관의 치貞觀之治나, 청나라 강희제에서 건륭제에 이르는 강건의 치康建之治는 모두 훌륭한 황제의 민생안정을 우선시하는 정책에 의해 수행된 것이다. 민생안정이란 바로 포용적 경제정책이라 할 수 있다. 현재 중국의 경제성장도 덩샤오핑의 개혁개방, 즉 포용적 경제제도에서 기인한다고 볼 수 있다. 그러나 영국의 경우처럼 정치제도가 경제제도를 뒷받침하지 못한다면, 또 포용적 정치제도를 발전시키지 못하게 되면 지속되기 어렵다는 문제가 있다.

앞으로 중국은 어떻게 될까? 애쓰모글루와 로빈슨은 중국의 경제성장이 지속될지 여부는 정치제도가 포용적으로 바뀌느냐 마느냐에 달려 있다고 말한다. 그들의 이론에 따라 중국이 정치도 포용적으로 바꾸어 지속적 경제성장을 누리게 될지 아니면 비포용적 정치제도를 유지한 상태에서 나아갈 것인지는 두고 볼 일이다.

시장만큼 정부의 역할을 중요하게 생각한 애덤 스미스

《국부론》에 관한 통념 중에서 또 한 가지 짚고 넘어갈 것은 '스미스는 시장경제에 대해서만 이야기했다'는 것이다. 이 통념이 시장만능주의를 합리화하곤 한다. 하지만 스미스는 시장경제만큼이나 중요하게 정부의 역할에 대해 언급하고 있다. 그리고 또 다른 통념 중 하나가 그가 작은 정부를 주장했다는 것인데, 이 역시 스미스를 오해한 것이다. 현재 기준에서는 작은 정부일지 몰라도 스미스 당시에는 큰 정부였다는 것을 이후 설명하도록 하겠다.

애덤 스미스는 《국부론》에서 자연적 자유주의 체계를 정의한 후에 정치경제의 다른 한 축인 정부에 대해 언급하면서 정부는 세 가지 의무를 갖는다고 했다.

첫째 그 사회를 다른 독립사회의 폭력·침략으로부터 보호 하는 의무, 둘째 사회의 구성원을, 다른 구성원의 불의·억압으로부터 가능한 한 보호하는 의무, 즉 엄정한 사법제도를 확립하는 의무, 그리고 셋째 일정한 공공사업·공공시설을 건설 유지하는 의무이다. 그런데 이런 공공사업과 공공시설을 건설·유지하는 것은 결코 어떤 개인이나 소수의 개인들의 이익에 적합할 수 없다. 왜냐하면 그것의 이득은 사회 전체에 대해서는 그것의 비용을 보상하고도 남는 경우가 종종 있지만 이는 개인이나 소수 개인들에 대해서는 결코 비용을 보상할 수 없을 것이기 때문이다.[20]

스미스는 국민을 폭력으로부터 보호하는 의무와 국민의 재산권을 보호하는 의무 중에서 전자를 더 중시했다. 경제보다는 국방을 우선시한 것이다. 그래서 앞서 설명한 것처럼 국방을 위해 필요할 때는 국민의 상업적 이익도 제한하는 항해조례를 현명한 정책이라 했다. 그는 자유무역주의 자이지만 항해조례가 영국의 해군력을 강화해주는 정책으로 국가의 방위에 기여하기 때문에 국민의 재산권을 침해하더라도 좋은 정책이라 생각한 것이다.

오늘날에는 경제를 민간부문과 공공부문으로 구분하는데 민간부분은 자연적 자유주의 체계인 공정한 시장경제에 맡기는 것이다. 앞에서도 강조했지만 이것을 자유방임주의로 봐서 정부가 시장에 간섭하지 않는 작은 정부로 해석해서는 안 되는 것이다.

스미스가 가장 작은 정부를 이상적으로 본 것처럼 비춰지는 이유는, 당시 영국 정부가 낭비와 사치를 일삼았기 때문이다. 스미스는 신중하고 절약하는 상인은 존경받아야 한다고 했는데, 마찬가지로 신중하고 절약하는 정부prudent and parsimonious government를 높이 평가했다. 정부가 절약과 신중을 통해 국민의 복리를 위해 기여하기를 바랐던 것이다. 다음은 《국부론》의 내용이다.

비록 정부의 낭비가 부의 진보를 향한 잉글랜드의 자연적 진행을 분명히 지체시켰지만, 그러나 그것을 멈추게 할 수는 없다. (…) 정부의 모든 가렴주구exaction of government에도 불구하고 이 자본은 개인의 절약과 신중한 행동에 의해, 그리고 자신의 처지를 개선하려는 보편적이고 지속적이고 중단 없는 노력에 의해, 조용히 점진적으로 축적되어왔다. (…) 그러나 영국은 이제까지 매우 절약하는 정부를 한 번도 가져보지 못했으며, 절약이 국민의 특성이었던 적도 없다. 그래서 왕이나 대신들king and ministers은 사치금지법이나 외국 사치품 수입금지에 의해 개인의 경제적 행위를 감독하거나 개인의 지출을 제한하려고 했는데, 이야말로 가장 건방지고 철면피한 행위였다.[21]

이런 배경에서 스미스의 당시 영국 정부에 대한 비판을 이해해야 한다. 그리고 현재주의적 관점을 버리고 그 시점을 기준으로 생각해보면 스미스는 최소한의 정부 역할이 아닌 큰 정부를 주장한 것을 어렵지 않게 알 수 있다. 예컨대 상비군제도나 의무교육제도에 대한 주장은 당시에는 대단히 진보적인 생각이었다.

정부 역할에 대한 스미스의 주장이 얼마나 진보적이었던 것인지 보려면 당시 재정 규모를 보면 된다. 잉글랜드은행에서 발행한 GDP통계를 보면 이 기록이 시작되는 1830년에 비해 2009년의 GDP는 32배 증가한 것으로 되어 있다.[22] GDP 공식 자료가 존재하지 않는 스미스 당시로 거슬러 올라가면 이보다 훨씬 증가했다고 추론할 수 있다.

《국부론》이 출간되었을 때가 산업혁명이 막 시작되었을 때였음을 고려해보면 아마도 당시와 비교해 GDP는 100배 정도 증가한 것으로 추론해도 결코 무리가 아닐 것이다. 참고로 말하면 1750년에서 2000년 사이 1인당 세계총생산량gross world product, GWP은 거의 30배 증가했고, 일부 국가에서는 약 100배 증가하기도 했다.[23]

GDP의 엄청난 증가와 더불어 고려해야 할 것이 있는데, 바로 GDP에서 공공부문 지출public sector expenditure이 차지하는 비율이다. 같은 자료에서 1900년의 공공부문 지출비율은 1퍼센트가 안 되었지만, 2009년에는 57퍼센트로 증가했다. 따라서 앞으로 살펴볼 국가의 의무에 대한 스미스의 주장은 당시 국부의 규모와 공공부문 서비스에 대한 보편적 관념에 비추어 대단히 진보적이라 할 수 있을 것이다.

상비군제도 및 사법권과 행정권의 분리를 주장하다

스미스는 문명화된 사회에서 국가의 안위를 민병이나 용병에 맡겨서는 안 되고 상비군제도를 도입해야 한다고 말했다. 고대에는 전쟁이 일어나면 평시에 생업에 종사하던 자유민을 대상으로 징집이나 모집을 해서 전쟁을 치렀는데, 로마 시대에 이르러 용병에 의한 상비군이 생겨났다. 이러한 로마의 상비군제도는 중앙집권적인 체제 확립에 기여했다. 로마 몰락후 중세 봉건 시대에도 상비군 성격의 군사제도가 있었으나 이것은 영주나 국왕의 사병 성격이 강했다.

스미스는 상비군제도를 주장하면서, 국가에서 국방을 전적으로 책임져야 하는 이유로 제조업의 진보와 전쟁기술의 개량을 들고 있다. 방금 말했듯이, 고대 국가에서는 시민을 전쟁에 동원했다. 이때 농민의 경우에는 전쟁이 씨앗을 뿌리고 난 후에 시작하여 추수하기 전에 끝난다면 농사일이 중단되더라도 큰 손해는 없을 것이다.

그러나 수공업자나 제조업자의 경우는 이야기가 다르다. 그들은 전쟁에 징발되어 있는 동안 일을 하지 못하니 수입이 없다. 그래서 수공업이나 제조업이 발달한 도시국가에서는 전쟁에 참여하는 대신 돈으로 군역을 대신했고, 정부에서는 이 돈으로 용병을 고용하여 전쟁을 치른 것이다.

마키아벨리는《군주론》에서 용병을 쓰는 것이 얼마나 위험한 일인가에 대해 설명하며 경계를 당부했다. 15세기 후반 이탈리아 북부의 도시국가들은 상업과 수공업이 발달하여 그리스나 로마와 달리 외국인 용병으로 전쟁을 치렀는데, 마키아벨리는 용병은 아무 쓸모도 없고 위험하기까지 하다고 했다. 그런데 애덤 스미스는 여기서 더 나아가 용병이 아닌 상비군 그것도 직업 상비군을 국가의 세금으로 육성해야 한다고 《국부론》에서 주장했다.

> 군인이라는 직업을 모든 다른 직업으로부터 독립된 별개의 특정 직업으로 할수 있는 것은 오로지 국가의 지혜뿐이다. 평화 시에 공공의 특별한 장려도 없이 대부분의 자기 시간을 군사 훈련에 써버리는 민간인은 아마도 틀림없이 실력이 향상되고 또한 크게 만족을 느낄 것이다. 그러나 자신의 이익이 늘어나지 못하는 것은 확실하다.[24]

1688년 영국에서는 왕권이 강화되는 것을 두려워하여 명예혁명이 일어났고, 그 결과 이듬해 국민 및 의회의 권리가 담긴 권리장전이 제정된다. 권리장전에 따르면 왕은 의회의 동의 없이 세금을 징수할 수 없고 평시에 상비군을 유지할 수도 없었다. 스미스는 역시 《국부론》에서 이런 분위기를 의식하여 시민정부civil government를 지지하는 사람들이 지휘하는 상비군은 자유에 위협이 되지 않고 자유에 유리할 수 있다고 주장한다. 오직 소수의 지지를 받는 위정자만이 이를 위협으로 생각할 뿐이라고 주장하고 있다.

공화주의적 성향을 지닌 사람들은 상비군이 자유를 위태롭게 한다고 싫어했다. (…) 군대가 시민정부의 유지에 최대한의 이익을 가진 사람들에 통제 하에 있는 나라에서는 상비군이 결코 자유를 위협할 수 없다. (…) 정부의 안전이 상류계급에 의해 지탱되고 있다고 하더라도 일반대중의 불평불만에 의해 위태롭게 되는 나라, 다시 말해 작은 소동이 몇 시간 안에 대혁명을 불러일으킬 수 있는 나라에서는, 정부의 모든 권위가 자신에 대한 불평불만을 억누르는 데 쓰이지 않을 수 없다. 이와는 달리 자신의 그 나라 전통적 귀족층은 물론이고 군기가 잡힌 상비군에 의해서도 지지받고 있다고 생각하는 주권자에게는 아무리 난폭하고 근거 없는 격렬한 항의라도 전혀 위협이 되지 못한다.[25]

근대국가가 세워지기 전에도 상비군이 있었지만 이는 왕실의 사병에 지나지 않았다. 스미스가 주장하는 상비군은 국민의 세금으로 유지되는 상비군을 말한다. 이런 상비군은 국민국가의 탄생과 그 맥을 함께한다. 프랑스혁명 후에 조직된 프랑스 국민군은 규모면에서도 절대왕정국가에 비해 컸고, 용병이 아닌 자국의 정규병만으로 구성되어 있었다. 1806년 프랑스군이 프로이센 군대를 격파한 이후 유럽 각국은 자국의 정규병으로 구성된, 실질적 의미의 상비군제도를 갖추기 시작했다. 더 나아가 애덤 스미스는 《국부론》에서 화기가 발전하여 무기를 장만하는 데 큰돈이 들기 때문에 경제력이 발전해야 군사력을 유지할 수 있다고 주장했다.

오늘날의 전쟁에서는 화기에 소요되는 비용이 엄청나므로. 이런 경비를 능히 부담할 수 있는 국가가 유리하다. 따라서 부유한 문명국이 가난한 미개국에 비해 훨씬 유리하다. 고대에는 부유한 문명국이 가난한 미개국에 대해 자신을 방위하는 것이 어렵다는 것을 알았다. 그러나 오늘날은 가난한 미개국이 부유한

문명국에 비해 자신을 방위하는 것이 어렵다는 것을 깨닫는다.[26]

애덤 스미스는, 국가는 재산권을 보호하기 위해 만들어지고 법은 그 목적을 달성하기 위해 제정된 것이라는 로크의 사상을 계승한다. 그렇다면 국방비에 이어 법과 정의를 구현하기 위한 사법비용the expense of justice에 대해서 이야기하지 않을 수 없었을 것이다. 이전의 통치는 가난한 자에 대해 부자를 지키기 위하여, 또는 약간의 재산을 가진 사람들을 재산을 전혀 가지지 않은 사람들로부터 보호하기 위한 것이었다.

당시 사법관의 가장 큰 의무는 재산가들이 몇 세대에 걸친 노동을 통해 취득한 고액의 재산을 보호하여 그들이 편안하게 잠들 수 있도록 하는 것이었다. 그래서 주권자의 사법비용은 부담할 필요가 없었다. 《국부론》에는 다음과 같은 내용이 나온다.

절대왕정 하에서 주권자의 사법권은 그에게 재정지출을 유발하기는커녕 오랫동안 수입원이었다. 그에게 재판을 요청하는 사람들은 항상 재판비용을 지불하고자 했고, 청원에 선물이 따르지 않는 경우는 없었다.[27]

스미스는 재판관은 일정한 급료가 세금으로 지급되기 때문에, 재판을 의뢰하는 사람들로부터 어떤 명목으로도 선물이나 돈을 받아서는 안된다고 했다. 이에 스미스《국부론》에서 재판의 비용은 정부가 전액 부담해야 하며 나아가 사법권과 행정권의 분리를 주장했다.

모든 개인으로 하여금 자신의 모든 권리를 완전히 누리고 있다고 느끼도록 하려면, 사법권은 행정권에서 분리되어야 할 뿐만 아니라 독립시킬 필요가 있다. 재판관이 행정권의 변덕에 의해 면직되는 일이 있어서는 안 된다. 행정부의 선심이나 그들이 쓰고 남은 돈으로 재판관의 정규 봉급을 지급해서는 안 된다.[28]

본디 권력분립은 로크가 처음으로 주장했다. 저서인 《시민정부론》에서 그는 입법부와 행정부의 분리를 주장한 바 있다. 우리가 흔히 알고 있는 삼권분립, 즉 사법부를 행정부와 입법부를 분리하자는 주장은 1748년에 몽테스키외가 쓴 《법의 정신》에 처음으로 나온다. 몽테스키외는 '재판권이 입법권과 집행권으로 분리되지 않은 경우에도 역시 자유는 존재하지 않는다. 재판권이 입법권과 결합하게 되면 시민의 생명과 자유에 대한 권력은 자의적이 될 것이다. 왜냐하면 재판관이 입법자가 되기 때문이다'라고 한 바 있다.

몽테스키외의 《법의 정신》이 출간되고, 28년 후인 1776년 스미스도 《국부론》에서 사법권이 입법권과 분리 독립되어야 한다고 주장했다. 실제 스미스의 삼권분립 주장은 그의 《법학강의》에서도 엿볼 수 있다.[29] 이 강의를 한 연도가 1763년이었으니, 몽테스키외가 《법의 정신》을 출간한 때와는 15년 차이가 난다. 그런데 스미스는 몽테스키외에서 더 나아가서 사법부 운영 비용을 행정부에 의존할 것이 아니라 독립적으로 운영할 것을 주장했다. 운영뿐 아니라 재정의 독립까지 언급했으니 당대 기준으로 스미스 사상이 얼마나 진보적인지를 알 수 있다.

공공사업과 공공시설, 의무교육에 대한 생각

애덤 스미스는 상비군, 그리고 사법권 독립에 이어 공공사업과 공공시설의 유지를 국가가 맡아야 한다고 했다. 여기에는 사회의 상업commerce of the society을 촉진시키는 사업, 상업의 특수 부문particular branches of the commerce을 촉진시키는 사업 그리고 공공사업과 청소년 교육시설 등이 포함된다.

먼저 공공사업이란 도로, 다리, 운하, 항구 등 요즘 말하는 사회기반시설이라 할 수 있다. 이에 대해서는 스미스는 공공사업을 건설하고 유지하는 비용을 수익자가 부담하도록 하는 수익자 부담원칙을 주장한다. 이비용은 통행세나 입항세로 충당할 수 있다고 했다. 도로나 항만을 이용함으로써 운송비가 줄기 때문에 재화의 값이 내려가니, 통행세나 입항세를 내도 이용자가 더 이익을 본다고 했던 것이다.

또 스미스는 사치스런 마차에 대해서는 통행세를 높여 가난한 사람들에게 혜택이 돌아가도록 해야 한다고 주장했다. 이런 이유로 통행료 수입보다 건설 유지 비용이 더 많이 들어가는 사업은 추진하지 말아야 한다고 했다. 비용 편익 분석에 입각해서 공공사업을 추진하자고 주장한 것이다.

다음으로 상업의 특수 부문을 촉진하는 사업에 대해 말하고 있다. 무역을 하는 사람들이나 무역회사를 돕기 위해 현지에 공관을 설치하는 경우가 있다. 그런데 상업의 특수 부분을 촉진하는 사업 중에서 스미스가 문제로 삼은 것은, 정부가 외국무역을 관리하라고 독점권을 준 회사들이다. 그가 중상주의를 비판하면서 외국무역에 대해 독점권을 주는 것을 비판한 것과 일맥상통하는 부분이다. 스미스는 이런 회사에 일시적 독점권을 주는 것은 괜찮지만, 영구적 독점권을 주는 것은 국민에게 세금을 부과하는 것과 같다고 했다.

또한 앞서 잠깐 언급했지만 애덤 스미스는 《국부론》에서 국가가 청소년 교육에도 신경을 써야 한다고 했다. 특히 가난한 서민의 교육을 국가에서 의무화해야 한다고 주장한다.

> 그러나 서민들common people의 경우는 사정이 다르다. 그들은 교육받을 시간이 거의 없다. 그들의 부모는 어린 시절에도 그들을 양육할 능력이 거의 없다. 그들은 일할 나이가 되자마자 생활비를 벌 수 있는 직업에 종사해야 한다. (…) 어느 문명사회에서도 서민들은 어느 정도 지위와 재산이 있는 사람들만큼 교육받지는 않는다. 그럼에도 교육의 필수 부분, 즉 읽기·쓰기·셈하기는 아주 어린 나이에도 익힐 수 있기 때문에, 최하급의 직업에 종사하게 될 대부분 사람들도 그런 직업을 가지기 전에 그것을 배울 시간이 있다. 매우 적은 비용으로 국가는 거의 모든 국민whole body of the people에게 교육의 가장 필수 부분을 습득하는 것을 쉽게 하고 장려할 수 있으며 또한 의무로 강제할 수 있다.[30]

지금 우리는 의무교육을 당연한 것으로 생각하지만, 선진국이라는 영국도 1880년에 이르러서야 10세까지의 아동에게 의무교육을 실시한다. 따라서 서민의 교육을 의무화해야 한다는 《국부론》의 이러한 주장은 100년 정도 앞선 것이다.

스미스는 무엇보다 분업으로 지적 성장에 문제가 되는 노동빈민에 대한 교육을 국가에서 맡아야 한다고 주장했다. 그것도 직업교육이 아닌 교양교육을 국가가 어느 정도 맡아 해야 한다고 주장했는데, 이는 오늘날 기준으로도 정부의 역할을 확대할 필요성을 강조한 대단히 앞선 생각이다.

분업이 진전됨에 따라 노동으로 생활하는 사람들은 거의 대부분(즉 국민 대부분)의 직업은 몇 가지 단순한 작업(흔히 하나 또는 두 가지 작업)으로 한정된다. 그런데 대부분의 사람들의 이해력은 필연적으로 그들의 일상적 직업에 의해 형성된다. 일생을 몇 가지 단순한 작업에 바치는 사람들은, 그리고 작업의 결과물도 항상 같거나 거의 같은 경우에는, 예기치 못한 어려움을 없애기 위한 방법을 찾아내기 위해 자신의 이해력을 발휘하거나 창의력을 발휘할 필요가 없다. 따라서 그는 자연히 그런 노력을 하는 습관을 잃어버리고, 일반적으로 인간으로서 가장 둔해지고 무지해진다. (…) 이처럼 자신의 특수한 직무상의 숙련과 기교는 자신의 지적·사회적·군사적인 덕성을 희생시켜 획득한 것 같다. 진보하고 문명화한 모든 사회에서 노동빈민labouring poor, 즉 국민 대다수great body of the people가, 정부에서 이를 방지하기 위해 노력하지 않는 한, 필연적으로 이런 상황에 빠지게 된다.[31]

필자도 가끔 기업에서 강의를 하는 경우가 있는데, 기업에서 하는 교육은 모두 종업원의 직무기술을 향상시키기 위한 것으로 구성되어 있다. 이런 직무교육에 스미스가 제안한 교양교육을 병행하여 실시한다면 어떨까? 종업원은 고용주가 자신들을 수단이 아닌 목적으로 대하고 있다는 생각에, 조직에 대한 충성도가 한층 올라갈 것이다.

그렇다면 정부는 비용을 어떻게 충당해야 할까

스미스는 이러한 정부의 지출에 대한 비용을 어떻게 충당할 것인지도 언급하고 있다. 간단히 정리하면, 이런 공공서비스 중 그 혜택이 개개인에게 돌아가는 것은 그 비용을 당사자가 부담하도록 하고, 사회 전체에게 돌아가는 것은 국민에게 부과하는 세금으로 그 비용을 충당해야 한다고 했다. 예를 들면 앞서 말했듯이 도로나 다리를 유지하는 비용은 그 혜택을 직접 받는 사람들에게 통행세를 거둬 비용의 일부를 충당하여 세금의 부담을 덜어주어야 한다는 것이다.

스미스는 조세의 네 가지 원칙을 제시하고 있다. 첫째 각자 소득의 크기에 비례하여 각출한다(조세의 공평성). 둘째 세금이 자의적이 아니고 확정적이어야 한다(조세의 명확성). 셋째 납세자가 가장 편리한 시기와 방법으로 징수되어야 한다(조세의 편리성). 마지막으로 국민의 주머니에서 나오는 금액이 국고에 들어가는 금액을 초과하는 부분이 가능한 한 적게 조세가 고안되어야 한다(최소 비용의 징수). 이런 조세의 네 가지 원칙은 현대 재정학에서 그대로 전해지고 있다.

스미스는 여기에 한 가지를 덧붙인다. 정부가 무책임하게 공채를 발행하여 정부 비용을 충당하려 한다면 결국 국민에게 부담이 가는 것이니 이를 줄일 것을 주장했다. 이는 6장에서 다시 설명하겠다.

거듭 강조하지만 《국부론》에서 스미스는 시장경제만, 혹은 시장만능주의를 주장한 것이 아니라, 시장과 정부를 두 축으로 하는 정치경제 체제를 말한 것이다. 그리고 이때 정부에는 시장에서 경제적 강자가 경제적 약자를 억압하는 것을 용납하지 않는 공정한 관찰자의 감시기능 의무가 있음을 주장한 것이다.

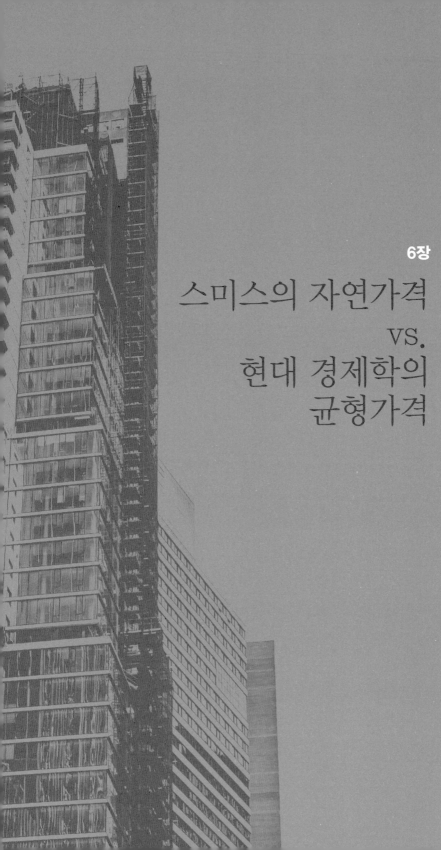

6장

스미스의 자연가격
vs.
현대 경제학의
균형가격

기업의 목적은 무엇인가? 흔히 이윤극대화라고 알고 있지만, 경제학을 창시했다는 애덤 스미스는 그렇게 말한 적이 없다. 이는 현대 경제학이 경제학을 과학으로 만들려는 노력을 하면서 인간을 이기적이고 합리적 존재라 가정한 데서부터 비롯된 것이다.

현대 경제학과 기업의 목적

필자는 매년 신입생을 대상으로 '경영학 이해'라는 강의를 진행한다. 이때 항상 '기업의 목적이 무엇이냐?'는 질문을 해본다. 이에 대부분의 학생들은 '이윤극대화'라고 답한다. 또 가끔은 기업 신입사원을 대상으로 한 강의에 나가서도 물어보는데, 대답은 한결같다.

왜 기업의 목적이 이윤극대화라는 전형적 대답으로 나오게 되었을까? 애덤 스미스가 그렇게 이야기했는가? 스미스는 기업이 이윤을 추구한다는 말은 했지만, 《국부론》 전체를 읽어봐도 이윤을 극대화한다는 이야기는 없다. 위와 같은 대답은 스미스가 아닌 현대 경제학자들의 영향을 받은 것이다.

이 장에서는 스미스의 정치경제학과 이를 계승했다고 말하는 현대 경제학이 스미스와 어떻게 다른지를 다루겠다. 또 현대 경제학은 기업의 목적을 왜 이윤극대화로 규정하고 있는지 그 이유를 밝히고자 한다.

현대 경제학자들과 애덤 스미스는 근본적으로 어떻게 다를까? 우리는 경제학이라 하면 수요-공급 곡선과 도표들 그리고 관련 수식들을 떠올린다. 그러나 경제학을 창시한 애덤 스미스의 《국부론》에는 수요-공급 곡선은 등장하지 않는다. 이런 그림들은 경제에 수학을 적용한 신고전경제학자들에게서 도입된 것이다. 애덤 스미스가 창시한 경제학은 고전경제학classical economics이라 부르고, 현대 경제학은 이전의 경제학과 구분하여 신고전경제학neo-classical economics이라고 한다.

일반적으로 전통 경제학은 대학 교과서에 나와 있는 경제학이고, 또 언론에서 논의하거나 산업계 정부 등에서 흔히 말하는 경제학이다. 말하자면 학문적 경제학의 주류 입장이다. 이 전통 경제학 혹은 주류 경제학파를 계승했다고 하는 것이 바로 신고전경제학이다. 신고전경제학은 앨프레드 마셜에 의해 시작된 것으로 본다.

마셜은 세인트존스칼리지에 입학하여 수학에 탁월한 능력을 보였다. 그리고 1868년 세인트존스칼리지의 윤리학부 강사가 되어 정치경제학을 강의했다. 당시에는 정치경제학과나 경제학과가 없었기 때문에 스미스처럼 윤리학부에 소속해서 강의를 한 것이다. 그는 원래 성직자나 수학자가 되기를 원했지만 존 스튜어트 밀의 《정치경제학 원리》를 읽고 진로를 바꿔 경제학 연구에 몰두한다. 그러다 1884년에 케임브리지대학교로 옮겨왔는데, 그곳에서도 경제학은 역사와 윤리학의 일부로 편입되어 있었다. 이에 마셜은 경제학을 독립된 학문으로 발전시키기 위해 노력을 기울인다.

마셜은 1890년에 《경제학 원리Principle of Economics》를 발간한다. 1920년에 8판이 발간될 때까지 마셜은 무려 30년을 이 책의 개정에 바쳤다. 현대 경제학 교과서에서 사용되는 수많은 개념들이 바로 이 책에서 등장한다. 따라서 마셜의 《경제학 원리》는 현대 경제학의 토대라 할 수 있다. 우하향

수요곡선과 우상향 공급곡선이 처음 등장한 것도 바로 이 책이다. 마셜은 애덤 스미스의 고전경제학을 계승·발전시켰지만, 그 과정에서 이를 변용시켰다.

스미스와 마셜, 무엇이 다른가

주목할 것은 애덤 스미스의 정치경제학과 마셜의 신고전경제학은 다루고 있는 범위와 방법이 다르다는 사실이다. 애덤 스미스의 경제학은 그냥 경제학이 아닌 정치경제학political economy이라 할 수 있다. 그런데 마셜은 정치 문제와는 분리된 경제학을 주장한다. 그럼 《국부론》에서는 정치경제학이 어떻게 정의되어 있는지 보자.

> 정치경제학은 정치가나 입법자의 학문의 한 분야로, 두 가지 목적을 가지고 있다. 첫째, 국민에게 풍부한 수입이나 생계 수단subsistence을 제공하는 것, 좀 더 정확히 말하면, 국민들로 하여금 충분한 수입 또는 생계 수단을 얻을 수 있게 하는 것. 둘째 공공서비스를 공급하는 데 충분한 수입을 국가에 제공하는 것이다. 즉, 정치경제학은 국민과 국가people and the sovereign를 모두 부유하게 하려는 것이다.[1]

위의 마지막 문장에서 스미스는 국민과 국가를 동시에 부유하게 하는 것이 정치경제학의 목적이라 했다. 그런데 마셜은 《경제학 원리》에서 탈정치화를 선언한다. 경제학은 과학이 되어야 하기 때문에 정치적 문제를 떠나서 생각해야 한다고 했다. 그에 따르면 '경제학은 정치가가 조국을 위해 확보하려는 목표를 최대한 달성해주는 정책을 결정할 때 반드시 고려해야 하는 정당 조직의 필수요건과 국내외 정책의 절충에 관한 논의를 가능한 피한다.' 또 '실천가들이 무시할 수 없는 많은 정치적 문제를 멀리한다.' 그에게 '경제학은 과학이면서 기능이기보다는 순수·응용 양면을 포함한 과학이다.' 그래서 그는 '"정치경제학"이라는 협의의 용어보다는 "경제학"이라는 광의의 용어를 사용하는 것이 더 적합하다'고 말했다."[2]

위처럼 마셜은 경제학을 정치경제학에서 분리시키면서, 경제학이란 용어가 정치경제학보다 광의라고 재정의했다. 정치경제학은 단순히 응용학문이지만 경제학은 응용은 물론 순수이론도 포함한다는 것이다. 마셜은 경제학을 독립된 학문으로 정립하기 위해서 엄밀성과 정확성을 높여야 한다고 생각했다. 그래서 경제학을 과학으로 발전시켜야 한다고 한 것이다. 이로써 경제학은 상대적으로 실천보다 이론에 더 치중하게 된다.

비자연과학 분야에서는 일반적으로 '과학 콤플렉스'가 있다. 중세를 지배하던 종교라는 우상을 과학이 대체하면서 근대가 시작되었는데, 종교라는 우상을 대체한 과학은 현대에 들어서는 또 다른 우상이 되었다. 인간이 과학에 대해 맹신하면서 과학은 우상이 되어버린 것이다. 현대에 들어오면서 학문의 특성상 과학적 방법이 그다지 필요하지 않은 분야에도 과학을 붙이려고 하는 경향이 짙어졌다. 인문과학, 사회과학, 혹은 문화과학이라고 부르는 것이 그것이다.

마셜도 자신의 학문에 과학 '이미지'를 부여해야 학문답다고 생각한 것 같다. 《경제학 원리》에서 마셜은 경제학이 정확성을 갖추면 가장 선진적 자연과학이 될 것이라고 했다. 마셜은 당시 (다른 자연과학 학문과 비교해

서) 경제학이 가장 후진적 자연과학이라고 규정한 바 있다.[3]

경제학자들이 경제위기를 예측하지 못하는 이유

마셜 이후의 경제학자들은 선진적 자연과학이 되기 위해 정확성과 엄밀성을 위해 부단히 노력해왔다. 그런 노력의 결과로 경제학이 사회과학 중에서 가장 과학적이라는 자부심도 갖고 있다. 그러나 엄밀한 자연과학이 되고자 노력했던 경제학은, 세계 경제사에서 일어난 중요한 경제위기를 한 번도 제대로 예측하지 못했다. 1930년대의 미국 공황, 1997년에 발생한 동아시아의 IMF 위기, 2008년 금융위기가 바로 그 예다.

먼저 우리와 밀접한 동아시아 IMF 위기 때 이야기를 해보자. IMF 위기가 발발하고 2년이 지난 1999년 12월, 우리나라 경제학자 40명이 모여 '현실을 제대로 분석하고 예측하며 해결책을 내놓는데 실패했'고 반성했다고 한다. 당시 기사에 따르면 이 자리에서 고故 김윤환 고려대 교수는 '한국 경제학은 독자성이 없으며 미국에서 들여온 주류 경제학의 일방적 영향과 그에 입각한 정책이 비판을 받고 있다'면서 '다양한 시각에서 한국 경제를 연구해야 한다'고 말한 바 있다.[4]

그런가 하면 2008년에는 세계적 금융위기가 발생했다. 2009년 7월 영국 여왕이 런던 정경대를 방문해서 암울한 경제 상황을 보고받고 다음과 같이 물었다고 한다. "이렇게 학자와 이론이 많은데, 이토록 심각한 금융위기를 어째서 아무도 예측하지 못했는가?" 이에 경제학자들이 긴급회의를 열었는데, 이들이 내놓은 세 쪽짜리 보고서는 좌절감으로 점철되어 있다. "결론을 말씀드리자면 폐하, 전 세계 경제학자들은 파탄으로 내달리는 경제를 눈뜨고 보고 있으면서도 경제 시스템의 리스크를 예측할 만한 '공동의 창의력'을 갖추지 못했습니다."[5]

왜 경제학자들은 경제위기가 닥칠 때마다 이런 반성을 되풀이할까? 그 답은 마셜이 가장 잘 알고 있을 거라 생각한다. 그는 경제학을 과학으로 만들기 위해, 역설적으로 복잡한 경제 현상에 수학적 방법을 사용했기 때문이다. 마셜은 《경제학 원리》에서 경제학에 수학을 적용 가능하게 하려고 모든 조건이 같다는 가정하에 모델 만들기를 제안한 바 있다.

그는 '복잡한 문제를 분해할 때, 우리는 우리의 연구를 방해하는 교란 요인을 당분간 세테리스 파리부스ceteris paribus라 불리는 울타리에 격리시켜 특정한 일단의 경향들은 모든 것이 다 동일하다는 가정을 통해 분리해서 연구'해야 한다고 했다. '이렇게 범위가 좁은 문제를 정밀하고 확고하게 다루는 것은 그렇게 하지 않았을 경우보다 그러한 문제를 포괄하는 광범위한 문제를 좀 더 정밀하게 다루는 데 도움이 된다'는 것이다.

'세테리스 파리부스'란 '모든 조건이 동일하다면'이란 뜻의 라틴어다. 마셜은 복잡한 경제 문제에 수학을 적용하면 정밀성은 있지만, 실생활과 유리된다는 점을 이미 자신의 책에서 이야기한 바 있다. 무수한 요인이 얽혀 있는 복잡한 사회 현상에 수학을 도입하려다 보니 어떤 가정을 하게 된다. 이런 가정들 위에서 얻은 결과는 단순하지만 현실에 적용할 때는 맞지 않게 되는 것이다.

이것이 주류 경제학이 갖고 있는 근본적 문제점인 것 같다. 경제라는 야생마를 세테리스 파리부스라는 울타리에 가두어 키워놓고 그 행동을 이론화했는데, 막상 들판에 풀어놓았더니 야생마는 전혀 다르게 행동하는 것이다. 이를 지켜보며 당황해하는 것, 이게 바로 주류 경제학이 갖는 문제점이 아닐까 생각한다.

송병락 서울대 경제학부 명예교수는 '경제 연구는 사람의 마음과 제도도 고려해야 하는데, 기존 경제학은 수학과 통계에 파묻혀 금융위기 예측에 실패했다'고 말한 바 있다. 하지만 이런 비난에 노벨경제학상 수상자인 로버트 루카스Robert Lucas 교수는 '현실을 모두 반영한 경제학 모델은 불가능하며, 단순화가 불가피하다'고 반박하고 있다.[6] 이렇게 경제학은 너무 과학적 엄밀성만 추구하다 현실과 동떨어진 이론 쪽으로만 기울어진 것이 아닐까 싶다.

발라의 균형이론 적용을 위한 비현실적 가정

마셜의 의중을 살펴보면, 경제학이 닮고자 한 자연과학은 물리학과 수학이다. 그런데 마셜에 앞서 물리학적 개념을 도입하여 경제학을 수학으로 발전시킬 아이디어를 최초로 낸 사람은 프랑스의 학자 레옹 발라Leon Walras다.

발라는 원래는 공학도였는데 아버지의 영향으로 경제학에 관심을 갖게 되었다. 그는 역시 아버지의 영향으로 경제학은 수학이어야 한다고 굳게 믿었고, 그 생각을 방정식으로 표현하기 위해 당시 물리학 교과서를 모두 섭렵했다. 열아홉 살이 되던 1803년에 발라는 프랑스 수학자 루이 푸앵소Louis Poinsot가 펴낸 《정역학의 원리》라는 책을 읽게 된다. 이 책에서 푸앵소는 수많은 변수들이 상호 연관되어 있는 체계에서, 어떻게 이 변수들이 동역학 과정을 통해 균형 상태로 귀착될 수 있는지를 보여주었다. 발라는 이 책을 참조하여 물리학에서의 균형 개념을 경제학에 도입한다.

좀 더 쉽게 설명해보자. 에릭 바인하커의 《부의 기원The Origin of Wealth》에 따르면, 발라는 경제를 큰 사발 그릇 밑에서 굴러다니는 고무공과 같은 것으로 생각했다. 궁극적으로 공은 사발 밑바닥을 굴러다니다 멈추면서 정지 내지 균형 상태에 접어들게 된다. 어떤 외부적인 힘에 의해 사발이 흔들리거나 기울어지는 경우, 혹은 충격을 받는 경우 공은 새로운 균형점으로 이동한다. 발라는 시장에서 공급과 수요의 균형은 비유적으로 물리적 균형 시스템에서 힘의 균형과 같은 것으로 보았다. 그 균형점에서 거래 생산자와 소비자는 모두 만족할 것이며 그 결과 시장은 정리될 것이라고 생각한 것이다.

이처럼 발라는 경제시스템이 작동하는 원리를 물리학의 균형이론에서 찾았다. 발라에서 시작된 신고전경제학은 균형경제학equilibrium economics이라 할 수 있다. 슘페터는 발라를 모든 경제학자들 중 가장 위대한 경제학자로 평가한 바 있다.

발라는 균형이론을 적용하기 위해 인간에 대한 가정을 한다. 하나는 인간은 자신의 이윤을 극대화하고 자신의 이익을 합리적으로 계산할 줄 안다는 것이다. 그런데 발라가 인간의 본성을 있는 그대로 관찰하여 가정한 것은 아니다. 사실 발라가 세운 인간에 대한 가정들은, 균형이라는 수학문제를 풀려는 목적하에 세워진 것이다. 이렇게 가정하지 않으면 수학을 적용하기 어렵기 때문이다.

발라가 통찰력이 부족해서 인간을 이기적이고 합리적 존재라고 가정한 것이 아니다. 사실 이 문제는 중요한 문제지만, 그는 심각하게 고민하지 않았다. 이런 비현실적 가정을 도입함으로써, 장차 경제학을 현실 세계와 괴리되는 방향으로 이끌어가게 될 것이라는 점은 미처 알지 못했을 것이다. 하지만 이 가정은 암묵적으로 인간을 이윤을 극대화하는 기계나 컴퓨터로 설정한 것이다.

에릭 바인하커의 《부의 기원》에 따르면 1901년, 발라는 자신이 균형이론을 세우는 데 참고했던 《정역학의 원리》의 저자 수학자 푸앵소에게 자신의 원고를 보내 의견을 묻는다. 푸앵소는 발라가 여러 가정들을 사용하고 있는 것을 짚어내고 발라의 이론이 수많은 임의의 함수를 포함하고 있다고 말했다고 한다. 또한 그의 결론들이 한계점이 있다고 하면서 아울러 사용한 가정에 대해서도 언급한다. 푸앵소는 발라에게 인간을 무한히 이기적 존재로 가정한 것은 그런대로 인정할 수 있지만, 인간이 미래에 대해 가능한 모든 것을 알고 있고 이 모든 정보를 활용하여 놀라울 정도로 복잡한 계산을 통해 이해타산을 따질 수 있다고 가정하는 것은 보류할 필요가 있다고 말했다.

푸앵소가 지적한 대로, 인간이 합리적이라는 가정은 명백히 잘못된 가정이다. 2002년 버논 스미스Vernon Smith와 대니얼 카너먼Daniel Kahneman은 행동경제학을 창시한 공로로 노벨경제학상을 받은 바 있다. 행동경제학이란 인간의 선택이 얼마나 비합리적인가를 다루는 학문이다.

균형이론을 경제학에 도입한 발라나 마셜은 이런 문제점 많은 가정을 전제하여 이론을 세웠는데, 후대의 경제학자들은 이들의 가정은 주목하지 않고 결과만을 주목하며 이론들을 축적했다. 너무나 많은 경제적 모형과 이론이 이 가정에 기초하여 이루어졌기 때문에 어느 순간 이런 가정을 부인하는 것은 경제학의 토대를 허무는 일이 되어버렸다. 그래서 주류 경제학자들은 비현실적 가정을 사실로 철옹성처럼 믿게 되었다. 그래서 행동경제학자들이 사실로 믿었던 가정을 뒤집는 증거들을 제시하자 주류 경제학자들은 가슴이 철렁했다.

주류 경제학자들이 초기에 가정에 대한 검토를 심각하게 했다면 행동경제학도 탄생하지 않았을 것이고, 너무도 당연한 사실을 증명까지 해가며 노벨경제학상을 받는 이상한 일도 일어나지 않았을 것이다. 1998년 노벨경제학상을 받은 아마티아 센은 인간이 합리적이지 않은데 합리적이라고 믿는 경제학자들을 '합리적 바보rational fool'라고 칭했다.

푸앵소가 어느 정도 인정할 수 있다고는 했지만, 발라가 인간이 이윤을 극대화한다고 가정한 것도 마찬가지로 비현실적이다. 사실 인간이 합리적이라는 가정보다 이기적이라는 가정이 더 문제라 할 수 있다. 스미스가 《도덕감정론》 서두에서 언급했듯이 인간의 본성은 이기적이면서 이타적이기 때문이다.

그런데 사람들 간의 동감과 신뢰를 바탕으로 이루어져야 할 상행위(교환 행위)에서 주류 경제학이 인간의 동감 본성을 제거하면서 상행위는 비윤리적으로 바뀌고 말았다. 이것이 바로 주류 경제학이 오늘날 경제에 끼친 가장 잘못된 영향이다.

심리학에 자기실현적 예언self-fulfilling prophecy이란 말이 있는데, 바로 이런 경우를 두고 하는 말이다. 잘못된 이론을 믿어서 실제 그렇게 행동함으로써 실현되는 예언인 것이다. 인간이 이기적이라는 잘못된 이론이 모든 사람들을 그렇게 행동하도록 만들고, 개인의 이익추구에만 골몰하는 이기심의 자본주의를 만들었다.

인간은 이기적이면서도 이타적이고, 개인적이면서도 집단적이며, 합리적이면서 감정적이기도 하다. 그런데 인간이 갖고 있는 양면성을 무시하고 경제학을 과학으로 만들기 위하여 인간을 이기적, 개인적, 합리적으로만 가정한 것이 신고전경제학의 출발점이다.

신고전경제학은 이후에 발라의 다른 부수적 가정(예를 들면 완전경쟁 등)들을 완화하는 노력을 하긴 했지만 기본적인 가정, 즉 합리적이고 이윤을 극대화하는 인간이란 가정은 바뀌지 않았다. 아니, 바꿀 수가 없었다. 신고전파 경제학이 수학을 포기하지 않는 한, 바꿀 수 없는 가정이었기 때문이다.

그런데 또 다른 문제가 있다. 발라가 알았던 물리학은 오늘날의 기준에서 한참 뒤떨어진 것이라는 점이다. 발라가 살았던 시대에는 폐쇄계 closed system와 개방계open system 간의 차이를 알지 못했다. 양자의 차이를 쉽게 이야기하자면 폐쇄계는 한 개의 닫힌 박스 안에서 에너지와 힘이 서로 작용하는 것이고, 개방계는 개방된 공간에서 에너지와 힘이 작용하는 것이다. 폐쇄계는 에너지 불변의 법칙이 작용하는 세계다. 에너지가 한 가지 형태에서 다른 형태로 변화하게 된다. 열역학 제1법칙이다.

그런데 물리학의 발전으로 또 다른 법칙이 작용하는 개방계가 있다는 것을 발견했다. 이 세계에서는 열역학 제2법칙, 즉 엔트로피entropy법칙이 작용한다. 이 법칙에 따르면 물질과 에너지는 한 방향으로만 변하는데, 그것은 질서 상태에서 무질서 상태로만 변하는 것이다.

폐쇄계에서는 균형이라는 것이 작용하지만, 개방계는 시간이 지남에 따라 무질서가 증가하는 복잡한 적응 시스템이고 불균형 시스템이다. 대표적인 개방계가 바로 생명체다. 생명체는 주변 환경과 에너지와 물질을 교환한다. 생명체는 살아 있는 동안에는 결코 평형에 도달하지 못하는데, 평형 상태는 바로 죽음을 의미하기 때문이다.

에릭 바인하커의 《부의 기원》에 따르면, 발라는 물리학을 경제학에 적용할 때도 당연히 경제 시스템을 암묵적으로 폐쇄계로 가정했다. 그러나 현실에서의 경제 시스템은 어떤가? 끊임없이 적응하고 진화하는 개방계, 즉 불균형 시스템이다.

제레미 리프킨Jeremy Rifkin은 《엔트로피Entropy》라는 책을 내면서, 엔트로피법칙이 오랫동안 세상을 지배해온 세계관을 바꾸고 각 학문도 천지개벽을 겪을 것이라 했다. 특히, 경제학자들은 자신들의 이론(균형이론)을 수정하여 엔트로피법칙이란 진리와 맞추기 위해 바빠질 것이라 예상했다.[7] 그러나 그런 움직임은 과거에도 없었고 현재에도 없는 것 같다.

물리학으로 경제를 분석하는 과학자 마크 뷰캐넌Mark Buchanan은 2015년 한 매체와 가진 인터뷰에서 이런 말을 했다. "이른바 '보이지 않는 손'이 경제를 언제나 최적의 균형 상태로 되돌려준다는 것은 망상이다. 기존 경제학은 경제와 금융시장이 스스로 완벽한 평형을 유지할 수 있다는 잘못된 믿음을 버리고 격변을 다룰 수 있는 진정한 과학으로 거듭나야 한다."[8] 많은 경제학자들이 과학적 관점을 가지고 있다고 믿지만 스스로 환상에 사로잡혀 있음을 지적한 것이다.

균형이론에 입각한 주류 경제학은 항상, 경제 현상이 단기적으로는 변해도 장기적으로는 변하지 않는 균형점을 향해간다는 것을 전제로 하고 있다. 이런 사고 때문에 심각한 경제 문제가 발생해도 지금은 어렵지만 장기적으로는 균형점을 향해 가기 때문에 문제가 저절로 해결될 것이라 주장한다.

1930년대 대공황이 발생하자, 주류 경제학자들은 실업자가 생기면 임금이 계속해서 하락하고 그러면 기업들은 값싼 임금으로 다시 노동자를 고용하게 되어 장기적으로 실업 문제는 해결될 것이라고 했다. 존 메이너드 케인스는 이런 주류 경제학자들을 비판하며 '장기적으로 모두 다 죽는다'고 한 바 있다.

케인스는 불균형이론에 입각하여 공황을 극복하기 위한 경제학을 세운다. 나중에 힉스John Hicks는 케인스 경제학을 신고전경제학 이론과 상충되지 않도록 균형이론으로 재해석한다. 말하자면 불균형이론도 균형이론으로 바꾸어야 사고가 가능할 정도로, 균형이론은 현재 주류 경제학에 깊게 자리하고 있는 것이다.

스미스의 자연가격을 균형가격으로 해석해버린 경제학자들

균형이라는 정지 상태를 정상으로 보는 주류 경제학의 관점은, 스미스의 관점과 크게 배치되는 것이다. 스미스는 경제는 발전하고 성장하고 진화하는 것으로 보았다. 그런데 경제학이 균형을 중심으로 발전하면서 갑자기 경제는 정태적이고 역사적 발전을 고려하지 않는 학문이 되어버렸다.

스미스의 《국부론》은 경제이론이면서 경제사이기도 하다. 마르크스나 슘페터나 같은 경제학자들은 경제가 균형을 향해 가기보다는 동태적으로 발전하고 진화하는 것으로 보았지만, 균형이론이 워낙 뿌리 깊게 자리 잡은 주류 경제학은 이를 제대로 평가해주지 않고 있다.

스미스는 시장에서 수요와 공급량에 의해 상품가격이 어떻게 결정되는지를 자연가격으로 설명한다. 주류 경제학은 스미스의 자연가격도 균형가격으로 해석한다. 그럼 두 가지는 어떻게 다른 걸까? 스미스는 노동과 함께 자본과 토지도 생산에 기여한다고 인정했다. 그래서 상품가격을 그 상품을 생산하는 데 드는 임금, 이윤, 지대의 세 부분의 구성되는 것으로 보았다.

스미스는 《국부론》에서 임금, 이윤, 지대에는 그 나라 경제의 일반적인 상황에서 결정되는 평균수준(자연율 natural rate)이 존재하며, 이 평균수준의 임금과 평균지대 평균이윤이 합친 것을 자연가격 natural price이라 했다. 그리고 시장가격은 시장에 반입되는 양(공급)과 유효수요 effectual demand에 의해서 결정되는 가격인 것이다. 시장가격은 시장에 나오는 상품량, 즉 공급과 수요의 변화에 따라 등락하게 된다.

> 한 상품이 보통 팔리는 실제의 가격을 시장가격이라고 부른다. 이것은 그 상품의 자연가격보다 높거나, 낮거나, 또는 똑같을 수 있다. 모든 상품의 시장가격은 실제로 시장에 출하되는 상품 양과, 그 상품의 자연가격을 지불할 의사가 있는 사람들의 수요의 비율에 의해서 조절된다. 자연가격이란 그 상품을 시장으로 가져오는 데 지불되어야 하는 지대·임금·이윤의 총 가치가 된다. 이를 지불할 의사가 있는 사람들을 유효수요자라 하고 이런 수요를 유효수요라 한다.[9]

상품의 공급량이 유효수요를 초과할 때는 임금·이윤·지대는 자연율 이하로 지불받게 되고 반대의 경우에는 자연율 이상으로 지불받게 된다. 그런데 시장가격은 단기적으로는 유효수요와 공급량에 의해 변하지만 장기적으로는 자연가격에 접근하려는 경향을 갖는다. 스미스는 자연가격을 시장가격을 끌어당기는 중력의 중심점이라고 비유하기도 했다. 그는 《국부론》에서 '자연가격은 모든 상품들의 가격이 끊임없이 그것을 향해 끌려가는 중심가격 central price이다'라고 이야기했다.[10]

그런데 여기서 문제가 발생한다. 신고전경제학자들이 스미스가 설명한 자연가격을 자신들의 균형이론에 따라 '균형가격equilibrium price'으로 재해석한 것이다. 일반인들이 신고전경제학을 스미스 경제학으로 오해하고 있는 이유는 바로 여기서부터 비롯된 것이다.

물론 이렇게 생각하는 사람도 있을 것이다. 스미스의 자연가격은 수요와 공급에 의해 시장가격이 등락을 거듭하다가 자연가격으로 수렴되니, 발라가 경제학에 도입한 균형이론의 관점에서 보아도 별 무리가 없을 것 같다고 말이다. 주류 경제학의 균형가격과 스미스의 자연가격은 표면적으로 유사한 것처럼 보이지만, 깊이 들어가 보면 여러 면에서 다르다는 걸 알 수 있다.

신고전경제학에서 말하는 '균형equilibrium'이란 개념은 수학적으로는 '최적화optimization'로 구현된다. 수요곡선은 주어진 돈을 갖고 각 개인이 효용을 최대화한다고 가정하고 도출된다. 이런 기본 가정 위에 완전경쟁이라는 가정이 추가된다. 여기서 공급곡선은 주어진 비용을 갖고 이익을 최대화한다는 가정을 가지고 출발한다. 그리고 이 두 곡선이 만나는 점에서 가격이 결정된다. '균형가격'이 되는 것이다.

마셜은 발라의 모형을 한 단계 더 발전시켜 수요-공급이론으로 체계화했다. 그는 수요와 공급을 가위의 양날에 비유한다. 종이를 자르기 위해서는 가위의 양날이 필요하듯이 가위의 한 날인 수요와 다른 한 날인 공급이 서로 만나 결정되는 것이다.

그럼 무엇이 문제일까? 스미스에게 시장은 시간과 공간상에 위치한 경험상의 실체이지, 신고전경제학처럼 수식으로 표현되는 추상적 시장이 아니다. 우선, 스미스는 자연가격을 이론에서 도출하지 않았다. 그는 시장이란 현실에서 일어나는 거래를 관찰한 후 직관에 의해 자연가격이라는 개념을 도출했다. 스미스의 자연가격은 균형이론에 의존하지 않아도 어느 정도 직관력만 있으면 누구나 도달할 수 있는 논리인 것이다.

애덤 스미스, 인간의 본성을 꿰뚫어보다

또한 스미스는 비현실적 가정에 의존하지 않았다. 신고전경제학이 신봉하는 비현실적 가정에 대해서는 앞에서 자세히 설명했는데, 그중에서 '인간은 이기적'이라는 가정을 중심으로 이야기해보겠다. 스미스는 자신이 경험적으로 관찰하여 발견한 인간의 본성에 토대를 두고 논리를 펼쳤다. 그것은 《도덕감정론》 서두에 나오는 동감과 《국부론》의 서두에 나오는 교환 본성이다.

스미스는 분업을 설명하면서 분업은 인간의 지혜의 결과가 아니고 교환 본성의 필연적 결과이고, 이는 인간에게서만 발견되는 본성이라고 했다. 그는 《국부론》에서 '두 마리의 개가 두 개의 뼈다귀를 공평하게 의도적으로 교환하는 것을 본 사람은 아무도 없다'고 말한 바 있다.[11] 또한 《국부론》에서 제일 많이 인용되는 문구로, 인간의 교환 행위는 자비심에 의존하지 않고 자신의 이해타산에 의존해 이루어진다고 했다.

> 우리가 저녁 식사를 기대할 수 있는 것은 정육점 주인과 양조장 주인, 그리고 빵집 주인의 자비심benevolence 때문이 아니라 그들 이기심their own interest에 대한 그들의 고려 때문이다.[12]

스미스를 학문의 롤모델로 삼은 아마티아 센은 《자유로서의 발전》에서 '스미스를 이기심의 옹호자로 보는 통속적 설명은 그의 방대한 저작에서 몇몇 문단만을 뽑아낸 결과'라고 말했다. 특히 앞에서 인용한 정육점 주인과 빵집 주인이 나오는 문단을 뽑아 스미스를 심각하게 왜곡했다고 말했다. 자세히 살펴보자.

위 인용문에서 이기심이란 'self-interest'를 번역한 것인데 이것은 원뜻 그대로 '자기이익'으로 번역하는 것이 옳다. 하지만 많은 책들이 이 부분을 '이기심'으로 번역하여 스미스를 오해하게 만든다. 앞서 언급했듯이 스미스에게 이기심selfishness은 탐욕이지만 자기이익self-interest 추구는 타인과 동감하면서 이익을 추구하는 행위다. 신중하게 타인의 피해를 주지 않는 정의로운 방법으로 이익을 추구하는 행위를 말한다.

3장에서 언급했듯이 스미스가 《국부론》에서 말한 '자기이익 추구'는 자신의 처지를 개선시키려는 욕망이라고 했다. 재산 증식도 바로 그런 욕망에서 비롯되는 것이다. 스미스는 그리고 이것 때문에 인간은 활기차고 건강하게 살 수 있다고도 했다.

> 자신의 처지를 개선하려는 모든 사람들의 공통되고 꾸준한 중단 없는 노력, 즉 개인의 풍요뿐만 아니라 사회·국민의 풍요가 원천적으로 유래하는 이 행동원리는 때때로 매우 강력한 것이어서, 정부의 낭비와 행정의 큰 오류에도 불구하고, 개선을 향한 사물의 자연적 발전을 지속시킨다. 이것은 동물 생명의 알려지지 않는 원리가 질병뿐만 아니라 의사들의 엉터리 처방에도 불구하고 종종 신체에 건강과 활력을 회복시켜주는 것과 마찬가지다.[13]

그렇다면 교환 본성이란 무엇일까? 스미스는 《국부론》에서 자기이익 추구에 기반한 교환 본성을 언급했다. 그러나 이것 역시 탐욕과 같은 이기심이 아니다. 스미스는 《국부론》에서 이런 교환 본성을 말했지만, 《도덕감정론》에서는 이것의 다른 측면인 동감 본성을 언급하기도 했다.

> 타인의 감정과 우리 자신의 감정과의 일치, 즉 동감은 기쁨의 한 원인인 것으로 보이고, 동감의 결여는 고통의 한 원인으로 보인다.[14]

인간은 분업을 통해 서로 의존하고 교환해야 번영하게 되어 있다. 그리고 이런 의존은 자기의 이익을 추구하는 마음과 아울러 타인과 동감하는 마음이 수반되어야 한다. 타인과 동감하는 마음이 없다면 타인이 어떤 필요를 갖고 있는지 알 수 없다. 그래서 분업이나 교환은 인간의 동감 능력을 전제로 하고 있다. 《법학강의》에는 교환을 설명하면서 인간과 인간 사이 동감에 대한 이야기가 나온다. '만일 우리가 교환하려는 성향이 자리잡고 있는 마음속의 원리를 탐구하면 그 결과로 모든 사람을 설득하려고 하는 자연발생적인 성향이 분명히 드러난다.'[15]

교환 행위는 타인과의 동감, 타인에 대한 신뢰를 전제하고 있다. 예컨대 자신이 단골로 거래하던 정육점이 있는데, 가격이 좀 싸다고 하루아침에 다른 정육점으로 가는 사람은 많지 않다. 우리는 단골 정육점과 거래하면서 한편으로는 동감을 교환하고(정情을 나누고) 그 과정에서 상호 신뢰가 형성된다. 그리고 만약 이 신뢰가 깨지게 되면, 옆집 정육점으로 발길을 돌린다. 옆집 가게가 가격이 더 비싸다고 해도 크게 상관없다. 정이 무너졌기 때문이다. 이는 살면서 우리 모두가 경험해본 일이다. 그런데 왜 신고전경제학에서는 '이익만을 추구하는 인간은 오로지 가격만 보고 정육점과 거래한다'고 보는지 이해하기 어려운 일이다.

이렇게 스미스는 분명히 교환 행위 이면에 동감이 자리 잡고 있음을 분명히 하고 있다. 그래서 교환을 '이기심'으로만 보는 신고전경제학자들의 해석은, 좋게 말하면 스미스를 잘못 이해한 것이고 심하게 말하면 왜곡한 것이다. 시장은 사람들의 이기심만으로 돌아가는 것이 아니라 상대방과의 동감이 합쳐져야 돌아가는 것이다.

신고전경제학에서의 동감이라는 변수

왜 이런 상황에 이르렀을까? 인간의 동감이란 것은 신고전경제학의 입장에서 보면 커다란 골칫거리이기 때문이다. 수리경제학에 걸림돌이 되기 때문이다. 예를 들어 나에게 빵이 두 개 있는데 한 개를 친구에게 준다고 해보자. 빵 개수가 줄어든 만큼 기쁨(효용)이 줄어야 하는데, 오히려 기쁨(효용)이 늘어난다. 자신이 건넨 빵을 친구가 맛있게 먹는 걸 보고 큰 기쁨(효용)을 느끼기 때문이다. 이는 수리상 맞지가 않는 것이다.

그래서 마셜은 경제 분석을 화폐를 통해 측정이 가능한 등가等價의 가치교환에 국한했다. 등가의 가치교환이란 말 그대로 서로 비슷한 가치를 교환하는 행위를 말한다. 그런데 경제 분석을 등가의 가치교환에 국한해도 여전히 문제가 남는다. 바로 '동감'이라는 문제다. 인간은 가격이 비싸도 신뢰하고 동감하는 단골집에서 사려고 하기 때문이다.

아마티아 센은 《자유로서의 발전》에서 동감이나 이타심 그리고 타인의 효용을 각 개인의 효용함수에 하나의 변수로 집어넣는다면, 신고전경제학이 주장하는 '인간이 효용을 극대화하면서 소비를 한다'는 가정을 유지할 수 있다고 했다. 그러나 이 경우 정의를 지키고자 자신의 이익에 반하는 행동을 한다면, 효용극대화 가정은 유지하기 힘들다고 했다.[16] 그런데 스미스는 또 《도덕감정론》에서 인간은 동감 능력 때문에 공적 목적을 위해서는 자신의 목숨도 기꺼이 버릴 수 있다고 했다.

> 공익정신을 더욱 크게 발휘하는 경우에도 사정은 동일하다. 젊은 장교가 국가를 위해 목숨을 바칠 때, (…) 그는 국민들의 관점에서 이 두 가지 목적을 비교하게 된다. 그 나라 국민들에게는 전쟁의 승리가 가장 중요한 것이고 한 개인의 목숨은 중요하지 않다. 그가 자신을 국민들의 입장에서 놓고 보면, 만약 자신이 피를 흘림으로써 그처럼 소중한 가치가 있는 목적을 달성하는 데 도움이 된다면, 자신은 아무리 많은 피를 흘리더라도 아까울 게 없다고 느낀다.[17]

신고전경제학에서는 수요함수는 효용함수에서 효용을 극대화한다는 조건으로 도출했다고 했다. 그런데 동감에 의해 효용이 달라질 수 있는 것이다. 더욱이 정의나 자비심에 의해, 자신의 이익을 돌보지 않고 사회의 이익을 위해 구매(교환)하기도 한다.

예를 들어, 미국의 탐스TOMS라는 브랜드는 내가 신발 한 켤레를 사면 빈민국의 신발이 없는 아이들에게 한 켤레를 기부하는 마케팅 캠페인으로 큰 성공을 거둔 바 있다. 이런 성공 사례를 보면 소비 행위(교환 행위)는 동감이라는 변수를 효용함수에 집어넣지 않고서는 수학적으로 설명하기 힘들다. 소비자는 좀 비싸더라도 그들이 좋아하는 가수나 영화배우가 광고하는 제품을 더 선호하는 경향이 있다. 소비자와 가수나 영화배우와의 동감이 그 제품 자체에 대한 효용에 추가적으로 더해져 효용을 끌어올리기 때문이다.

애덤 스미스는 마케팅이라는 학문이 탄생하기 훨씬 이전에 명품브랜드가 비싸게 팔리는 이유를 최초로 설명한 학자이기도 하다. 마케팅에서 자주 다루고 있는, 소비자가 명품브랜드에 집착하는 행위는 신고전경제학 이론으로는 설명하기 어렵다. 그들은 이런 구매 행위를 비합리적 소비 행위로 간주해버린다. 하지만 스미스는 인간이 갖는 동감 본성을 이해했기 때문에 설명이 가능했다. 스미스는 《국부론》에서 사치품뿐만 아니라 필수품인 경우에서도 타인의 인정을 받기 위한 과시적 소비가 이루어진다고 했다.

> 필수품이란, 생활을 유지하기 위해 필수 불가결한 상품뿐만 아니라, 그 나라 관습상 점잖은 사람의 체면 유지를 위해, 심지어 최하층 계급 사람들의 체면 유지를 위해서도, 없어서는 안 될 상품들을 가리킨다고 나는 생각한다. 예를 들면, 아마포 셔츠는 엄격하게 말하면 생활필수품이 아니다. 그리스인이나 로마인들은 아마포 없이도 매우 안락하게 생활할 수 있다. 그러나 지금은 대부분의 유럽에서 날품팔이라 하더라도 아마포 셔츠를 입지 않으면 다른 사람들에게 (…) 부끄러울 정도의 빈곤상태를 나타낸다고 모두들 생각하고 있다. 마찬가지로 잉글랜드에서는 관습상 가죽신발이 생활필수품으로 되어 있다. 아무리 가난한 사람이라도 체면이 있는 사람이라면 남자건 여자건 가죽신발을 신지 않고 남들 앞에 얼굴을 내밀지는 못할 것이다.[18]

이런 과시적 소비나 타인과의 동감을 통해 얻는 기쁨은, 마셜 같은 학자가 경제학을 과학으로 만들려는 노력에 큰 장애가 되었다. 타인의 인정과 동감으로부터 얻는 기쁨을 효용함수에 포함시키면 신고전경제학에서 목표로 하는 수량화가 엄청나게 어려워진다. 아니 불가능해진다. 이런 고민 속에서 마셜은 동감이나 이타적 행위를 경제 분석에서 제외한 것으로 보인다. 하지만 그러기 위해서는 설명이 필요했기에 마셜은 이런 말을 덧붙인다. '과학적 엄밀성에 견주어 이런 무시는 손실보다 이득이 많다'고 말이다.

마셜은《경제학 원리》에서 '경제학자들은 경제활동에서 이기적 동기에 의해 많은 영향을 받는 사람들을 다룬다'며, '이들은 현실 속의 인간을 다루지만, 동기의 작용이 예측할 수 있을 만큼 구체적이고 원동력의 추정이 결과를 통해 검증될 수 있는 생활의 측면에만 주로 관심을 갖는다. 그럼으로써 그들은 자신의 연구를 과학적 기초 위에 확립한다'고 말했다. 그러면서 '정밀하고 잘 확인된 지식의 검증을 받을 수 없을 정도로 이견이 존재하고, 경제적 분석과 추론의 일반적 장치로 전혀 파악될 수 없는 것이라면, 우리는 그것을 순수한 경제연구에서 제외하자. 그러나 그 이유는 그것을 포함시키려는 시도가 상응하는 이득 없이 경제적 지식의 확실성과 정확성을 감소시키기 때문'이라고 밝힌 바 있다.[19]

이처럼 마셜은 수학으로 다룰 수 없는 이타심이나 동감을 제거하고 이기심에 관한 행동만을 경제학의 대상으로 제한했다. 경제학을 과학으로 만들려는 노력이 인간의 본성 중에서 이타적 측면은 배제하고 이기적 측면만을 다루게 된 것이다. 자, '이기심의 경제학'은 이렇게 탄생하게 된 것이다. 물론 스미스가 생각한 경제학은 결코 아니었다.

비이윤적 동기와 불균형가격

애덤 스미스는 경제 주체들이 자신의 이익을 추구하지만 이익을 극대화한다고 보지는 않았다. 신고전경제학의 기본 가정에서 소비자는 효용극대화이고 생산자는 이익극대화다. 이에 따라서 수요는 효용극대화, 공급은 이익극대화로 도출된다. 이렇게 가정해야 수학을 사용할 수가 있기 때문이다.

앞에서 언급한 것처럼 인간은 현재 상황보다 더 나은 상황을 만들려는 욕구가 있는데, 이것이 기업에서는 이윤 추구로 나타난다. 그런데 스미스는 《국부론》에서 이윤만을 따로 이야기하지 않고 항상 임금과 관련하여 이야기한다. 이윤 추구는 인정하지만 이윤극대화 이야기는 꺼내지도 않았다.

> 이윤이 감소할 때 상인들은 사업이 잘되지 않는다고 불평하기 쉽지만, 이윤의 감소는 상업 번영의 자연적 결과이거나 이전보다 많은 자본이 사업에 투자된 결과이다. (…) 일반적인 이윤율의 최저한도는 자본의 투입으로 노출되는 우연한 손실을 보상하는데 충분한 것보다 항상 약간 높아야 한다.[20]

스미스는 큰 사업에 투자하기 위해서는 이윤의 감소도 불평 없이 받아들여야 한다고 했다. 그러니 이윤극대화는 주류 경제학이 수학적 모델을 만들기 위한 가정일 뿐이다. 또 그는 《국부론》에서 이자율의 두 배가 되는 이윤율을 적당한 이윤이라고 했다. 놀랍게도 스미스는 '높은 이윤'은 해롭다고 말하기까지 했다. 높은 이윤을 시장에서 정당한 경쟁을 통해 얻는 것이 아닌 정당치 못한 이윤으로 봤기 때문이다.

우리의 상인과 제조업자는 높은 임금이 상품가격을 인상시켜 국내·국외의 판매량을 감축시킨다고 여기며 높은 임금의 나쁜 영향에 대해서는 크게 불평하면서도, 높은 이윤의 나쁜 영향에 대해서는 아무런 얘기도 하지 않는다. 그들은 자기 자신들의 이윤이 미치는 해로운 영향에 대해서는 입을 다물고, 타인들의 이득이 미치는 해로운 영향에 대해서만 불평하고 있다.[21]

이미 여러 차례 언급했듯이 스미스는 《도덕감정론》에서 인간이 부자가 되려는 이유에는, 부 자체보다 다른 사람의 인정을 받고자 하는 욕망이 크다고 했다.

인류 사회의 각 계층의 사람들 모두에서 나타나는 경쟁심은 어디에서 생기는 것인가? 그리고 자신의 지위의 개선이라고 하는 인생의 거대한 목적을 추구하는 것은 어떤 이익이 있어서인가? 남들로부터 관찰되고 주목을 받는다는 것, 그리고 그들의 동감과 호의와 시인을 받는다는 것이 바로 그것으로부터 얻을 수 있는 이익이다. (…) 그는 부유함이 가져다주는 어떤 다른 이익보다도 바로 이 이유 때문에 부자가 되기를 원하는 것이다. (…) 사람들은 자기 자신의 보편적 동감과 주목을 가장 잘 받을 수 있는 지위에 있는 것이 엄청나게 중요한 일이라고 상상하는 것 같다. 그러므로 자리 또는 지위는 고관 부인들의 사이를 갈라놓는 위대한 목표로서, 인간생활의 노동의 반은 이 목표를 추구하기 위해서이다. (…) 존경을 받을 자격이 있고, 존경을 획득하고, 사람들의 존경과 감탄을 즐기려는 것이 야심과 경쟁심의 위대한 목적이다.[22]

스미스의 이런 말은 슘페터나 막스 베버가 말한, 자본주의가 성공하는데 비이윤적 동기가 중요한 역할을 담당했다는 주장과 일치한다. 신문 지면을 장식하는 성공한 사람들의 창업 동기를 살펴봐도 알 수 있다. 성공한 창업자 중에서 단지 이익만을 위해서 창업한 경우는 많지 않다. 단순히 그 목적이라면 연봉 높은 직장을 찾는 것이 나을 것이다. 물론 사업을 해서 이익을 내야 한다는 동기도 있지만 타인의 존경을 받으려는 동기가 더 큰 경우가 많다. 이렇게 혼합된 동기로 창업을 시작하고 또 그런 동기로 운영하는 것이다. 스미스가 《도덕감정론》 서두에서 인간은 이기적이면서도 동감하는 존재라 한 것처럼, 사업을 하는 경제인도 이와 크게 다르지 않다.

신고전경제학은 인간이 합리적 존재이며 효용이나 이윤을 극대화한다는 가정 외에 다른 가정을 하나 더 하고 있다. 바로 시장이 완전경쟁을 하고 시장참여자는 완전한 정보를 가졌다는 가정이다. 완전경쟁이란 파는 사람과 사는 사람이 무수히 많아 특정인이나 특정 집단이 가격에 영향을 주지 않는다. 참여자 간 담합도 불가능하다. 또 이때 교환되는 물건은 동질적이어야 한다. 제품 차별화가 불가능한 시장이다. 또 앞서 말했지만 시장참여자는 완전정보를 갖고 있어, 가격과 생산기술에 대한 정보를 투명하게 알 수 있다. 노동이나 자본과 같은 자원이 자유롭게 이동하며 생산자는 시장에서 마음대로 진입과 퇴출이 가능하다.

그런데 현실에서 이런 조건들을 모두 만족시키는 시장을 찾을 수 있을까? 신고전경제학의 균형가격은 이런 완전경쟁과 완전정보의 조건하에서 도출된 것이다. 스미스의 자연가격은 이와 다르다. 완전경쟁이 아닌 상황에서 시장가격이 자연가격(균형)에 이르지 못할 수 있다고 했다. 예를 들어, 제조상의 비밀을 갖고 있거나 기업에게 독점이 부여되어 있는 경우, 행정규제가 있는 경우 등에서는 자연가격에 이르지 않고 시장가격이 영원히 지속될 수 있다고 봤다. 《국부론》에는 다음과 같은 구절이 나온다.

어떤 구체적 상품의 시장가격은 이러한 방식으로 자연가격을 향해 끊임없이 끌려가고 있다고 말할 수 있지만, 때로는 어떤 특수한 사건, 때로는 자연적인 원인, 때로는 특수한 행정규제 등 다수의 상품에 대해 그 시장가격을 장기간 자연가격보다 훨씬 높게 유지할 수 있다. (…) 시장가격의 이러한 등귀는 분명히 자연적 원인의 결과인데, 그 자연적 원인은 유효수요가 완전히 충족되는 것을 저지하며 따라서 지속적으로 영원히 작용할 수도 있다.[23]

이처럼 스미스의 시장가격은 특별한 경우에만 균형가격인 자연가격에 수렴하게 되고, 보다 일반적인 경우에 독점 등의 시장조건에 의해서 자연가격으로 수렴되지 않는 불균형가격인 것이다. 따라서 신고전경제학에서 말하는 균형가격이란, 스미스의 관점에서 보면 자연가격의 특수한 경우에 해당하는 것이다.

요약하면 신고전경제학의 균형가격과 스미스의 자연가격은 여러 측면에서 다른 것이다. 스미스의 경제학은 현실 시장에서 직관(상식)에 의해서 도출했지만, 신고전경제학은 비현실적인 가정에 의해 수학적으로 도출했다. 따라서 이 둘이 표면적으로는 같아 보인다고 하더라도 인간성에 대한 가정과 같은 전제들은 아주 다른 것이다.

이처럼 신고전경제학은 균형이론으로 스미스와 멀어졌건만, 오히려 스미스의 자연가격을 균형가격으로 설명하면서 일반인들을 오도하고 있다. 또 《국부론》에서 나오는 '보이지 않는 손'이 마치 신고전경제학의 균형이론을 은유적으로 표현한 것으로 왜곡하고 있다. 이는 8장에서 다시 설명하겠다.

한편 마셜은 경제 분석에 수학적 방법을 도입해야 하는 이유도 그 한계점도 잘 알았다. 때문에 수학을 사용하는 것을 몹시 싫어했다. 그가 쓴 《경제학 원리》도 본문을 보면 일반인도 쉽게 이해할 수 있을 정도로 일상의 사례들로 설명했고, 수식이나 그래프는 부록과 주로 처리한 것을 알 수 있다. 또 그가 경제학자 친구에게 보낸 편지에서 '경제 현상을 수학을 사용해서 분석하되 문외한인 사람도 이해할 수 있게 설명하고 그것도 가급적 실생활에서 찾아낼 수 있는 실례를 들어 설명하라. 그런 후에 수학은 불태워버려라. 만약에 현실의 사례를 들 수 없다면 그 설명을 불태워야 한다'고 말한 것을 보면,[24] 그 자신이 수학에 대해 가지고 있는 생각을 명쾌하게 알 수 있다.

마셜이 말한 대로 현실과 수학적 모델이 맞지 않을 때는 그것을 버려야 한다. 그런데 후대 주류 경제학자들은 수학적 모델에 집착해 오히려 현실을 버리는 경향을 보이고 있다. 주류 경제학이 사용한 가정들에 대한 문제점들이 지적되자, 1953년에 신자유주의 경제학자를 대표하는 밀턴 프리드먼은 '경제이론에서의 가정은 그 이론에 의한 예측이 정확하다면 중요하지 않다'는 주장을 한다.[25]

신고전경제학은 애초에 가정들이 현실과 맞는지를 꼼꼼히 따져보았어야 했는데, 이런 검토 없이 그 위에 너무 방대한 이론들을 수립했다. 말하자면, 건물의 토대를 잘 다지지 않고 높은 건물을 지어놓았는데 문제가 나타나자 헐어버리자니 너무 아까워, 이제 건물은 토대는 중요하지 않고

서 있기만 하면 된다고 주장하는 것으로 들린다.

만약 경제사에서 큰 문제가 터지지 않았다면 그런 경제이론의 가정들이 비현실적이어도 큰 문제가 되지 않았을 수 있을 것이다. 하지만 경제학이 최근의 경제위기를 예측하지 못하는 것을 보면 프리드먼의 주장은 무색해진다.

논리학에는 '선결문제 요구의 오류'라는 것이 있다. 전제조건을 내세워 그 바탕 위에 어떤 주장했을 때는 그 전제조건을 증명하지 않은 채 논리적 주장을 펴는 것은 오류라는 것이다. 바로 신고전경제학은 이런 '선결문제 요구의 오류'의 치명적 결함을 안고 출발한 것이라 할 수 있다.

정운찬 전前 국무총리는 한 신문에 "신자유주의는 애덤 스미스의 위작僞作이다"라는 제목의 글을 쓴 적이 있다. 타계한 천경자 화백의 〈미인도〉 위작 사건에 빗대어 쓴 글이다. 천 화백 자신이 자신의 작품이 아니라고 했는데도 주위 사람들이 천 화백의 작품이라고 우기는 웃지 못할 사건이 있었다. 정 전 총리는 이것이 마치 경제학에서 신자유주의자들이 스스로 애덤 스미스 사상을 계승한 것처럼 우기고 있는 것과 같다고 했다.[26]

이윤극대화와 기업의 사회적 책임에 관한 논쟁

이제부터 기업의 목적이 어떻게 이윤극대화가 되었는지를 설명하려 한다. 앞에서 언급한 대로 신고전경제학은 소비자는 효용을 극대화하고 생산자는 이익을 극대화한다고 가정했다. 신고전경제학의 이윤극대화는 가장 중요한 철칙이 되었고 모든 소비-생산이론은 여기에서 도출된다. 이렇게 만들어진 경제이론을 미시경제학이라고 한다.

　미국에서 가장 많이 팔린 미시경제학 교과서는 1984년에 출간된 할 베리언Hal R. Varian의 《미시경제 분석Microeconomic Analysis》이다. 필자도 대학원에서 이 책으로 공부했는데, 이 책의 1장 1절의 제목이 이익극대화profit maximization이다. 경제학의 이윤극대화가 무비판적으로 경영학에 들어오면서 기업의 목적인 것으로 호도된 것이다.

　2005년 홀푸드마켓Whole Foods Market의 창업자 존 매키와 노벨경제학상 수상자인 밀턴 프리드먼 사이에, 기업의 목적이 이윤극대화인지와 관련하여 열띤 논쟁이 있었다. 이 내용은 자유주의 성향의 잡지인 〈리즌Reason〉에 "기업의 사회적 책임을 다시 생각한다"라는 제목으로 실린 바 있다.[27]

　존 매키는 1978년, 텍사스 오스틴의 작은 식료품점에서 출발하여 미국 최대의 유기농 슈퍼 체인점으로 평가되는 홀푸드마켓을 만들었다. 현재는 이사회 회장직을 맡고 있다. 홀푸드마켓은 세계에서 가장 큰 천연 유기농 식품 유통업체로, 2006년 〈월스트리트 저널〉에서 시행한 기업 명성도 조사에서 사회적 책임 부문 1위에 선정된 바 있다. 2008년 금융위기 이후에도, 세계적 경기 침체 속에서도 매년 100퍼센트 이상의 매출 성장을 기록할 만큼 유통업계뿐만 아니라 산업 전반에서 새로운 기업 모델로 각광받고 있다.

　다시 이 둘의 논쟁으로 돌아오면, 신자유주의 경제학자 프리드먼은 '이윤을 극대화하는 것이 바로 기업의 사회적 책임을 다하는 것'이라 주장한다. 그런데 이는 '기업의 목적은 종업원과 고객을 만족시키는 것에 있다'는 매키의 주장을 반박하는 것이었다. 프리드먼은 《국부론》의 다음 구절을 인용하면서 자신의 주장을 합리화했다.

> 자기 자신의 이익을 추구함으로써 흔히, 그 자신이 진실로 사회의 이익을 증진
> 시키려고 의도하는 경우보다 효과적으로 그것을 증진시킨다. 나는 공공이익
> 을 위해서 사업을 한다고 떠드는 사람들이 좋은 일을 많이 하는 것을 본 적이
> 없다.[28]

앞에서도 밝혔지만, 스미스는 기업의 이윤 추구는 정당한 것으로 이야기했지만 이윤을 극대화하라는 이야기는 하지 않았다. 오히려 그는 높은 이윤에 대해 경계심을 드러냈다. 그런데 프리드먼은 경제학자로서 당연히 이윤극대화는 공급곡선을 도출하기 위해 도입된 '가정'이라는 것을 알고 있었을 텐데도, 마치 이윤극대화를 사회적 책임과 동일시하며 '당위'로 주장하고 있다. 프리드먼이 이처럼 스미스와 사상을 같이하지 않으면서도 자신의 주장을 합리화할 때는 항상 그를 인용한다는 것을 무덤 속 스미스가 알게 된다면 어떨까? 무척 분개할 거라 생각된다.

매키는 이 논쟁이 자신의 생각을 충분히 드러내기엔 미흡했다고 생각했는지 라젠드라 시소디어 교수와 함께 이윤만을 추구하는 자본주의를 비판한 《돈, 착하게 벌 수는 없는가》라는 책을 출간한다. 이 책에서 그는 기업의 목적이 기업 그 자체가 아니라, 고객을 위한 것임을 말해주는 일화를 소개하고 있다.

매키는 창업한 지 얼마 되지 않아 홍수 피해를 크게 입고 사업을 접으려 했다고 한다. 그런데 국경일이라 쉬고 있던 고객과 이웃들이 매장에 나타나 정리를 도와주기 시작했다는 것이다. "힘내세요. 매장을 치우고 다시

영업 준비를 해야죠. 우리는 매장이 없어지는 것을 보고만 있지는 않을 겁니다." 낙담했던 매키와 직원들은 그 말에 고무되었다고 한다. 그들에게 왜 자신들을 도우려 하는지 물었더니 이런 대답이 나왔다고 한다. "홀푸드마켓은 제게 아주 중요합니다. 홀푸드마켓이 없어진다면 굳이 오스틴에 살고 싶지 않을 겁니다. 홀푸드마켓 덕분에 제 인생에 엄청난 변화가 일어났으니까요."

이처럼 사업을 접으려는 순간, 고객의 도움과 격려로 재도전을 하게 된 매키는, 이후 기업의 목적이 무엇인지 생각해보게 되었다고 한다. 그것은 고객을 포함한 회사의 관계자들을 행복하게 해주는 것이었다.

아무리 이익을 많이 내도 고객의 인정을 받지 못하고 종업원의 동감을 얻지 못하면 무슨 소용일까? 매키의 주장대로 이익은 사실 고객과 종업원을 만족시킨 결과일 뿐이다. 경영자가 오직 이익만을 추구하기 위해 기업을 한다면 얼마나 오래 지속할 수 있을까? 신자유주의 경제학은, 경영자란 물질적 이윤 동기 외에 비이윤적 동기는 없는 것으로 보았다. 그리고 경영자들은 노벨상을 받은 경제학자들의 주장이니 정말 그런 줄 알고 무비판적으로 받아들이게 되었다. 그래서 알게 모르게 경영을 비윤리적인 것으로 만들어버린 것이다.

경제학자 안드레 군더 프랑크Andre Gunder Frank는 저개발국의 경제발전을 연구했다. 그는 좌파 경제학자로 성장했지만 신자유주의 경제학의 본산인 시카고대학교에서 1957년에 밀턴 프리드먼의 지도 아래 박사학위를 받았다. 말하자면 가장 우파적인 지도교수 밑에서 좌파적인 제자가 탄생한 것이다.

그는 〈신세계의 개발과 저개발〉이라는 자신의 논문에서 '프리드먼은 스미스의 사상을 따르지 않았다'고 말했다. 그는 '밀턴 프리드먼은 스미스를 다 버렸고 앨프레드 마셜로 스미스를 대신하기를 바랐다. 우리가 마셜의 《경제학 원리》의 각주를 배우도록 지도했고 정말로 실증적으로 풍부한 본문과 부록은 망각 속으로 추방해버렸다'고 회고했다.[29]

앞서 소개한 케인스의 말처럼, 경제학자의 말은 '실무자'에게 정말 큰 영향을 미친다. 신고전경제학의 이윤극대화 '가정'은 후대로 내려오면서 '사실'로 인식되었다. 그리고 신자유주의 경제학에서는 이 '사실'이 다시 '당위'로 바뀌었다. 신자유주의 경제학자들이 신봉하는 '이윤극대화의 경제학'은 이렇게 탄생한 것이다. 그리고 이를 무비판적으로 받아들인 실무자들에게 큰 영향을 끼쳤다. 그런데 경영의 고수들은 이윤이 중요하기는 하지만 이윤극대화는 위험하다는 것을 잘 알고 있다.

살아 있는 경영의 신으로 추앙받고 있는 일본의 이나모리 가즈오 교세라 회장의 경우, 미국을 중심으로 한 자본주의 사회에서는 모든 일을 이윤의 관점에서 생각한다고 경계하면서, 적절한 이윤과 함께 '이타심과 직원 행복'을 가치로 담은 인간 중심의 경영 원칙을 강조했다.[30]

기업의 목적은 이익이 아니라 지속가능하기 위해 필요한 수단인 것이다. 이익이라는 목적을 위해 활동하는 것이 아니라 고객의 행복과 이익을 위해 노력한 결과가 이익인 것이다. 결국 종업원의 만족과 고객 만족 그리고 적정한 이윤이 균형을 이루어야 하는 것이다.

정리해보면, 현대의 경제학은 경제학을 과학으로 만들려는 노력을 하면서 정치경제학에서 분리된 것이다. 전통 경제학은 발라가 물리학의 균형개념을 경제학에 도입하면서 수학적 방법을 채택한다. 그는 균형이론이 가능하기 위하여 인간은 이기적이고 합리적이라고 가정하는데, 이는 현실에 맞지 않았다. 신자유주의 경제학은 이런 가정을 당위로 착각하면서 이윤극대화 원칙을 만들어냈다.

이는 알게 모르게 자본주의를 이기심의 자본주의로 이끌었다. 이것이 오늘날 우리가 맞고 있는 자본주의 위기의 실체다. 이 위기를 극복하기 위해서는 어떻게 해야 할까? 인간이 동감의 본성을 타고났으며 동감이 모든 도덕의 원천이라고 주장한 애덤 스미스의 원래 사상으로 돌아가야 한다.

7장

시장과
경제성장

애덤 스미스는 경제적 약자에게 피해가 가는 독점을 비난하고, 한 계층의 이익을 위해 다른 계층의 이익을 희생시키는 것은 정의에 반한다고 했다. 경제불평등이 이처럼 심각한 수준에 이르렀는데도 모든 것을 시장에 맡긴다는 것은 정부의 역할을 포기하는 것이나 다름없다.

국내총생산GDP 개념의 시초

이 장에서는 국부 혹은 국부의 성장과 동의어인 경제성장을 결정하는 요인과 이를 뒷받침하는 시장의 역할에 대해 설명할 것이다. 스미스는 경제성장을 위해서는 노동생산성과 생산적 노동자의 수가 중요하다고 말한다. 그리고 생산성을 촉진하는 요인으로 분업에 대해 언급한다. 이는 《국부론》의 서두에서 찾아볼 수 있는데, 분업을 위해서는 시장이 충분히 커야 함을 밝힌 뒤, 상품의 교환이 이루어지는 시장의 역할과 교환의 매개가 되는 화폐에 대해서 말하고 있다. 화폐의 사용은 결국 금융기관의 출현을 낳게 된다. 그래서 시장은 상품시장과 금융시장으로 구성되는 것이다.

스미스는 오늘날 말하는 국내총생산Gross Domestic Product, GDP의 개념을 처음으로 정식화하여 경제학의 기초를 놓았다. 총생산 개념은 GNP와 GDP가 있는데, 전자는 국민 전체가 생산한 양이고, 후자는 국내에 거주하는 자국민과 외국인이 생산한 양을 말한다. 예컨대 미국에서 활약하는 야구선수 추신수의 소득은 GNP에 포함되지만 GDP에는 포함되지 않는다. 반면 국내에서 활약하는 외국선수의 소득은 GNP에 포함되지 않지만 GDP에는 포함된다. 과거에는 총생산 개념으로 GNP를 사용했지만, 요즘은 국내 거주 외국인이 늘어나면서 GDP를 많이 활용한다.

《국부론》의 서문에서 스미스는, 국부는 노동의 연간 생산물로 이루어지며, 연간 생산물, 즉 국내총생산을 결정하는 두 가지 요소가 있다고 말한다. 첫 번째 요소는 국민이 노동을 할 때 발휘하는 기교와 숙련 및 판단으로, 오늘날의 노동생산성이다. 두 번째 요소는 노동자수와 비노동자수 간의 비율로, 이는 오늘날의 고용률에 해당된다. 스미스는 두 가지 요소 중에서 노동생산성에 더 무게를 두고 《국부론》 전체에 걸쳐 이를 반복해서 강조하는데, 자본축적의 장에서 두 가지 요소를 더 구체적으로 설명했다.

> 한 나라의 토지와 노동에서 나오는 연간 생산물의 가치를 증대시키려면, 그 나라의 생산적 노동자의 수를 늘리거나, 이전에 고용된 노동자의 생산력을 증가시키는 방법밖에 없다.[1]

스미스의 생각은 다음과 같은 수식으로 간단히 표현할 수 있다. P를 연간 생산물, n을 생산적 노동자수, 그리고 N을 전체 국민수라 하면, 연간 생산물(P)을 전체 국민수(N)로 나눈 1인당 GDP는 다음 식으로 나타낼 수 있다.[2]

$$\frac{P}{N} = \frac{P}{n} \times \frac{n}{N}$$

1인당 GDP = 노동생산성 × 생산적 노동자 비율(고용률)

바로 위의 식은 1인당 GDP(P/N)를, 연간 생산물을 생산적 노동자수로 나눈 노동생산성(P/n)과 생산적 노동자 비율(n/N)로 분해한 것일 뿐이다. 노동생산성(P/n)에서 n과 생산적 노동자 비율(n/N)에서 n을 서로 상쇄시키면 1인당 GDP인 P/N가 된다. 이 식은 앞으로 이 책에서 자주 나오게 될 것이다.

스미스는 제조공처럼 직접 생산에 투입된 노동자를 생산적 노동자로, 실질적 재화 생산이 아닌 서비스업에 종사하는 노동자들을 비생산적 노동자로 보았다. 예를 들어 궁정에서 일하는 하인이나 법률가 · 의사 · 예술작가 · 배우 · 가수가 후자에 해당한다.

하지만 오늘날에는 서비스업에서 창출한 가치도 국내총생산에 포함시킨다. 예컨대 이발사가 노동자의 머리를 손질해주는 행위는, 공장 노동자가 직접 했어야 할 행위를 이발사가 대신 해줌으로써 노동자가 업무에 보다 많은 시간을 투자하고 보다 많은 휴식 시간을 향유할 수 있게 도와준 것이다. 그러니 이발사의 행위도 부가가치의 창출이라고 할 수 있다.

오늘날처럼 서비스업을 국내총생산(연간 생산물) 계산에 포함시킨다면, 생산적 노동자 비율은 현대 경제학에서 말하는 고용률과 같아진다. 즉, 한 나라의 국부를 증가시키려면 생산성을 높이는 동시에 고용률을 높여야 하는 것이다. 고용률을 높인다는 말은 실업률을 낮춘다는 말과 같다. 경제성장을 위해서는 두 가지 요소 모두, 혹은 하나라도 전년도보다 높여야 한다. 《국부론》에서 스미스는 이 중 고용률보다 생산성이 더욱 중요하다고 한 바 있다.

분업과 노동생산성

애덤 스미스에 따르면 노동생산성은 분업에 의해 촉진된다. 《국부론》은 핀 공장의 분업에 대한 이야기로 시작한다. 10명의 노동자가 혼자 열심히 핀을 만들면 하루에 1인당 20개 정도(어쩌면 1개)를 만들 수 있지만, 이를 분업으로 작업하면 1인당 4,800개를 만드는 셈이 된다. 이렇게 생산성을 높이는 분업은 다시 시장 크기에 의해 제약을 받는다. 그래서 앞의 식은 다음과 같이 정리할 수 있다.

$$1인당\ GDP증가 = 시장의\ 확대 \times 생산성\ 향상 \times 고용률\ 증가$$
$$\quad\ (경제성장) \qquad\qquad\quad (분업의\ 심화)$$

《국부론》의 자연적 자유주의 체계는 위 식과 관련지어 설명할 수 있다. 시장의 진입을 자유롭게 하라는 스미스의 생각은 시장을 확대하여 분업을 촉진하기 위한 것으로 이것이 연간 생산물의 증가를 가져오는 것이기 때문이다. 그리하여 국부가 늘어나고 국민소득이 증가하게 되는 것이다.

경제가 성장한 나라에서는 분업이 고도로 발달하여 다양한 직업군의 노동이 합쳐져야 비로소 한 사람을 위한 상품이 만들어진다. 잘사는 사람이나 못사는 사람이나 일용품 소비량에는 큰 차이가 나지 않는다. 스미스는 이를 두고 문명국의 최하층의 생활수준과 미개국인 아프리카 왕의 생활수준 차이는 문명국의 상류층과 최하층의 차이보다 크다고 말한 바 있다.

과학 전문 칼럼니스트인 매트 리들리Matt Ridley는 《이성적 낙관주의자》에서 현대인은 분업이 가져다준 물질적 풍요를 이전의 왕들보다 더 잘 누리고 있다며 다음과 같이 예를 들어 설명했다. 프랑스 루이 14세는 498명의 전속 요리사를 거느리고 금그릇과 은그릇에 담긴 40여 종의 요리를 매일 골라 먹었다고 한다. 그런데 오늘날 평균수준의 연봉을 받는 파리 직장인은 루이 14세보다 더 좋은 음식을 누릴 수 있다는 것이다. 전속 요리사가 없어도 기분에 따라 이탈리아식, 중국식, 일본식, 인도식 음식을 마음대로 고르고 즐길 수 있는 것이다. 또 루이 14세처럼 전용마차가 없어도 마음만 먹으면 어디든 가서 원하는 서비스를 구매할 수 있다.

이처럼 오늘날은 분업과 시장의 확대로 인해 일반인들이 과거의 왕보다도 높은 소비수준을 보이고 있다. 이것이 바로 스미스가 《국부론》에서 밝힌 분업과 시장의 확대가 어떻게 인간에게 번영을 가져오는지 보여주는 좋은 예다. 그런데 분업에는 시장 외에 또 다른 전제조건이 있다. 바로 자본의 축적을 필요로 한다는 것이다.

사물의 본성상, 자산의 축적은 분업에 앞서 이루어져야 하며, 따라서 자산이 더 많이 축적되면 될수록 그것에 비례해서 분업은 더욱 세분된다. 동일한 수의 사람이 일하는 데 필요한 원료의 수량은 분업이 세분될수록 더욱더 증가한다. 각 노동자의 조작이 점점 더 단순하게 됨에 따라 그 조작을 더욱 간단하게 하기 위해 다양한 종류의 기계가 발명된다.[3]

이렇게 분업을 통해 생산성이 향상되고 시장이 확대되면서 기업은 이윤이 증가되고, 노동자는 임금이 증가된다. 노동자는 임금을 소비와 저축을 위해 사용하게 되고, 기업은 이윤 중에 일부를 생산을 위해 재투자하게 된다. 노동자가 저축한 것도 기업의 투자에 사용된다. 가계의 저축과 기업의 이윤 중에 일부가 재투자되면서 확대 재생산이 이루어지는 것이다. 이처럼 자본이 축적되면 이 자본이 다시 시장의 확대와 생산성(분업의 심화) 증가와 고용의 증가를 가져다주는 경제성장의 선순환 구조가 마련된다. 이를 그림으로 나타내면 다음과 같다.

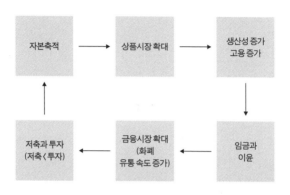

〈그림1〉 경제성장의 선순환(자본축적의 경제학: 스미스 경제학)

이때 노동자는 절약과 저축을 통해 미래에 대비하고 기업은 투자를 통해 미래를 대비한다. 개인의 저축보다 기업의 투자가 더 많아 자본의 축적이 이루어진다. 그래서 후진국에서는 경제가 성장할 때 검약이 사회의 미덕이 되고 낭비는 악덕이 된다.

스미스 경제학에서 중요한 것은 자본축적이다. 그리고 자본의 축적은 소득 중 많은 부분을 저축에 할애함으로써 이루어진다. 그는 《국부론》에서 다음과 같이 말한다.

자본은 절약에 의해 증가하고 낭비와 잘못된 행동으로 감소한다. 사람이 자신의 수입에서 저축하는 것은 모두 그의 자본에 추가되고 그것은 생산적 노동자를 더 많이 고용하는 데 사용하거나 다른 사람에게 이자, 즉 이윤의 일정한 몫을 빌려주어 같은 방식으로 사용된다. 한 개인의 자본은 오로지 그의 연간 수입·이득 중에서 그가 저축하는 것에 의해 증가될 수 있다. 근면이 아니라 절약이 자본 증가의 직접적 원인이다. 사실 근면은 절약에 의해 축적되는 대상을 제공한다. 그러나 근면으로 무엇을 획득하든 간에 절약을 통해 저축하지 않으면 자본은 커질 수 없다.[4]

스미스 시대와 달라진 것

자본주의에서 '자본'은 단순한 부와 구별된다. 자본이란 생산에 투자되는 돈과 자원을 말한다. 반면 부는 비생산적 활동에 낭비되는 것이다. 한 해적이 스페인 보물선단에서 약탈한 금화를 상자에 담아 카리브해의 어느 섬에 묻어두었다고 해보자. 그는 부자라고 할 수는 있지만, 자본가라고 할 수는 없는 것과 같은 이치다.[5]

스미스는 자본이란 생산에 투자되는 재화와 자원이므로, 생산을 통해 얻은 이윤은 생산 증대에 재투자해야 한다고 생각했다. 그는 《국부론》에서 이런 자본의 역할은 고용을 증가시키고 노동생산성을 높이는 것임을 여러 차례 밝히고 있다. 스미스에게 자본은 노동을 위한 것이었다.

모든 자본은 생산적 노동의 유지에만 사용될 것으로 예정되어 있지만, 동일한 양의 자본이 가동시킬 수 있는 생산적 노동의 양은 자본의 다양한 사용방법에

따라 매우 다르다.[6]

일국의 생산적 노동자의 수는 자본의 증가, 즉 그들을 유지하기 위한 재원의 증가에 의해서만 증가할 수 있다는 점은 분명하다. 동일한 수의 노동자들의 생산력(즉 생산성)은 노동을 쉽게 하고 단축해주는 기계·도구들의 추가·개선이나 적절한 분업·작업배치의 결과로서만 증가될 수 있다. 두 경우 모두 자본은 거의 항상 추가로 더 필요하다.[7]

이것이 스미스가 《국부론》에서 밝힌 경제성장의 구조이다. 후대인들은 이를 추구하는 시스템을 자본주의라고 칭했고(자본주의라는 용어는 19세기 후반에 등장한다), 애덤 스미스는 이런 자본주의 체계를 만든 학자로 간주되고 있다. 다시 말하지만 애덤 스미스에게 있어 자본의 궁극적 목적은 노동생산성을 증가시키거나 고용률을 높이기 위한 것이다. 스미스에게 자본은 노동을 도와주기 위한 것이다.

이 자본주의 체계에서는 개인의 사유재산권의 보장과 아울러 누구나(경제적 약자를 포함) 자유롭게 시장에 참여할 수 있는 시장경제가 근간을 이루고 있다. 자본축적을 위해 자본가의 이윤 추구를 중요시하는 것이다. 하지만 이런 경제성장의 선순환은 무한히 진행될 수 없다. 경제성장이 진행되면서 자본축적이 한계점에 도달하면서 자본 간의 경쟁이 발생하고 이윤율이 떨어지기 때문이다. 이를 '이윤율 저하 경향'이라고 한다. 스미스는 《국부론》에서 다음과 같이 설명한다.

한 나라에서 자본이 증가하면 그것을 사용해서 얻을 수 있는 이윤은 필연적으로 감소한다. 국내에서 새로운 자본을 사용하는 유리한 방법을 발견하기가 갈수록 더 어려워진다. 그 결과 상이한 자본들 사이에 경쟁이 생겨나서, 한 자본의 소유자는 다른 자본의 소유자가 차지하고 있는 사용처를 손에 넣으려고 한다. 그러나 대부분의 경우, 더욱 합리적인 조건으로 거래하는 방법 외에는 다른 자본의 소유자를 밀어낼 수 없다.[8]

이렇게 이윤율이 줄어들면 기업은 투자를 줄이게 되고 저축이 투자를 추월하게 된다. 투자하고 싶어도 이윤율이 낮아 투자할 곳을 찾지 못하는 기업들은 투자를 망설이게 된다. 오늘날 대기업들이 투자할 곳이 마땅치 않아 이익을 투자하지 않고 사내 유보금을 천문학적으로 쌓아두는 현상은 바로 이윤율 저하 경향 때문이다.

이렇게 되면 저축이 오히려 경제에 부정적 영향을 준다. 경제성장기에 저축은 자본축적으로 이어지지만, 자본축적이 한계에 도달하면 저축은 오히려 경제를 위축시키게 되는 것이다. 왜냐하면 소비가 그만큼 위축되고 다시 생산으로 이어지지 않기 때문이다. 그런데 스미스는《국부론》에서 생산은 모두 소비로 이어지고 저축은 모두 투자되어 생산한 것만큼 소비한다고 간주했다. 아마 스미스가 살았던 당시처럼 경제성장기라면 이 말은 분명 사실일 것이다.

매년 저축되는 것은 매년 지출되는 것과 마찬가지로 규칙적으로 거의 동시에 소비된다. 그러나 그것은 다른 부류의 사람들에 의해 소비된다. 부자의 수입 중 매년 지출되는 부분은 대개 게으른 손님들이나 하인에 의해 소비되는데, 그들은 소비의 대가로 아무것도 남기지 않는다(이윤을 남기지 않고 소비만 한다는 것을 의미함). 부자가 이윤을 위해 자본으로 투자하기 위해 매년 저축하는 부분도 다른 부류의 사람들, 즉 노동자·제조공·기술공 등에 의해 거의 동시에 소비된다. 그러나 그들은(생산적 노동자·제조공·기술공들을 말함) 연간 소비액에 해당하는 가치를 재생산하고 이윤을 창출한다.[9]

이처럼 스미스는 저축은 소비로 또한 투자로 전환되어 모든 저축이 소비나 생산에 사용되는 것으로 보았다.

스미스 vs. 케인스

그런데 바로 이 문제를 지적한 경제학자가 나타났다. 스미스와는 달리 생산되는 것이 모두 소비되지 않고, 아울러 저축되는 것이 투자로 이어지지 않을 수 있다는 주장을 펼친, 존 메이너드 케인스다. 그는 자본축적은 최대한도에 이르면 열심히 저축을 해도 더 이상 투자로 이어지지 않는다고 했다. 케인스는《설득의 경제학Essays in Persuasion》에서 '오늘날 우리가 겪고 있는 많은 문제들의 뿌리에는 투자총액과 저축총액의 불균형이 자리 잡고 있다'고 말했다. 또한 '투자가 저축보다 많은 경우에 벼락 경기를 누리며 고용이 늘고 인플레이션 추이를 보이다가, 투자가 저축보다 적어지면 지금처럼 경제가 슬럼프에 빠지고 비정상적인 실업이 나타난다'고 지적했다.[10]

케인스는 총수요가 총소득과 같으면 경제가 돌아가는 데 문제가 없다고 했다. 그런데 총수요는 가계의 소비(C)와 기업의 소비에 해당하는 투자(I)로 구성되고, 총소득은 소비(C)와 저축(S)으로 구성된다. 총수요와 총소득 중 공통인 소비를 제거하면 결국 투자와 저축이 남는다.

$$C + I = C + S \ \rightarrow \ I(투자) = S(저축)$$

케인스는 결국 투자와 저축이 균형을 이루어야 하는데, 양자의 불균형으로 인해 경제에 문제가 생긴다고 한 것이다. 오늘날의 기업, 특히 대기업들은 많은 이익을 내지만 투자는 하지 않고 이익을 계속 사내에 쌓아놓고 있다. 개인으로 보면 특히 부자들은 많은 돈을 벌어 소비보다 저축을 훨씬 더 많이 한다. 투자가 줄고 저축이 투자보다 많아지게 되면 〈그림 2〉에서와 같이 수요가 감소하면서 경제는 침체의 악순환으로 빠져든다. 이것이 오늘날 우리가 직면한 경제위기의 실상이다. 케인스는 이미 오래전에 이를 인식하고 있었던 것이다.

앞서 〈그림1〉의 자본축적이 〈그림2〉에서는 수요감소로 바뀌었다. 자본축적이 한계에 도달하면 기업의 고용 여력도 한계에 이른다. 생산성이

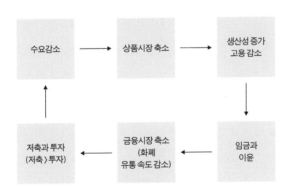

〈그림2〉 경제침체의 악순환(불황의 경제학: 케인스 경제학)

증가해도 고용이 감소하는 상황을 맞닥뜨리게 되는 것이다. 물론 스미스도 자본축적이 한계에 도달하면 고용이 감소할 것이라고 했다. 하지만 그가 살던 당시에는 산업혁명이 막 시작되어 경제가 성장하고 있었기 때문에 이에 대해 심각하게 다룰 필요가 없었던 것이다. 스미스는 《국부론》에서 이렇게 말한다.

> 토양과 기후, 그리고 타국들과의 정세情勢 등이 한 나라에게 줄 수 있는 모든 부를 이미 획득한 나라, 그리하여 퇴보하지는 않지만 더 진보할 수 없는 나라에서는 노동임금과 자본이윤은 아마 매우 낮을 것이다. 영토가 유지할 수 있는 인구, 또는 자본이 고용할 수 있는 인구를 초과하는 과잉인구를 가진 나라에서는, 취직경쟁이 매우 심하여 노동임금을 노동자들의 수를 유지하는 데 겨우 충분한 수준으로 인하시킬 것이며, 이미 인구과잉이기 때문에 노동자의 수는 증가하지 않는다.[11]

그러면 우리나라의 자본축적은 어느 정도 수준일까? 숭실대 이진순 교수에 따르면 2012년 기준으로 GDP 대비 고정자산의 비율이 3.5배에 이르고 있다고 한다. 참고로 선진국은 2.9에서 4.6배이고 평균은 3.5배다. 또한 자본소득의 비중을 나타내는 2012년 GDP 대비 국민순자산(국가의 전체 자산에서 부채를 뺀 것)은 7.7배로 캐나다의 3.5배, 프랑스의 6.7배, 일본의 6.4배보다 높은 수준이다.[12] 우리나라의 자본축적 단계는 이미 선진국 수준에 이른 것으로 보아야 한다. 정치 지도자들은 이런 인식하에 경제정책을 운영해야 한다. 과거와 같은 자본축적을 통한 성장의 모색은 한계에 부딪힐 것이 분명하다.

애덤 스미스의 경제학은 자본축적을 완성하기까지의 경제학, 즉 후진국의 경제성장을 위한 것이라 할 수 있다. 뒤에서 설명하겠지만 중국에서 스미스 경제학이 인기가 있는 것도 이런 이유일 것이다. 중국도 경제성장을 위해서는 근면과 검약을 미덕으로 삼아 자본축적을 하고 또한 시장을 확대해 생산성을 높여야 했기 때문이다.

반면에 케인스 경제학은 대공황 시기에 등장한 불황의 경제학이다. 이는 자본축적이 최대한에 도달하면 선진국이 맞게 되는 과소소비 혹은 과대생산에 대처하는 경제학이라 할 수 있다. 스미스 경제학이 후진국의 경제학 혹은 고도 성장기의 경제학이라면, 케인스 경제학은 경제가 저성장을 맞은 선진국을 위한 경제학이다. 스미스 경제학이 생산(공급)을 중시하는 경제학이라면, 케인스 경제학은 소비(수요)를 중시하는 수요부양정책이라 할 수 있다.

이처럼 스미스 후대의 케인스, 마르크스, 슘페터와 같은 경제학자들은 스미스를 계승하여 자본축적이 한계에 이른 시대의 경제를 다루고 있다. 그래서 이들의 경제학을 자본축적이 끝난 선진국을 위한 경제학이라 할 수 있는 것이다.

폴 크루그먼 교수는 그의 영문 책 제목 그대로 '케인스의 불황 경제학이 다시 돌아왔다The Return of Depression Economics'고 말한 바 있다. 우리나라에서는 《불황의 경제학》이라는 제목으로 번역되었다. 그는 세계적 경제위기는 수요부족에서 비롯된 것이고 이를 극복하기 위해서는 다시 정부가 수요를 촉진하는 수요관리가 필요한데, 이를 옹호하는 사람들은 확신이 부족하고 비판하는 사람들은 열의로 가득한 것이 문제라고 말했다.[13]

1970년대 이후 생산율과 고용률의 감소

케인스 경제학은 대공황 시기에 등장하여 공황을 극복하는 경제이론으로 한때 경제학계를 지배했지만 이후 한계점을 보이기 시작했다. 케인스 경제학에서는 유효수요가 부족하면 실업이 발생하게 되고 반대인 경우에는 인플레이션이 발생한다. 그 결과 그가 제안한 정책은 점차 복지지출을 통한 수요부양 정책으로 변질되었다.

이 정책은 1970년대 이후 경기침체stagnation와 인플레이션inflation이 동반되는 새로운 경제 현상(한마디로 스태그플레이션stagflation)에 만족할 만한 대안을 제시하지 못했다. 그러자 1980년대에 케인스 경제학을 비판한 신자유주의 경제학이 미국과 영국에서 득세했고, 복지지출의 축소와 시장의 자유화를 주도하게 되면서 케인스 경제학이 사라지는 것처럼 보였다. 그러다가 2008년 금융위기 이후에 시장의 실패를 경험하면서 다시 부활하게 된 것이다.

정부의 실패와 시장의 실패를 반복하면서 케인스 경제학과 신자유주의 경제학은 서로 교차해서 떠오르다 가라앉기를 반복했다. 현재는 신자유주의 경제학이 초래한 경제불평등과 이에 따른 과소비가 문제되면서 다시 케인스 경제학이 부상하는 국면에 있는 것 같다.

스미스는 《국부론》의 서두에서 1인당 GNP는 생산성과 고용률의 곱이라고 했다. 그런데 여기서 주목해야 할 점은 생산성과 고용률은 서로 독립적이지 않을 수도 있다는 것이다. 자본축적이 많이 이루어지지 않은 경제성장 초기에는 생산성과 고용률이 충돌하지 않을 수도 있다. 그러나 경제가 성장하면 다른 양상을 보이게 된다. 기업이 생산성을 높이기 위해서 기계화, 자동화, 전산화 등에 의존하게 되면, 생산성은 올라가는 대신 노동에 대한 수요는 줄어들어 그만큼 고용률이 감소할 수 있다. 스미스는 생산성과 고용률이 반비례 관계에 있을 수 있다는 점도 생각했지만 그리 심각하게 다루지는 않았다. 《국부론》에는 다음과 같은 구절이 나온다.

> 자본의 증가는 노동생산력을 높여서 더 적은 양의 노동으로 더 많은 양의 제품을 생산하는 경향이 있다. (…) 각자의 일을 수행하는 가장 적절한 기계의 발명에 종사하는 사람이 증가하고, 따라서 그런 기계가 발명될 가능성이 높아진다. 그러므로 이런 개량의 결과, 수많은 상품이 전보다 훨씬 적은 노동으로 생산되므로, 노동가격의 증가는 노동량의 감소에 의해 상쇄되고도 남게 되는 것이다.[14]

스미스는 생산성이 증가하면 그만큼 임금이 상승할 것이라고 가정했다. 노동자들에게 피해가 돌아갈 것이라고 생각하지 못한 것이다. 1970년대까지는 그의 생각이 어느 정도 맞았다. 그러나 1970년대 이후에는 생산성이 증가한 만큼 임금이 오르지 않았다. 미국 경제정책연구소Economic Policy Institute, EPI의 조사에 따르면 1948년부터 1973년에는 생산성과 시간당 임금상승률은 97퍼센트와 91퍼센트로 비슷했다. 하지만 1973년부터 2011년에는 생산성은 94퍼센트 증가했는데 시간당 임금은 9퍼센트만 올랐다.[15]

이런 현상은 단지 미국만의 이야기가 아니다. 한국금융연구원 박종규 박사에 따르면 2007년부터 2014년 사이에 우리나라의 노동생산성은 12.2퍼센트 증가한 반면 같은 기간에 실질임금은 4.3퍼센트 증가하는 데 그쳤다고 한다.[16] 이는 가계소득에도 영향을 미쳤다. 2008년에서 2014년까지 연평균 경제성장률은 3.3퍼센트인데, 같은 기간에 가계소득의 평균 증가율은 2.4퍼센트고 기업소득의 평균증가율은 5.0퍼센트였다.[17] 경제 성장으로 늘어난 몫의 대부분을 기업이 가져간 것이다. 가계(노동자)는 상 대적으로 경제성장의 열매를 누리지 못한 것이다.

실업의 원인을 인식한 마르크스

이뿐만이 아니다. 노동량의 감소(고용률) 또한 스미스가 《국부론》을 집필 할 때보다 위협적인 상황이 되었다. 산업혁명이 막 시작하는 단계에서는 노동량 감소를 예측하기 어려웠을 것이다. 당시 제조업은 공장제 수공업 이 주축이었다. 이제 막 기계를 생산에 활용하기 시작해 아직은 노동집약 적 생산방식에 의존하고 있었을 때다.

노동량 감소의 심각성을 인식한 것은 마르크스부터라고 할 수 있다. 마르크스 당시에는 공장제 수공업에서 공장제 기계공업으로 바뀌어 기계 에 의한 노동량의 감소가 현실화되고 있었다.

마르크스는 자본 구성에서 불변자본(c)이 가변자본(v)에 비해 증가 하는 것(즉 c/v)을 '자본의 유기적 구성의 증가'라 했다. 그리고 이것이 실 업의 원인이 된다고 봤다.

마르크스의 불변자본과 가변자본을 설명하기에 앞서, 스미스가 《국 부론》에서 자본을 어떻게 분류했는지 살펴보겠다. 스미스는 한 개인의 수 입을 직접소비되는 부분과 향후 수입을 위해 남겨놓는 부분으로 구분하 는데, 여기에는 고정자본과 유동자본이 있다.

먼저 고정자본은 소유주를 바꾸지 않고 또는 더 이상 유통되지 않으면서 수입이나 이윤을 가져다주는 자산이다. 여기에는 기계, 건축물, 토지 등이 있다. 유동자본은 끊임없이 한 형태에서 다른 형태로 주인을 바꾸면서 계속적 교환 행위를 통해 이윤을 가져다주는 자산이다. 여기에는 화폐, 식료품, 원료, 완제품이 있다. 노동력 역시 화폐로 구매한다는 점에서 유동자본에 포함시킬 수 있다.

반면 마르크스는 자본을 불변자본과 가변자본으로 나누었다. 불변자본은 기계와 원료, 반제품 등으로, 스미스의 고정자본과 유동자본에서 노동력을 제외한 것이다. 그리고 노동력을 구입한 자본, 즉 임금을 가변자본이라 했다.

그러나 마르크스의 이론과는 달리 현실에서는 자본의 유기적 구성에 의한 실업은 호황기에는 일어나지 않고, 불황기에만 나타난다.[18] 이는 호황기에는 기업이 유휴 노동력을 유지하고 있다가 불황기에 구조조정을 통해 유휴 노동력을 해고하기 때문이다. 자본의 유기적 구성의 증가에 의한 실업은 21세기에 다시 주목을 받고 있다. 요사이 경제가 성장해도 일자리는 늘어나지 않는 현상을 '고용 없는 성장jobless growth'이라고 하는데, 이

스미스와 마르크스의 자본 구분

투하 자본의 종류	스미스	마르크스
기계, 건물	고정자본	불변자본
원료, 반제품	유동자본	불변자본
노동력 (임금)	유동자본	가변자본

는 '자본의 유기적 구성의 증가에 의한 실업'을 다른 말로 표현한 것일 뿐
이다.

　미국 노동부 노동통계국에 따르면 다음 그림과 같이 2000년까지
는 생산성과 고용이 함께 증가했지만 2000년 이후에는 생산성이 증가해
도 고용이 감소한다. 오바마 행정부의 전 경제 고문인 제러드 번스타인Jared
Bernstein은 1947년에서 2011년까지의 미국의 생산성과 고용을 비교한 바 있
는데, 이렇게 생산성만 증가하고 고용은 감소하는 고용 없는 성장이 두드
러지게 나타난 현상을 두고, '뱀의 턱jaw of snake'이라 명명했다.

미국의 생산성 및 민간 고용 변화 추이, 1947~2011

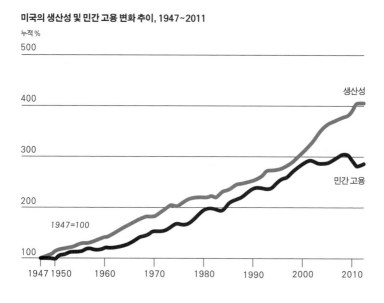

출처: 미 노동부 노동통계국

스미스 경제학을 보완한 슘페터 혁신경제학

이제 스미스 경제학을 보완하는 슘페터 혁신경제학을 설명하려 한다. 앞서 스미스는 《국부론》에서 국부(1인당 GDP)를 증가시키는 두 가지 요소, 즉 노동생산성과 고용률 중에서 노동생산성을 더욱 중시했다고 말한 바 있다. 스미스와 마르크스의 '생산성'은, 슘페터에 의해 양적인 측면뿐만 아니라 다면적 측면에서 혁신이라는 용어로 재정의되었다. 슘페터는 생산성을 다섯 가지 '생산수단의 새로운 결합'으로 새롭게 정의했는데, 첫째 새로운 상품, 둘째 새로운 생산방법, 셋째 새로운 판로, 넷째 새로운 원료 혹은 공급원, 다섯째 새로운 조직(합병 혹은 타 기업과 연합)이 그것이다. 《국부론》을 보면 스미스 역시 창업자의 혁신에 대해 언급한 바 있다.

> 새로운 제조업·상업 영역·농경 방법의 개척은 언제나 일종의 투기이며, 창업자는 이것으로부터 특별한 이윤을 꿈꾼다. 이 이윤은 때로는 매우 크고 때로는 매우 작은데, 일반적으로 그 지역의 다른 오래된 사업의 이윤과는 일정한 비례를 갖지 않는 것이 일반적이다. 만일 기획이 성공하면, 그 이윤은 처음에는 매우 높은 것이 보통이다. 그 사업 또는 사업방식이 완전히 확립되어 잘 알려지면 경쟁에 의해 그 이윤은 다른 사업의 수준까지 내려간다.[19]

슘페터는 여기서 더 나아가서 기업가의 혁신에 의한 경제구조의 혁명을 '창조적 파괴'라고 표현했다. 그는 자신의 책 《자본주의·사회주의·민주주의》에서 '국내외의 새로운 시장의 개척, 수공업적 작업장 및 공장에서 US스틸과 같은 기업들에 이르는 조직상의 발전은 옛것을 파괴하고 새로운 것을 창조하여 부단히 내부에서 경제구조를 혁명하는 산업상의 돌연변이의 동일한 과정을 예시한다'며 '이러한 창조적 파괴 과정은 자본주의의 본질'이라 했다.[20]

슘페터는 기업가의 혁신 업무는 창조적 측면과 파괴적 측면을 모두 갖고 있다고 보았다. 이는 마르크스가 자본의 유기적 구성의 증가에 따른 실업을 파괴적으로 본 것에 비하여, 슘페터는 자본가의 혁신에서 창조적 측면에 더 큰 것으로 본 듯하다. 그는 생산수단의 새로운 결합에 의한 기업가의 혁신이 이윤의 원천이 된다고 했다.

혁신을 통한 창조적 파괴는 양면성이 있다. 스미스나 마르크스는 자본 축적이 한계점에 이르면 이윤율이 저하한다고 했지만 실제로는 반드시 그렇지는 않다. 왜냐하면 기업의 혁신 활동이 이윤율이 저하되는 것을 막았고, 고용도 감소하지 않았고, 새로운 기술로 이전의 직업이 사라지지만 그만큼 새로운 직업이 생겨났기 때문이다. 그런데 21세기에 나타난 디지털 기술은 창조적인 면보다는 파괴적인 면이 두드러진다고 할 수 있다.

오늘날 경제불평등과 제2의 기계 시대의 도래

마르크스의 자본의 유기적 구성에 의한 증가는 실업과 아울러 경제적 불평등을 낳았다. 오늘날 경제불평등은 '기술과 교육 간 경쟁'으로 설명되고 있다. 클라우디아 골딘Claudia Goldin과 로렌스 카츠Lawrence Katz 교수는 현재의 교육이 기술변화를 좇아가지 못해 경제불평등이 발생했다고 주장한다. 그들은 숙련편향적 기술진보skill-biased technological change가 숙련 노동자의 수요를 증가시킨 반면에 숙련 노동자의 부족으로 임금격차가 생겼고, 이것이 경제불평등의 원인이라고 했다.[21] 이는 혁신의 속도가 교육에 의해 혁신능력을 갖춘 인재를 배출하는 속도를 앞질렀기 때문이다.

이와 관련하여 MIT 슬론경영대학원 교수인 에릭 브린욜프슨Erik Brynjolfsson과 앤드루 맥아피Andrew McAfee는 《제2의 기계 시대》에서 인공지능, 로봇, 무인 자동차, 3D 프린팅과 같은 신기술이 인간의 정신적 능력을 강화하면서 경제구조에 혁명을 일으켰다고 말한다. 인공지능은 이미 인간과의 체스 게임에서 승리할 정도로 발전했고 컴퓨터 정보기술이 뒷받침되어 운전자가 필요 없는 무인 자동차도 개발 중이다. 또 공장에서는 노동자를 로봇으로 대체하는 기술이 발전하고 있다.

이처럼 저자들은 인류가 증기기관의 발명으로 시작된 제1의 기계 시대를 지나서 제2의 기계 시대에 접어들었다고 한다. 제1의 기계 시대가 인간의 육체적 능력을 강화해 산업혁명을 이끌었다면, 컴퓨터 정보기술로 대표되는 제2의 기계 시대에는 기계와 경주해야 하는데 교육은 여기서 뒤처진다는 것이다.

이제는 《국부론》에 등장하는 사람 간의 분업이 아닌 사람과 컴퓨터 사이의 분업이 필요한 시대가 된 것이다. 이런 기술 발전의 결과는 생산성만 증가하고 경제가 성장해도 고용은 늘지 않는 '고용 없는 성장'으로 이어진다. 자본축적이 한계에 이르면 맞게 되는 '고용 없는 성장' 혹은 마르크스가 말한 '자본의 유기적 구성에 의한 실업'이 현대 경제에 큰 문제로 대두된 것이다. 21세기 들어와 로봇이나 IT를 결합한 기술혁신은 마르크스의 예측을 뒤늦게나마 주목하게 만들고 있다.

제1의 기계 시대에는 새로운 기술로 이전의 직업이 파괴되더라도 더 많은 일자리가 생겨났다. 자동차가 발명되어 마부가 사라졌지만 자동차 기술을 활용한 운수업이 새로운 일자리를 만들어낸 것이다. 그래서 사실은 마르크스가 말한 자본가의 혁신 활동(자본의 유기적 구성의 증가)에 의한 실업은 거의 발생하지 않았다. 일어나도 불황기에 잠시 나타났을 뿐이다.

제1의 기계 시대에서 기술은 노동(일자리)의 파괴보다 창조가 우세했다. 그러나 제2의 기계 시대, 다시 말해 디지털 기술이 혁신(생산성)을 주도하는 시대에는 노동의 파괴가 창조를 압도하게 되었다. 예컨대 미국의 차량 공유 서비스인 '우버'는 2009년 창업 후 6년 만에 세계 각지의 택시 산업을 위협하고 있다. 이에 따라 '우버 모멘트Uber Moment'라는 말도 생겨났는데, 이는 새로운 기술의 등장에 따라 기존 산업 체제가 완전히 바뀌고 위협받는 순간을 뜻한다. 에릭 브린욜프슨과 앤드루 맥아피는 제2의 기계 시대의 주류가 되는 디지털 상품은 생산의 한계가 더 이상 존재하지 않고, '승자가 모든 것을 차지하는 승자독식 시장을 만들어 독점을 초래하는 슈퍼스타 경제를 낳았다'고 말한다.

이렇게 창조보다는 파괴가 우세한 기술이 지배하는 사회에서는, 더 이상 고용은 늘지 않고 중산층의 임금은 하락하게 된다. 결국 기술과 자본에서 우월한 소수에게 부富가 몰려 나머지 다수와의 소득 격차는 유례없이 커지게 된다. 21세기 들어와 더 커진 양극화는 이런 승자독식을 유발하는 기술변화에 기반하고 있다는 것이다.

에릭 브린욜프슨과 앤드루 맥아피는 또 현재의 경제제도는 기술변화에 수반하는 경제적 불평등을 시정하기보다는 심화하는 쪽으로 나아가고 있다고 이야기한다. 일례로 미국 소득세의 최고세율은 아이젠하워 시절에는 90퍼센트였고 레이건 정부 초기에는 50퍼센트가 넘었지만, 2002년

에 35퍼센트로 떨어진 뒤 2012년에는 그 수준을 유지하고 있다고 한다.[22]

이와 관련하여 《21세기 자본》의 저자 토마 피케티는 1910년에서 2010년 사이 미국의 상위 10퍼센트 소득자들의 소득을 조사하여 불평등 추세를 분석한 바 있다. 그 결과 상위 10퍼센트 소득자의 소득이 1910년대와 1920년대에는 전체의 45~50퍼센트를 차지하고, 공황 직전인 1929년에는 50퍼센트를 넘었다고 한다. 그러다 1940년대 말까지는 30~35퍼센트로 줄어서 1950년에서 1970년까지 이어지다가, 1980년부터는 다시 크게 증가하여 2010년까지 40~45퍼센트로 증가한다고 한다.

1980년대 이후에 나타난 소득 불평등의 증가는 상위 1퍼센트의 소득 증가로 인한 것이다(상위 10퍼센트의 소득 증가분의 4분의 3은 상위 1퍼센트 소득자에서 온 것이다). 상위 1퍼센트가 국민소득에서 차지하는 비율은 1970년대 9퍼센트에서 2010년에 20퍼센트로 11퍼센트포인트나 증가했다. 그래서 요사이는 '1퍼센트 대 99퍼센트'라는 말이 생겨났다. 피케티는 이런 불평등 구조를 슈퍼 연봉자, 즉 대기업 최고경영자들의 보수가 높아진 결과로 분석한 바 있다.[23]

《맨큐 경제학》의 저자이며 경제학자인 그레고리 맨큐는 〈1퍼센트를 옹호하며〉라는 논문에서, 1퍼센트가 엄청난 소득에도 불구하고 다른 사람들을 위한 가치를 창출할 수 있다면 큰 문제가 안 될 것이라고 주장한다.[24] 그러나 이런 주장은 신생기업의 창업자에게는 맞는 말이지만, 기존의 대기업 최고경영자의 보수를 합리화하기 위해서라면 맞지 않다. 왜냐하면 대기업에서의 혁신은 최고경영층이 아닌 일반 직원들이 수행하기 때문이다. 이에 대해서는 9장에서 다시 언급하도록 하겠다.

경제적 불평등이 시정되지 않고 더욱 심화된다면, 이것이 결국 정치적 불평등을 낳고 정치권력을 틀어쥔 이들은 이를 활용하여 더 많은 경제적 이득을 얻는 악순환에 빠지게 될 것이다. 국가가 나서서 분배 문제에 관여하지 않고 시장에만 맡겨둔다면 경제불평등이 정치 문제로 번질 것이라는 것은 너무나 명백하다. 자유방임주의는 결국 경제불평등 방임주의로 귀결될 수밖에 없다.

《국부론》에서 경제적 약자에게 피해가 가는 독점을 비난하고, 한 계층의 이익을 위해 다른 계층의 이익을 희생시키는 것은 정의에 반한다고 말한 스미스가 다시 살아난다면, 국가가 경제불평등 문제를 시정하는 조치를 하도록 강력히 권했을 것이다. 경제불평등이 이처럼 심각한 수준에 이르렀는데도 모든 것을 시장에 맡긴다는 것은 정부의 역할을 포기하는 것이나 다름없다.

금융시장론(화폐금융론)의 실체

스미스는 경제발전의 조건으로 시장의 역할을 강조했다. 시장은 상품시장과 이를 지원해주는 금융시장 두 가지로 나뉜다. 《국부론》에서 금융시장은 2편 2장의 '사회의 총자산의 특수한 부문으로 간주되는 화폐' 그리고 2편 4장의 '이자 받고 대부되는 자본'에서 다루고 있는데, 현대 경제학으로 치면 '금융시장론' 혹은 '화폐금융론'에 해당하는 것이다.

스미스는 분업이 확립되면 자신이 생산한 물건 이외에 다른 사람과 교환하여 자신이 필요로 하는 필수품을 얻을 수 있게 되고, 결국 모든 사회는 서로 교환에 의존하는 상업사회로 가게 된다고 말한다.

화폐는 이런 교환을 매개하는 수단으로 등장하는데, 금속화폐는 무겁고 휴대하기 불편하여 금은을 보관하고 보관증에 해당하는 증서를 발행했다. 이것이 지폐의 기원이다. 지폐를 사용하게 되면서 화폐 발행 비용이 줄어들었을 뿐만 아니라, 금은을 지폐로 대용하는 만큼의 사회재산을 생산에 돌릴 수 있게 되었다. 애덤 스미스는《국부론》에서 다음과 같이 말한다.

> 금화나 은화를 지폐로 대체하는 것은 매우 비싼 상업수단을 훨씬 값싼 그리고 때로는 마찬가지로 편리한 상업수단으로 대체하는 것이다. (…) 지폐가 금화·은화를 대체한다면 총유동자본이 공급할 수 있는 원료·도구·생필품의 양은 종전에 이것을 구매하는 데 사용되었던 금은의 가치만큼 증가할 것이다. (…) 지폐의 대용은 고용량, 따라서 토지·노동의 연간 생산물의 가치를 크게 증가시킬 것이다.[25]

이것이 어떻게 가능할까? 은행은 금은보관소에서 유래했다. 이들은 상인들이 가져오는 금은을 보관하고 보관증을 끊어주었는데, 금은을 맡긴 후 바로 찾으러 오는 고객은 일부에 불과하다. 예컨대 10만 파운드 상당의 금은 중에서 당장 2만 파운드 상당의 금은만 준비하면 충분하다고 가정해보자. 그러면 나머지 8만 파운드 상당의 보관증인 지폐는 생산에 종사하는 사람에게 대부해줄 수 있다. 금은의 소유자는 고객들이지만, 은행가가 이를 생산에 활용할 수 있는 것이다.

이것이 지폐의 신용창출 기능이다. 국부를 증가시키는 상품시장의 핵심요소가 분업 혹은 생산성에 있다면, 금융시장의 핵심요소는 신용창출에 있다고 할 수 있다.

다시 돌아와서, 앞서 말했지만《국부론》2편 4장의 제목은 '이자 받고 대부되는 자본'이다. 자본 소유자들은 수입을 얻기 원하면서도 스스로 사용하지 않는 특수한 자본은 은행에 맡겨 이자 수입을 얻는다. 즉 자본량이 증가하면 이자를 받고 대부되는 자본량은 점점 커진다. 이자율과 자본의 이윤율은 같이 움직이는 것이다. 이윤율이 하락하거나 상승하면 이자율도 따라 하락하거나 상승하게 된다.

지폐 다음에 발전하는 것이 당좌거래에 의한 예금화폐인 수표다. 애덤 스미스의《국부론》을 보면 '수표'는 스코틀랜드은행에서 유래된 것으로 보인다. 스코틀랜드은행은 상인들을 위한 현금계정을 만들어서 일정한 금액을 신용대출해주었다. 상인들은 곧 이러한 현금계정을 갖는다는 것이 편리하다는 것을 알게 되었고 당좌거래를 시작하게 된다.

즉, 고객이 대부를 원하면 은행이 발행한 약속어음으로 대부해주고 상인들은 이를 물품 대금으로 사용하는 것이다. 이후 대금을 받은 상인들은 현금계정의 부족한 잔고를 채우기 위해 은행에 다시 돌려주는 것이다. 당좌거래는 상인 간 더 큰 거래를 가능하게 했고, 거래에 필요한 금은의 양만큼을 생산에 돌려 더 많은 노동자들에게 안정된 일자리를 제공할 수 있었다.

애덤 스미스는 화폐의 기원을 이야기하면서 화폐의 기능 중 교환을 매개하는 기능을 언급하고,《국부론》1편 5장 '상품의 노동가격과 화폐가격'에서 다른 두 가지 기능인 가치척도 기능과 가치저장 기능을 논한다. 우선 화폐는 상품의 가치를 나타내는 척도다. 시장에서는 화폐가치로 각 상품의 가치를 평가한다.

스미스는 화폐가격이 상품의 명목가격이고 노동이 진실가격이라고 했다. 사실 세상의 모든 재부財富를 구매하는 데 최초로 사용된 것은 금이나 은이 아니고 노동이었다. 토마스 홉스Thomas Hobbes가 말했듯이 부富는 힘이고 재산을 가진 사람은 노동에 대한 지배력을 가지니 말이다.

그런데 상품가치를 노동으로 책정하기란 쉽지 않다. 나라별로 시급도 천차만별이고, 서로 다른 성격의 노동을 노동량(노동시간)만으로 측정하기도 어렵다. 결국 시장이 상품가치의 책정 기능을 맡아 화폐로 표시하게 되는 것이다.

그런데 또 문제가 있다. 금은의 가치가 시간에 따라 변하기 때문에 화폐의 가격이 변하게 되고 정확한 측정이 어렵다. 화폐가 가치의 명목척도가 되어 가치를 저장하는 기능을 갖게 되는 것이다. 스미스 역시 화폐의 본질을 꿰뚫고 있었다. 일정한 화폐액이 표시하는 것은 금속조각의 양이라기보다 그 금액과 교환될 수 있는 재화를 뜻한다고 했으니 말이다. 따라서 화폐를 갖고 있는 사람은 그 만큼의 구매력을 갖고 있는 것이다. 다음은 《국부론》의 일부다.

> 한 나라의 연간 생산물의 가치가 증가함에 따라 화폐량도 자연히 증가하게 된다. 그 사회에서 연간 유통되는 소비품의 가치가 더욱 커지면 그것을 유통시키는 데 필요한 화폐량도 많아져야 한다.[26]

스미스가 말한 이 내용은 현대 경제학에서 화폐수량방정식으로 만들어져 다음과 같이 설명된다(이는 경제학자 어빙 피셔Irving Fisher의 교환방정식에서 도출된다. 교환방정식은 $MV = PT$로 나타나는데, 여기서 T는 총거래량을 나타낸다. 이 식은 본문에서처럼 소득모형으로 바꿀 수 있는데 T를 국민소득(Y), 즉 실질 GDP로 치환하여 얻은 식이다).

$$M \times V \qquad = \qquad P \times Y$$

화폐량×화폐유통속도＝물가수준×총생산액(보통 실질 GDP)

이를 통화량에 대해 다시 풀어 쓰면 다음과 같이 된다. 즉, 총통화량은 총생산액과 물가수준에 의해 결정되는 것이다.

$$M \qquad = \qquad PY \qquad \div \qquad V$$

총통화량＝(물가수준)×(총생산액)÷(화폐 유통속도)

화폐유통속도와 물가수준이 일정하다면 스미스가 말한 것처럼 생산물의 가치가 증가할 때 화폐량도 증가하게 된다. 화폐량이 증가하는데 상품의 총생산액(Y)이 그대로이면 물가수준(P)만 높아져 화폐가치가 하락하게 된다. 애덤 스미스는《국부론》에서 다음과 같이 말한다. 앞서 4장에서도 인용했던 내용이다.

은에 의해 유통되는 상품의 양은 그대로인 채 은의 양(화폐량을 말함)이 증가한다면, 은의 가치가 저하하는 것 외에는 다른 아무런 영향도 없다. 모든 종류의 명목가치(화폐가치)는 더 커지겠지만, 그것들의 진실가치는 이전과 정확히 같을 것이다. (…) 그와 반대로, 그 나라에서 매년 유통되는 상품량의 증가는, 그 상품을 유통시키는 화폐량이 불변이라면, 화폐의 가치를 증가시킬 뿐만 아니라 기타 다른 많은 결과를 초래한다. 그 나라의 자본은 명목상으로 불변이지만 실질적으로 증가할 것이다.[27]

애덤 스미스는 암묵적으로 화폐의 유통속도가 일정하다고 가정했는데 장기적으로는 화폐의 유통속도도 달라진다. 흔히 불경기가 되면 돈이 잘 돌지 않는다고 하는데, 이는 화폐 유통속도가 떨어진다는 뜻이다. 스미스 경제학과 케인스 경제학을 비교한 앞의 〈그림 1〉과 〈그림 2〉에는 각각 화폐 유통속도의 증가와 감소라고 되어 있는데, 이는 경기 호황기에는 유통속도가 빨라지고 불황기에는 느려지는 것을 의미한다.

그렇다면 정부 또는 중앙은행의 역할은 무엇일까

밀턴 프리드먼과 같은 통화주의자들은 경기 침체기에 케인스의 처방대로 정부가 나서서 유효수요를 창출하지 않아도 되고 화폐공급만 잘하면 된다고 주장했다. 그들은 1920년대의 경기 침체기에 연방준비제도가 긴축 정책을 펴서 주식시장이 폭락하고 신용 위기를 야기하면서 공황이 초래되었다고 주장했다.

그러나 실제로는 어떤가? 경제성장이나 고용촉진의 목적으로 지속적으로 통화의 공급을 확대하면 장기적으로 인플레이션을 가속화시킬 수 있다. 화폐공급의 증가량이 경제성장, 즉 총생산액의 증가로 인한 화폐의 수요를 지나치게 넘어서거나 경제성장이 정체된 상태에서 통화량만 지속적으로 증가하면, 유통되는 화폐가 물가를 올려 화폐의 구매력을 떨어뜨린다.

　때문에 정부(또는 중앙은행)는 인플레이션이 되지 않도록 시장에 유통되는 통화량을 조절해야 한다. 《국부론》에는 다음과 같은 내용이 나온다.

　어떤 특정국에서 특정 시기에 화폐총액이 100만 파운드 스털링에 이르고, 이 금액은 이 나라 토지·노동 연간 생산물을 유통시키기에 충분하다고 가정해보자. 또한 그 후에 각종 은행과 은행가가 100만 파운드 스털링의 약속어음을 발행하고 때때로의 지불요구에 대해 20만 파운드의 스털링의 금은화를 금고에 준비해둔다고 가정하자. 그러면 (…) 지폐와 금속화폐를 합해 180만 스털링이 유통하게 된다. (…) 매매되는 재화가 이전과 똑같으므로 그들의 매매는 동일한 화폐량으로 충분하다. 이런 표현을 써도 좋다면, 유통의 수로channel는 이전과 정확히 동일하다. 100만 파운드는 그 수로를 메우는 데 충분하다고 여겨진다. (…) 따라서 80만 파운드는 그 나라에서 유통될 수는 없지만 매우 귀중하므로 가만히 놀릴 수 없다. 국내에서 찾을 수 없는 유리한 사용처를 찾기 위해 해외로 보내질 것이다. 그러나 지폐는 해외로 나갈 수 없다.[28]

　금본위제도하에서는 국내 거래에서는 가급적 지폐를 사용하고, 지급요구에 필요한 금은화만 남겨, 남은 금은화를 해외로 보내 이자 수익을 올리게 한다. 금본위제란 화폐의 가치를 금의 무게로 고정시켜놓은 제도인데 이 제도하에서는 금화와 지폐를 사용하게 된다. 지폐는 필요하면 은행에서 화폐가치에 해당하는 무게의 금과 교환할 수 있는데 이를 금태환金兌換이라 부른다. 금본위제도에서는 은행권이 금과 교환이 되므로 지폐 발행에 신중을 기해 과도한 통화팽창을 막는다.

하지만 모두가 알다시피 오늘날은 금본위제가 아니다. 때문에 금은화 대신에 달러가 그 역할을 하고 있다. 무역수지가 흑자인 나라는 벌어들인 달러로 인해 국내 통화가 팽창되지 않도록 외국에 투자하기도 한다. 대표적으로 중국의 경우에는 미국 국채를 사고 있다. 미국 국가채무는 사실상 중국이 메워주고 있다고 할 수 있다.

이런 통화량 관리는 정부 산하의 중앙은행이 하게 된다. 영국의 경우, 중앙은행인 잉글랜드은행은 1694년에 민간은행으로 시작되어 1946년에 국영은행이 되었다. 그런데 사실 잉글랜드은행은 통화정책을 위해 설립된 것이 아니고 영국 정부의 채무를 해결하기 위해 설립되었다. 이에 대한 자세한 내용은 《국부론》 말미에 '공채'라는 제목의 장에 나온다.

> 평화 시에 절약이 없다면 전시에는 빚을 낼 수밖에 없다. 전쟁이 일어났을 때, 국고에는 평화 시 정부기구 운영에 필요한 돈밖에 남아 있지 않다. (⋯) 이런 수입이 증가될 수 있는 원천인 조세는 부과된 뒤 아마도 10개월 내지 12개월이 지나야만 국고에 들어오기 시작할 것이다. (⋯) 직접적인 위험의 순간에는 거대한 경비가 즉각 지출되어야 하므로 점차적으로 천천히 들어오는 새로운 조세 수입을 기다릴 수는 없는 것이다. 이런 위급한 상황에서 정부는 빚을 내는 길밖에 다른 방법이 없다.[29]

잉글랜드은행은 영국 정부가 프랑스와의 전쟁에서 전쟁비용을 위해 공채를 발행하면서 시작된다. 당시 영국 정부는 공채를 발행해야 했는데 민간 저축이 없어서 판매가 어려운 상황이었다. 애덤 스미스는 상인과 제조업자가 많은 나라에서는 거액의 돈을 정부에 대부해줄 수 있는 능력을 갖춘 사람들이 많게 마련인데 이들은 정부에 돈을 빌려줌으로써 이득을 얻고, 그것을 특혜로 간주한다고 말한 바 있다. 그의 말대로 당시 상인들이 연합하여 1694년 잉글랜드은행을 설립하고 공채를 떠맡게 된다.

그러자 정부는 반대급부로 은행권 발행을 허가했고, 이는 대부분은 정부 채권을 사는 데 쓰인다.[30] 정부는 처음에는 잉글랜드은행에서 특별한 보증 없이 신용으로 차입하기 시작했으나 채무가 누적되자 향후에 걷게 될 세금을 담보로 제공했다. 말하자면 정부 혹은 왕실의 채무가 이제는 국민의 채무로 바뀌어버린 것이다. 《국부론》에는 다음과 같은 내용이 있다.

> 잉글랜드은행은 이 증권을 임의로 시가로 할인하거나 정부로부터 일정한 보수를 받고 재무부 증권을 유통시킨다는 협정을 정부와 체결함으로써 그것들의 가치를 유지하고, 유통을 촉진하고, 그리고 정부가 언제나 이런 공채발행으로 대규모 채무계약을 맺어서 차입할 수 있도록 했다. (…) [이런 차입의 원천이 고갈되어] 기채를 위해서는 채무상환에 국가 세입의 몇몇 특정 분야를 할당하거나 담보로 제공해야만 하게 되었을 때, 정부는 경우에 따라 두 가지 방식으로 기채를 했다. 즉, 정부는 이런 할당이나 담보 제공을 오직 단기로만 허용하는 경우도 있었고 영구적으로 허용하는 경우도 있었다. (…) 전자의 방법으로 화폐가 조달되는 것을 예상수입에 의한 차입anticipation, 후자의 방법으로 조달되는 것을 영구적인 이자부 공채차환, 또는 줄여서 영구 공채차환perpetual funding 방식이라고 한다.[31]

처음에 잉글랜드은행은 연간 토지세 등 예상되는 세금수입을 토대로 그 금액만큼 대부해주고 세금이 들어오면 상환을 받았다. 즉 예상수입에 따라 차입을 했던 것이다. 그런데 시간이 지나면서 세금이 덜 걷히거나, 정부가 세금을 빚 갚는 데 쓰지 않고 다른 곳에 지출하면서 세금으로 차입금을 갚지 못하는 일이 반복되었다. 상환에 필요한 세수기한을 연장하는 일이 반복된 것이다. 그리고 마침내 모든 차입금은 예상수입에 의한 방식에서 영구공채차환 방식으로 바뀌었다. 이는 원금을 갚을 필요 없이 이자만 지불하는 방식을 말한다.

스미스는 원금상환에 대해 부담이 없는 영구공채로 자금을 조달한 이후로 국민이 전쟁의 부담을 크게 느끼지 못할 뿐만 아니라 평화 시에 국가채무를 줄이는 노력을 덜하게 되어 국가채무가 누적되었다고 주장했다.

이처럼 앞날에 대한 생각 없이 예상 수입에 따라 미리 차입하는 것은 필연적으로 영구적인 이자부 공채차환公債借換이라는 파괴적인 결과를 초래한다. 그러나 이런 관행은 비록 필연적으로 국가수입에 의한 채무상환을 고정된 기간으로부터 좀처럼 닥칠 것 같지 않은 먼 미래의 확정되지 않는 기간으로 연장하지만, 예상수입에 의한 차입이라는 옛 방식보다 이런 새로운 관행에 의해 더 많은 자금을 조달 할 수 있으므로, 사람들이 일단 이 방식에 익숙해지고 난 다음에는 국가의 비상사태에서는 일반적으로 이 방식[즉, 영구적인 이자부 공채차환]이 선호되었다. 국정에 직접 관계하는 사람들의 주된 관심사는 당장의 위급상황을 해소하는 것이다. 그들은 미래의 국가수입을 채무로부터 해방시키는 일은 후손의 문제로 남겨둔다.[32]

이처럼 애덤 스미스는 공채에 대해 부정적인 생각을 가졌다. 조세가 공채 소유자들(금융 자본가들)의 소득으로 이전되기 때문에, 다시 말해 세금으로 이들에게 이자를 주기 때문에 생산적 목적으로 사용될 자본을 낭비하게 되고 영국 경제를 쇠퇴하게 된다고 주장했다(단, 공공사업을 위한 공채는 세금을 경감하여 그만큼 생산적 자본에 사용함으로써 자본축적 능력을 덜 손상시킨다고 했다).

더욱이 국가채무는 위장된 상환 방식으로 해소된다. 여기서 위장된 상환 방식이란 정부가 화폐의 명목가치를 높여(즉 인플레를 유발하여) 겉으로는 상환한 것처럼 위장하는 것이다. 스미스는 《국부론》에서 이런 사실을 역사적 사례들을 통해 비판하고 있다. 국가채무의 위장된 상환에 대한 피해는 결국 국민에게 돌아간다. 흔적을 남기지 않고 결국 국민의 재산을 약탈하는 행위인 것이다.

잉글랜드은행은 국가나 왕실에 전쟁비용을 빌려주기 위해 설립되었지만, 국민의 세금을 담보로 이자를 챙겼다. 또 정부의 채권자가 되면서 정부로부터 많은 특혜를 받았다. 정부가 나서서 경쟁 상대의 등장을 원천봉쇄하거나 여타 은행들이 은행권 발행을 못하게 하여, 잉글랜드은행은 실질적으로 은행권을 발행하는 유일한 기관이 되었다.

잉글랜드은행은 실질적 중앙은행의 역할을 하게 된다. 정부는 매년 이자를 지급할 만큼 조세를 최소한만 증가시켜 화폐를 최대한 조달할 수 있게 된 것이다. 애덤 스미스 사후인 1844년 의회는 '잉글랜드은행조례'를 발표해 잉글랜드은행이 발행하는 은행권을 법정화폐로 인정하게 된다.

애덤 스미스는 영국 경제가 활력을 되찾으려면 공채를 완전히 상환하거나 감소시키는 노력을 후손에 맡기지 말고 지금 당장 시작해야 한다고 주장했다. 스미스는 국가채무가 늘어나 생기는 문제점을 지적함과 동시에 이를 줄일 수 있는 방안도 제시했다. 우선 정부지출을 줄이고 세금의 징수를 식민지를 포함한 대영제국의 모든 지역으로 확대할 것을 제안했다. 여기에는 아일랜드, 아메리카, 서인도제도 등이 포함된다. 또 이들 지역에서 영국 헌법에 따라 납세에 비례하여 대표권을 인정해줄 것을 주장한다. 그러나 기득권자들의 반대로 이것이 불가능할 거라는 말도 덧붙였다.

스미스가 쓴 정부가 국가채무를 늘리는 것에 대한 비판과 잉글랜드은행이 설립된 경위를 읽다 보면, 영국을 대신해 세계 금융의 맹주가 된 미국의 국가채무를 생각하지 않을 수 없다. 미국이나 영국이나 국가채무는 전쟁비용 때문에 발생하는 경우가 많았다. 미국은 1960년대 10여 년간의 베트남에서의 전쟁으로 재정적자가 1,500억 달러에 달하게 된다.

달러 가치가 절하되자 일부 유럽 국가에서는 미국달러를 금으로 교환하기 시작했다. 당시 닉슨 대통령은 금보유량으로 달러로 교환하기 어렵다고 판단해 1971년 달러의 금태환을 금지했다. 그러자 달러 투매가 일어났고 달러의 평가절하로 미국 경제는 스태그플레이션에 빠지게 된다. 이렇게 금본위제가 폐지되었고, 지폐가 화폐 유통의 대부분을 차지하면서 향후 국가채무를 늘리는 데 큰 원인이 된 것이다.

스미스는 《국부론》에서 은행을 파산시킬 수 있는 지폐의 남발을 막아야 함은 물론, 지폐가 그 나라 유통의 대부분을 차지해서는 안 된다고 경고하고 있다. 앞서 이미 언급한 대로 스미스는 은행이 은행권을 발행하는 것을 제한해야 한다고 했다. 이는 자연권의 침해이지만 이것은 사회 전체를 위해 필요하다고 했다. 비유하자면 불길이 번지는 것을 막기 위해 방화벽을 쌓도록 하는 법률이 자연적 자유주의의 침해라고 한다면, 은행업의 규제 역시 이와 동일한 수준의 침해라고 했다.

은행이 자기의 은행권으로 상인·사업가에게 무리 없이 대부할 수 있는 규모는 후자가 운영하는 총자본도 아니고 심지어 그중 상당히 큰 부분도 아니다. 단지 총자본 중의 수시로 일어나는 지불 요구에 응하기 위해 상인·사업가가 화폐로 준비하고 있어야만 하는 부분이다. 은행이 대부하는 지폐가 이 금액을 초과하지 않는다면, 그 지폐는 지폐가 없을 때 그 나라에서 반드시 유통할 금은화의 가치를 결코 초과할 수 없으며, 따라서 국내의 유통이 쉽게 흡수해서 사용할 수 있는 수량을 결코 초과할 수 없다.[33]

스미스는 또 은행의 현명한 활동들은 금은화의 대부분을 지폐로 대체함으로써 죽은 자본을 생산적인 자본으로 만들지만 지폐에만 의존하는 경제는 매우 불안하다고 했다.

은행의 현명한 활동은 파격적인 비유를 하자면, 공중空中에 일종의 차도車道를 건설함으로써 그 나라로 하여금 고속도로의 대부분을 훌륭한 목초지·곡물재배지로 전환시킬 수 있게 해주며, 그리하여 토지의 연간 생산물을 크게 증가시킬 수 있게 해준다. 그러나 명심해야 할 것은, 그 나라의 상업과 산업이 다소 증대된다 하더라도, 지폐라는 다이달로스Daedalos의 날개에 매달려 있을 때는 금은화라는 탄탄대로를 걸을 때만큼 안전할 수 없다는 점이다.[34]

여기서 다이달로스는 바로 이카로스의 아버지로 발명가이자 건축가다. '이카로스의 날개'의 그 이카로스 맞다. 다이달로스는 아들 이카로스와 감옥에 갇히게 되자 기지를 발휘해 새의 깃털을 모아 날개를 만들었는데, 이카로스가 이 날개로 탈출하다 햇빛에 너무 가까이 간 나머지 깃털을

붙인 밀랍이 녹아 떨어져 죽게 된다. 애덤 스미스는 지폐에만 의존하는 경제의 불안정성을 이에 비유한 것이다. 금본위제에서 지폐는 금과 교환되기 때문에 지폐를 마구 찍어낼 수가 없었다. 역사적으로 봐도 금본위제에서 물가나 경제는 상당히 안정적이었다고 한다.

스미스 시절의 영국과 현재 미국의 상황은 닮았다

중국의 경제학자 쑹훙빙은 《화폐전쟁》에서 1974년 7월 13일 자 〈이코노미스트〉의 기사를 인용하면서 영국의 물가는 1664년에서 1914년 사이의 250년 동안 금본위제 아래에서 안정적이면서 약간 하락하는 추세를 유지했다고 한다. 이에 따르면 1664년의 물가지수를 100이라고 하면 중간에 나폴레옹전쟁 등 일시적인 경우를 제외하고는 대부분 100보다 낮았다는 것이다.

금본위제하에서 1914년의 1파운드는 250년 전인 1664년의 같은 가치를 가진 화폐의 구매력보다 더 컸다는 것이다. 마찬가지로 금본위제하에서의 달러 가치도 매우 안정적이었다. 1800년 미국의 물가지수는 102.2였으며 1913년에는 80.7로 떨어졌다. 미국에서 산업혁명이 일어나 생산이 비약적으로 증가하던 113년 동안 평균 통화증가율은 거의 제로에 가까웠으며, 연평균 가격변동률은 1.3퍼센트를 넘지 않았다고 한다.[35]

미국은 1971년 금본위제를 폐지하면서 경제가 이전의 안정적 모습으로 운영되지 못하고 국가채무도 늘어나게 되었다. 미국의 국가채무는 2008년 금융위기 이후 더욱 늘어나고 있다. 2014년 국가채무는 GDP의

109.2퍼센트를 차지하고 있는데, 그 원인은 전쟁비용 때문이다. 이라크 테러와의 전쟁으로 미국이 사용한 전쟁비용은 약 5조 달러에 육박하는 것으로 보인다. 여기에 경기침체와 감세정책이 결합되어 세금 수입이 크게 줄어들게 된다.

미국의 국가채무 증가를 보면 스미스 당시 그가 목격한 상황이 그대로 재현되고 있다는 것을 알 수 있다. 영국이 잉글랜드은행에 세금을 담보로 화폐 발행을 맡긴 전통을 미국도 그대로 답습하고 있다. 미국 정부는 재정적자를 국채를 발행해서 메우는데, 이 국채는 주로 중국이나 무역 흑자 국가에서 주로 매입한다. 그래도 더 부족한 경우 연방준비은행에 국채를 담보로 잡히고 '연방준비은행권'을 발행하는데 이것이 달러다.

연방준비은행이 민영이라고 하면 의외라고 놀라는 사람이 많다. 연방준비은행은 국영은행이 아니라 미국 정부를 비롯하여 J.P. 모건 등의 사립은행들이 지분을 소유하고 있다. 12개의 지역에 위치한 연방준비은행은 대통령이 임명하고 상원이 승인한 이사 7명으로 이루어진 연방준비제도이사회Federal Reserve System에 의해 통제된다. 스미스는 앞으로 들어올 세금을 담보로 하는 화폐를 발행하는 관습이 국가채무를 늘렸다고 비난했는데, 이는 영국의 제도를 복제한 오늘날 미국에도 그대로 적용되는 셈이다.

금융은 상품시장의 거래를 활성화시켜주고 거래에서 발생하는 위험risk을 관리해주면서 상품시장의 가치창출 과정을 돕는다. 스미스는 금융은 그 자체로는 아무것도 생산하지 못한다고 했다. 금융시장은 공장이 아니라며, 공장에서 만든 생산품을 실어 나르는 고속도로에 비유했다. 다음은 《국부론》의 내용이다.

은행의 가장 현명한 활동이 한 나라의 산업을 증가시킬 수 있는 것은, 은행이 그 나라의 자본을 증가시키기 때문이 아니라, 그 자본의 대부분을 은행이 없을 때보다 더욱 활동적이고 생산적이게 하기 때문이다. 어떤 상인이 자기의 자본 중 때때로 지불요구에 응하기 위해 현금으로 보유해야 하는 부분은 그만큼 죽은 자본인 셈이고, 그러한 상태로 남아 있는 한 그 자신에게나 나라에 아무것도 만들어주지 않는다. 은행의 현명한 활동들은 그로 하여금 이 죽은 자본을 활동적이고 생산적인 자본으로, 즉 노동대상인 원료와 노동수단인 도구, 노동목표인 식량·생필품으로 그리고, 그 자신과 나라에 무엇인가를 만들어주는 자본으로 전환시킬 수 있게 해준다.[36]

금융은 상품시장(실물경제)의 성장과 번영을 도와야 한다. 그런데 이를 망각하고 스스로 가치를 창출할 수 있다고 생각하면 경제위기를 초래할 수 있다. 그 대표적 사례가 바로 2008년 발생한 글로벌 금융위기다. 이윤에 눈이 멀어 상품 부문과 연계되지 않고도 금융 부문 안에서의 거래만으로 가치를 창출할 수 있다는 환상 속에서 2008년 글로벌 금융위기가 비롯되었다.

미국 금융기관들은 저소득층에게 주택담보 대출인 서브프라임 모기지를 기반으로 이런 저런 금융상품을 만들어 팔았다. 그러다가 모기지론 금리가 올라가면서 대출자들이 원리금을 제대로 갚지 못하자 이를 기반으로 한 금융상품들이 모두 휴지조각이 된 것이다. 스미스가 주장한 '금융 자체는 가치를 창출하지 않고 생산적 자본을 도와준다'는 점을 명심할 필요가 있다.

스미스는 또 은행이 대형화되기보다는 소형은행 간에 경쟁하는 것을 바람직하게 보았다. 2008년 미국의 금융위기도 금융기관의 대형화, 겸업화, 국제화 등이 초래한 위기였다.

> 은행 수가 증가하게 되면 특정 은행의 거래는 좁은 한계 내에 국한되고, 유통하는 은행권은 소량으로 된다. 유통 전체가 많은 수의 부분으로 분할됨으로써, 사물의 진행상 언젠가는 일어나게 마련인 어느 한 은행의 파산이 국민에게 미치는 영향은 그만큼 줄어든다. 또한 이러한 자유경쟁은 모든 은행가들로 하여금 고객을 다른 은행에 빼앗기지 않으려고 고객들과 거래하는 데 더 관대하게 만든다. 일반적으로 어떤 사업이 사회를 이롭게 한다면, 그 사업에서 경쟁이 더 자유롭고 일반적일수록 사회를 더 이롭게 할 것이다.[37]

금융기관이 너무 커지면 스미스가 지적한 대로 금융기관이 파산에 이르게 되어도 책임을 묻거나 정리하기 힘들어진다. 2008년 금융위기에서 몇몇 금융기관은 그 책임을 물어 파산해야 마땅했는데도, 신용경색을 우려하여 구제금융으로 살려주었다.

그런데 사태가 채 진정되기도 전인 2009년 이들은 거액의 보너스 잔치를 벌였다. 책임을 묻지 않았기 때문에 월가는 금융위기에 벗어나자마자 일말의 반성도 없이 이전의 행태를 되풀이했다.

그래서 스미스가 《국부론》에서 상인들은 탐욕과 독점정신에 물들었다고 한 것이다. 2015년 12월 7일 자 〈뉴욕타임즈〉를 보면 민주당 대통령 후보인 힐러리 클린턴의 인터뷰가 실린 바 있다. 그는 자신이 집권하면 금융위기로 국가를 부도상태로 내몬 것을 망각하고 대마불사의 지위를 이용해 천문학적 부채에도 떵떵거리는 금융기관을 절대 그냥 두지 않겠으며, 무모한 투자로 예금주의 피 같은 돈을 날린 금융기관 경영진은 죗값을 확실히 치르도록 하겠다고 공언하기도 했다.[38]

금융기관들은 오바마 정부가 은행이 자기자본으로 파생상품과 같은 고위험상품에 투자하는 것을 금하는 등의 여러 규제정책을 도입하자 '자유 시장경제에 대한 부당한 간섭'이라면서 반발하고 있다. 탐욕에 가득 차 반성도 없이, 시장을 정부 간섭이 없이 '보이지 않는 손'에 맡겨야 한다고 하는 것이다. 이런 주장이 얼마나 잘못된 것인지는 이어서 더 상세히 밝히려 한다.

8장

왜곡된
'보이지 않는 손',
실제로 어떤 손인가?

'보이지 않는 손'이 부각된 것은 20세기 들어서 경제학에 수학을 도입한 신고전경제학자들에 의해서였다. 신고전경제학은 발라에서 시작해 마셜이 정리한 균형이론을 스미스의 '보이지 않는 손'으로 포장한 것에 지나지 않는다. 포장지를 벗겨보면 거기에는 스미스의 사상과는 다른 이기심의 경제학, 이익극대화의 경제학이 자리하고 있다.

스미스는 '보이지 않는 손'을 어떤 의미로 사용했나

《국부론》을 읽지 않은 사람들도 《국부론》에 나오는 '보이지 않는 손'에 대해서는 잘 알고 있다. 그런데 '보이지 않는 손'이 《국부론》의 핵심 주제인 것으로 알고 있다. 또 대부분 '보이지 않는 손'을 '정부 간섭이 없는 시장기능' 혹은 '자기조절적 시장기능'으로 이해하고 있다. 자기조절적 시장기능이란 모든 것을 시장에 맡기면 '보이지 않는 손'이 모든 것을 사회에 이익이 되게 만든다는 것이다.

6장에서도 이미 설명했지만 이것은 후대의 신자유주의 경제학자들이 스미스 사상을 자신의 주장을 합리화하는 데 사용한 것일 뿐 맞지 않는 말이다. 짝퉁 제품에 잘나가는 브랜드를 붙여놓은 것에 지나지 않는다. 그런데 희한한 것은, 이런 잘못된 해석이 일반인들 사이에 너무나 깊고 광범위하게 침투되어 이를 왜곡이라고 주장하는 사람들을 오히려 이상하게 생각하는 상황이 되었다는 것이다. 이 장에서는 스미스가 '보이지 않는 손'을 어떤 의미로 사용했는지 꼼꼼히 따져보려 한다.

우선 이 장의 '보이지 않는 손'에 대한 논의는 애덤 스미스를 전문적으로 연구하는 학자들의 견해를 참고했음을 밝혀둔다. 여기에는 애덤 스미스를 자신의 지적영웅이라 말하는 1998년 노벨경제학상 수상자 아마티아 센과 그의 부인이자 경제사학자이며 하버드대학교 교수인 에마 로스차일드Emma Rothschild, 그리고 《애덤 스미스의 잃어버린 유산Adam Smith's Lost Legacy》의 저자이자 영국의 경제학자 가빈 케네디Gavin Kennedy, 애덤 스미스 연구소Adam Smith Institute의 창립자이자 이사인 이먼 버틀러Eamonn Butler가 이에 해당한다.[1,2] 이들의 저서와 논문, 그리고 그 밖의 '보이지 않는 손'에 대한 논문들을 종합하여 논의를 전개하겠다.[3,4,5]

먼저 가빈 케네디는 '보이지 않는 손'이 우리의 통념대로 특별한 의미를 지녔다는 사실에 회의를 가질 만한 두 가지 근거를 제시한다. 첫째 《국부론》에서 '보이지 않는 손'이라는 말이 반복 없이 단 한 번 언급되었다는 사실, 둘째 스미스의 다른 저서에서 '보이지 않는 손'이란 말이 다양한 맥락에서 사용되었다는 점이다.[6] 케네디에 따르면 애덤 스미스는 '보이지 않는 손'이란 표현을 총 세 번 사용했다. 케네디는 스미스 이전의 문헌에 등장하는 '보이지 않는 손'이 쓰인 17가지 표현들을 연구해 정리하기도 했다.[7]

그런가 하면 에마 로스차일드는 '보이지 않는 손'이란 말은 스미스가 만든 표현이 아니라 문학 작품에 등장하는 표현을 그가 차용한 것이라 말한다. 또한 에마 로스차일드는 '보이지 않는 손'은 스미스가 중요하게 생각한 것이라기보다 일종의 반어적 농담ironic joke이라고 주장한다.[8] 흔히 범죄조직을 두고 '검은 손'이라고 은유적으로 표현하는 것처럼 말이다. 셰익스피어의 희곡에서 보면 맥베스가 자신이 저지를 범죄가 감춰지도록

'어두운 밤이 "피 묻은 보이지 않는 손thy bloody and invisible hand"을 덮어줄 것을 간청합니다'와 같은 표현들이 나온다.[9] 스미스는 도덕철학을 가르치기 전에 수사학을 가르쳤기 때문에 이런 문학적 표현들을 잘 알고 있었을 것이다.

연대기적으로는 살펴보자면, 스미스 사후에 출간된 그의 전집 중 한 편인 〈천문학의 역사〉에 처음으로 '보이지 않는 손'이란 표현이 나온다.

> 이교도가 지배하던 고대의 초기 시대뿐 아니라 모든 다신교 종교에서, 미개인들 사이에는 자연의 불규칙적 사건만이 신들의 작용과 힘에 기인하는 것으로 인식되었다. 불은 타오르고, 물은 새롭게 한다. 그리고 자연의 본질적 필연성에 의해 무거운 동체는 하강하고 가벼운 물체는 상승한다. 이러한 일에는 주피터의 '보이지 않는 손'은 작용하지 않는 것으로 이해된다.[10]

주피터는 로마 신화에 나오는 주신主神으로 그리스 신화의 제우스와 동일시된다. 번개와 비와 같은 기상현상을 주재할 뿐만 아니라 세계 질서와 정의를 유지하는 것으로 알려져 있다. 그런데 주피터 조각상을 보면 양손이 잘려 있다. 스미스는 중의적 의미로 '보이지 않는 손'이라는 표현을 사용한 것으로 보인다. 조각상의 손인 동시에 신의 섭리라는 뜻으로 말이다.

두 번째로 '보이지 않는 손'이 등장한 곳은 《도덕감정론》이다. 이 책에서는 3장에서 해당 문장을 인용한 바 있다. '부자가 자신의 욕망을 충족하려는 허영심에 의해 열심히 일하지만 자신의 성과물을 가난한 사람과 나누어 가지게 된다. 이는 "보이지 않는 손"이 작동한 결과'라 한 내용이었다. 해당 구절을 다시 한 번 살펴보자.

그들은 '보이지 않는 손'에 이끌려서 토지가 모든 사람에게 똑같이 나누어졌을 경우에 있을 수 있는 것과 같은 생활필수품의 분배를 하게 된다. 그리하여 부지불식 중에 사회의 이익을 증진시키고 인류 번식의 수단을 제공하게 된다. 신의 섭리providence는 대지를 소수의 귀족 지주들에게 나누어주면서 이 분배에서 제외되었다고 생각되는 사람들을 망각하지도 버리지도 않았다.[11]

여기에 등장하는 '보이지 않는 손'은 뒤에 나오는 '신의 섭리'에 대한 은유로 보인다. 이면 버틀러의 해석에 따르면 여기서 '신의 섭리'란 경제적 보상과 같은 의미로 사용한 것이라고 한다.[12] 따라서 〈천문학의 역사〉와 《도덕감정론》에 나오는 '보이지 않는 손'은 각각 자연 현상과 사회 현상에서 나타나는 '신의 섭리'로 해석할 수 있을 것 같다.

세 번째 '보이지 않는 손'은 《국부론》에 등장한다. 중상주의 비판을 다룬 4편에서다. 이 표현이 언급되는 맥락을 살펴보면, 국내에서 생산되는 제품을 보호하기 위해 수입을 규제하는 것이 불합리함을 지적하는 내용으로 해당 구절은 다음과 같다.

외국 노동보다 본국 노동의 유지를 선호하는 것은 자신의 안전을 위해서고, 노동생산물이 최대의 가치를 갖도록 그 노동을 이끈 것은 오로지 자신의 이익을 위해서다. 이 경우 그는, 다른 많은 경우에서처럼, '보이지 않는 손'에 이끌려서 전혀 의도하지 않았던 목적을 달성하게 된다. 그가 의도하지 않았던 것이라고 해서 반드시 사회에 좋지 않은 것은 아니다. 그가 자기 자신의 이익을 추구함으로써 흔히, 그 자신이 진실로 사회의 이익을 증진시키려고 의도하는 경우보다, 더욱 효과적으로 그것을 증진시킨다. (…) 자기 자본을 국내 산업의 어느 분야에 투자하면 좋은지, 그리고 어느 산업 분야의 생산물이 가장 큰 가치를 가지는지에 대해, 각 개인은 자신의 현지 상황에 근거해서 어떤 정치가나 입법자보다 훨씬 더 잘 판단할 수 있는 것은 명백하다.[13]

스미스는 이윤이 같은 경우, 외국무역보다 국내 제조업이 선호된다고 했다. 외국무역보다 국내 제조업이 투자한 자본에 대한 통제도 용이하고 안전하기 때문이다. 그래서 상인은 자신의 자본을 안전하게 관리하게 위해 누가 지시하지 않아도 외국 노동자보다 국내 노동자를 최대한 이용하여 자기이익을 추구하게 된다. 그렇기 때문에 국내 제조업자들을 보호하기 위해 수입을 규제하여 국내 제조업자에게 독점을 부여하는 것은 쓸모없거나 유해한 규제라는 것이 스미스의 주장이다.

각 개인은 자신의 이익과 안전을 위해 외국무역보다는 국내 제조업을 선호하기 때문에 수입규제가 없어도 이익이 되면 그 방향으로 움직인다는 말이다. 자신의 이익을 위해 움직이지만 '보이지 않는 손'이 작동하여 사회에도 이익이 된다는 뜻이다. 이어서 모든 사람들은 자신이 잘할 수 있는 사업을 해야 한다는 것을 강조하는 구절이 나온다.

현명한 가장의 좌우명은, 구입하는 것보다 만드는 것이 더 비싸다면 집안에서 만들려고 하지 않는다는 것이다. 재봉사는 자신의 구두를 만들려하지 않고 제화공에게서 산다. 제화공은 자신의 의복을 만들지 않고 재봉사를 이용한다. (…) 모든 개별 가구에 대해서 현명한 행동이 대국에 대해서 어리석은 행동이 될 수는 없다. 만약 외국이 우리가 스스로 제조할 때보다 더욱 값싸게 상품을 공급할 수 있다면, 우리가 비교우위를 가진 국산품 일부로 그것을 사는 것이 유리하다.[14]

이처럼 '보이지 않는 손'이 언급된 맥락은 독점으로 유지되는 중상주의를 비판하기 위한 것이었다. 그런데 신고전경제학자들은 '보이지 않는 손'을 자신들의 균형이론에 꿰맞추어 '시장기능'으로 해석하기 시작했으며, 이런 해석을 일반인들도 받아들여 보편화된 것이다. 여러 번 강조했지만 이것은 스미스의 생각을 잘못 읽었거나 왜곡한 것이다. 신고전경제학에서 해석하는 것처럼 '보이지 않는 손'을 '자기조절적 시장기능'으로 해석하려면《국부론》1편의 시장가격과 자연가격을 언급하는 부분에서 등장했어야 논리적으로 말이 된다. 아마티아 센은《자유로서의 발전》에서 이렇듯 스미스의 사상이 자유방임주의 혹은 시장만능주의로 왜곡되는 현실을 개탄했다.

보이지 않는 손에 대한 경제학자 새뮤얼슨의 잘못된 해석

마셜에 이어 신고전경제학에 크게 기여한 학자가 폴 새뮤얼슨 교수다. 그가 쓴《경제학Economics》을 읽고 경제학에 입문한 사람이 적지 않다. 이 책은 1948년 초판이 나온 이래 전 세계 40개 이상의 언어로 400만 부 이상이 팔렸다. 아마《국부론》보다 훨씬 많이 팔렸을 것이다.《경제학》초판에서 새뮤얼슨은 '스미스의 "보이는 손"이란 정부 간섭을 줄이고 시장을 자유롭게 하라는 원칙을 천명한 것'이라고 말하고 있다.

> 애덤 스미스는 경제 체계의 질서를 인식하고는 너무 전율하여thrilled '보이지
> 않는 손'이라는 신비한 원칙을 선언했다. 이는 각 개인이 자신의 이기적selfish
> 목적만을 추구하는 것이, 마치 보이지 않는 손처럼, 모든 사람에게 최선의 결
> 과로 인도된다는 것이다. 그래서 자유경쟁에 대한 정부 간섭은 반드시 해로운
> 결과를 야기한다는 것이다.[15]

우선 스미스가 '전율하여 원칙을 선언했다'는 표현은 과장이다. 앞에
서도 언급했지만 '보이지 않는 손'은 《국부론》에 딱 한 번 나온다. 스미스
가 이를 원칙으로 천명했다면 《국부론》에 여러 번 되풀이되어 나왔을 것
이다.

아마도 새뮤얼슨은 《국부론》을 꼼꼼하게 읽지 않은 것 같다. 앞에서
여러 번 언급했듯이 스미스는 《국부론》과 《도덕감정론》에서 이기적selfish
이라는 말과 자기이익self-interest 추구란 말을 구분해서 사용했다. 이기적
selfish 혹은 자기애self-love라는 말은 타인에게 해가 되는 것을 무릅쓰고 사익
을 추구하는 탐욕적 행위인 반면, 자기이익 추구는 신중과 정의의 범위에
서 이익을 추구하는 것이다.

스미스에게 이기적인 것은 탐욕이고 나쁜 것이지만, 자기이익 추구
는 사회를 발전시키는 좋은 것이다. 그런데 인용한 구절을 보면 새뮤얼슨
은 자기이익self-interest 추구라고 표현할 내용에 이기적selfish이라는 표현을
사용하고 있다.

새뮤얼슨이 《국부론》을 좀 더 꼼꼼히 읽었거나, 스미스가 다른 저서

에서 사용한 '보이지 않는 손'의 다른 의미들을 알았다면 이런 주장을 하지는 않았을 것이다. 무엇보다 《국부론》에 나오는 스미스의 '자연적 자유주의'를 제대로 이해했다면 이런 식으로 해석하지는 않았을 것이다. 5장에서 설명한 것처럼 스미스는 자연적 자유주의를 언급할 때 분명히 특혜와 규제가 철폐되어야 하고 여기에 시장 참여자가 정의의 원칙을 지켜야 한다는 조건을 붙였다. 이는 개인의 경제 행위가 정의를 위반하면 정부가 공정한 관찰자의 입장에서 개입하여 정의를 구현해야 한다는 것을 의미한다.

새뮤얼슨은 또한 스미스가 정부 간섭에 반대한 것은 사회에서 경제적 강자인 상공업자의 횡포(독점)를 없애기 위한 것이라는 중요한 사실을 언급하지 않았다. 스미스는 정부와 상인과 제조업자가 한통속이기 때문에 정부가 간섭하지 말라고 했던 것이다.

앞서 5장에서 스미스는 정부와 상공업자가 결탁한 독점체제의 철폐를 '자연적 자유주의'의 첫 번째 조건으로 말했다고 한 바 있다. 상공업자가 불공정한 독점으로 이익을 얻는다면 정부가 경제적 약자를 위해 개입할 의무가 있음을 이야기하고 있는 것이다. 스미스는 독점에 의존하는 이기적 이익 추구 행위에 대해 정부가 개입하여 정의를 실현하도록 해야 한다고 했다.

보이지 않는 손으로 수학적 결론을 도출했다는 애로

새뮤얼슨보다 젊은 동시대인으로 케네스 애로Kenneth Arrow는 어릴 때부터 최고의 수학 실력을 보여주었으며, 발라를 계승하여 일반균형이론general equilibrium theory을 한 단계 도약시킨 경제학자로 평가받는다. 그는 몇 가지 공리들만 가지고 엄격하게, 수학적으로 매우 일반적인 결과를 도출해냈다. 이것을 한마디로 말하면 경쟁적인 시장에서 작동하는 합리적 인간의 이기심이 경제를 최적 상태로 이끈다는 것이다. 그러면서 애로는 자신의 도출한 수학적 결론은 스미스의 '보이지 않는 손'을 체계화한 것이라 주장했다.

애로는 다른 경제학자와 저술한 《일반경쟁분석General Competitive Analysis》 이라는 책에서 스미스를 '일반균형이론의 창시creator of general equilibrium theory'라고 했다. 그리고 '애덤 스미스의 "보이지 않는 손"이 경제적 균형 관계의 가장 근원적인 것을 시적으로 표현한 것Adam Smith's "invisible hand" is a poetic expression of the most fundamental of economic balance relations'이라 했다.[16]

앞서 6장에서 스미스 자연가격과 신고전경제학의 균형가격이 어떻게 근본적으로 다른지 설명한 바 있다. 스미스는 자연가격을 설명하면서 인간은 합리적이고 이윤을 극대화하고, 시장은 완전경쟁에 있다는 비현실적인 가정을 하지 않았다.

무엇보다 스미스는 애로가 끌어낸 결론에도 결코 동의하지 않았을 것이다. 왜냐하면 이미 4장에서 설명했듯이 스미스는 정부와 결탁하여 독점을 추구하는 상공업자들(주요 시장참여자들)을 근본적으로 신뢰하지 않았기 때문이다. 애로는 케네를 인용하여 자신의 모형을 정당화했어야 했는데, 케네의 자유방임주의를 비판한 스미스를 인용하여 자신의 이론을 합리화했다. 이는 잘못된 것이다.

왜 신고전경제학자들은 잘못된 통념에 집착할까

균형이론은 당연히 자유방임주의로 이어지게 되어 있다. 균형이론과 정부 간섭이 없는 자유방임주의는 서로 궁합이 잘 맞는 개념들이다. 균형상태에 도달하기 위해서는 정부가 되었든 누가 되었든 개입하여 간섭하면, 균형상태에 도달하는 것이 어려워지고, 이론도 맞지 않게 된다.

신고전경제학자들 중에서도 케인스, 크루그먼, 조지프 스티글리츠Joseph Stiglitz는 시장의 자기 조정기능을 믿지 않는 학자들이다. 하지만 이런 학자들조차도 스미스의 '보이지 않는 손'을 정부 간섭이 없는 시장기능으로 해석하는 것을 그대로 받아들이고 있다. 스티글리츠는 애로의 일반균형을 비판하여 불완전경쟁이나 불확실성이 존재하는 경우에, 시장에 의한 자원 배분이 효율적이지 못함을 증명해낸 경제학자다. 그런데 그런 업적을 가진 스티글리츠도 '보이지 않는 손'을 통념에 따라 시장기능으로 해석하고 있다. 그는 '자유시장이 마치 "보이지 않는 손"처럼 효율적 결과를 낳는다는 애덤 스미스의 주장은 이 토론에서 중심적 역할을 한다'고 말한다.[17]

신고전경제학자 중에서도 특히 신자유주의자들은 정부 간섭이 없는 자유방임 시장을 철저히 신봉하는 사람이다. 여기에 대표적 학자가 밀턴 프리드먼이다. 앞에서 언급한 것처럼 프리드먼은 스미스 사상에 동조하지도 않으면서, 기업이나 정부의 사회적 책임을 논하는 논쟁에서는 《국부론》에서 '보이지 않는 손'이 나오는 문장을 항상 인용했다.

재미있는 사실은, 스미스의 이론을 계승하고 발전시켜서 고전경제학자들로 분류되는 맬서스, 리카도, 스튜어트 밀, 마르크스 등의 저작에서는 '보이지 않는 손'이 전혀 언급되지 않는다는 것이다.[18] '보이지 않는 손'이 부각된 것은 20세기에 들어서 경제학에 수학을 도입한 신고전경제학자들에 의해서였다. 신고전경제학은 발라에서 시작해 마셜이 정리한 균형이론을 스미스의 '보이지 않는 손'으로 포장한 것에 지나지 않는다. '보이지 않는 손'이라는 포장지를 벗겨보면 그 내용물은 스미스의 사상과는 다른 이기심의 경제학, 이익극대화의 경제학이 자리하고 있다.

새뮤얼슨, 애로, 프리드먼, 스티글리츠, 이 학자들은 모두 노벨경제학상을 수상한 사람들이다. 이들이 현대 우리 사회에 얼마나 큰 영향을 미쳤을지 짐작하고도 남는다. 1장에서 인용한 케인스의 말 그대로다. 경제학자와 정치철학자들의 사상은 그것이 옳을 때나 틀릴 때나 모두 사람들이 생각하는 것보다 더 강력하다. 경제에 종사하는 실무자는 이미 고인이 된 어떤 경제학자의 노예일 뿐이라는 케인스의 말을 상기해보자. 심지어 그는 '하늘의 목소리가 들린다고 하는 권좌의 광인들은 몇 년 전에 졸렬한 글을 써낸 어떤 학자로부터 자신의 광기를 뽑아내고 있다'고 했다.[19]

경제사학자 로버트 하일브로너Robert Heilbroner는 《비전을 상실한 경제학》에서 소수의 최고 대학에서 직위를 갖고 있는 경제학자들이 신임교원 채용, 출판, 연구비 획득 등에서 권력을 갖고 경제학계에서 큰 영향을 끼친다고 비판한 바 있다. 이들은 일종의 지식권력인데, 이들에게 맞서 '보이지 않는 손'은 당신들이 생각하는 그런 의미가 아니라고 말하는 것은 어떤 종교인에게 개종하라고 말하는 것과 같을지도 모르겠다.

중세의 타락한 종교권력에 도전한 루터가 라틴어 성경을 독일어로 번역해, 사람들이 직접 원전을 읽을 수 있도록 한 것도 이런 이유일 거라 생각한다. 이는 모든 고전에 해당되는 말이다. 타인이 설파한 자의적 해석에 의지하지 말고 직접 읽어봐야 한다. 애덤 스미스의 저서도 마찬가지다.

애덤 스미스가 주목한 목적인과 동력인

만약 애덤 스미스가 직접 '보이지 않는 손'에 의미를 부여한다면 어떤 의미일까? 이를 위해《도덕감정론》에 나오는 목적인目的因, final cause과 동력인動力因, efficient cause에 주목하고자 한다.

> 우주의 각 부문에서 제작 의도에 적합하도록 최고의 솜씨로 정비된 수단을 우리는 발견한다. 우리는 식물 또는 동물의 신체기제가 개체의 생명 유지와 종의 번식이라는 자연의 위대한 두 가지 목적을 증진시키기 위해 얼마나 교묘하게 고안되어 있는지 감탄하게 된다. 그러나 이런 동식물, 혹은 물체의 내부에서 일어나는 활동들과 유기적 조직에서 목적인을 동력인과 여전히 구분한다still distinguish the efficient from the final causes.[20]

위의 인용문에서 스미스는 '목적인과 동력인'을 언급하고 있는데, 이는 아리스토텔레스의《형이상학》에서 나오는 4인론四因論과 관련이 있다. 아리스토텔레스는 이 세상에서 존재하는 모든 것에는 존재를 가능하게 하는 네 가지 원인들(근거)이 있다고 했다. 네 가지 원인은 질료인material causes, 형상인formal causes, 동력인(혹은 작용인), 그리고 목적인을 말한다.

애덤 스미스는《도덕감정론》에서 시계(여기서는 재래식 시계)를 예로 들어 동력인과 목적인을 설명한다. 시계의 재료나 부품들이 바로 시계의 질료인이 되고, 우리가 보는 동그란 원에 두 개의 바늘이 움직이는 시계의 형상이 형상인이라는 것이다. 시계 안에는 톱니바퀴들이 용수철에 의해 정교하게 움직이면서 시간을 나타내고 있는데, 이것이 동력인 혹은 작용인이다. 그리고 이 시계를 만든 시계제조업자의 제작의도가 목적인이 되는 것이다.

어떤 사물이나 자연 현상을 설명할 때 우리는 동력인과 목적인으로 설명할 수 있다. 시계가 시간을 제대로 알려주는 것을 시계제조업자의 제작의도로 설명하면 목적인으로 설명하는 것이고, 시계 내부에 작용하고 있는 톱니바퀴의 용수철의 정교함으로 설명하면 동력인으로 설명하는 것이다.

스미스는 사람들은 동식물의 생명현상도 동력인보다 목적인으로 설명하는 경향이 있다고 했다. 즉, 생명체 내부에서 일어나는 생물학적 동력인으로 설명하기보다는 개체의 유지와 종의 번식이라는 목적인에 의해 설명하려고 한다는 것이다. 시계나 동식물 안에서 작용하는 내적 움직임은 전문가가 아니면 이해할 수 없기 때문이다. 스미스는 동력인과 목적인을 《도덕감정론》의 다른 부분에서는 사물의 '자연적 진행'과 인간의 '자연적 감정'으로 각각 표현하기도 한다.

> 부지런한 악인은 땅을 경작하는 반면에 게으른 호인은 땅을 경작하지 않고 내버려둔다면, 누가 수확하는 것이 옳은 일인가? 사물의 자연적 진행natural course of things은 이것을 악인에게 유리하도록 한다. 그러나 인간의 자연적 감정natural sentiments of mankind들은 유덕한 사람에게 유리하게 결정한다.[21]

자연적 감정은 인간이 갖고 있는 의도나 동기이고, 자연적 진행은 인간의 의도가 사물에 작용하여 나타난 변화를 의미한다. 즉, 자연적 감정과 자연적 진행은 앞서 설명한 목적인과 동력인과 유사하다. 《도덕감정론》에 나오는 이런 표현은 바로 스미스의 '보이지 않는 손'이 무엇을 의미하는지를 말해준다.

우선 '보이지 않는 손'은 어떤 현상 뒤에 숨어 작용하는 동력인을 말하는 것이다. '보이지 않는'이란 표현은 무엇인가 동력인이 작용하지만 잘 설명되지 않는 것을 함축하고 있다.

재정리해보는 '보이지 않는 손'의 의미

로스차일드는 스미스가 흄이 그랬던 것처럼 보이지 않는invisible이란 단어를 '미신의 대상이나 과학 체계에서 설명되지 않는 요소unexplained elements in scientific element'를 지칭할 때 주로 사용했다고 말한다.[22] 《도덕감정론》에서 '보이지 않는 손'이 나오는 문장에는 '신의 섭리'라는 말이 추가되어 있다. 이를 고려하면 '보이지 않는 손'이란 신의 섭리를 이루기 위해 신이 자연에 작용한 원리로 이해하기 어렵다는 의미를 갖는다.

《국부론》에서 등장하는 '보이지 않는 손'도 이와 크게 다르지 않다. 여기서도 의도한 동기와 다르게 작용하는 동력인을 '보이지 않는 손'이라 한 것이다. 이는 인간의 자연적 감정이나 의도와는 다르게 사물을 변화시키고 발동發動하는 힘을 의미한다. 즉 신중과 정의 범위에서 자기이익을 추구한 결과가 사회 현상에서 어떻게 나타날지를 사람들이 이해하기는 어렵다는 뜻이다.

앞서도 말했지만, '보이지 않은 손'을 신자유주의 경제학자들이 시장 기능으로 해석하는 것을 일반인들도 그대로 받아들여 이제는 통념이 되어버렸다. 스미스를 전문적으로 연구하지 않는 일부 학자들이나 정치 지도자들은 일반인들의 이런 통념을 활용하여 시장기능과 대비되는 것, 혹은 보완하는 것을 '보이는 손'으로 표현하기도 한다. 자, 그럼 이제부터는 이 '보이는 손'에 대한 이야기를 해보겠다.

앞서 《국부론》에서 애덤 스미스는 시장경제만이 아니라 시장과 정부가 정치경제의 두 축이라고 생각했음을 설명한 바 있다. 스미스는 시장만능주의가 아니라 정부가 시장기능을 보완해야 한다고 했음을 밝혔다. 앞서 언급했듯이 중국의 지도자들은 스미스의 《국부론》을 우리보다 더 잘 이해하고 있는 듯하다.

《시진핑, 국정운영을 말하다》라는 책에 따르면, 시진핑은 2014년 5월 26일 18기 중앙정치국 집단학습에서 행한 연설에서 시장을 상징하는 '보이지 않는 손'과 정부를 상징하는 '보이는 손'이 상호 보완, 상호 협조하는 건전한 경제발전을 추진해야 한다고 주장하고 있다. 이것이 바로 시진핑 주석의 '양수론', 즉 두 손 협력론이다. 이 책에 따르면 시 주석은 '시장의 자원 배치에서 결정적 작용을 하고 정부의 역할이 보다 잘 발휘되도록 하는 것은 양자를 서로 부정하는 것이 아니라 유기적으로 통일하는 것이므로 양자를 갈라놓거나 대립시켜서는 안 된다'고 했다.[23]

중국 사람들은 서로 대립되는 것을 조화시키는 사고에 익숙하다. 이것이 바로 공자가 강조한 중용이다. 공자는 이를 '양쪽 끝兩端을 붙잡다'라고 표현했는데, 시진핑은 한 손에는 '시장'을 다른 한 손에는 '정부'를 붙잡고 국가를 운영하여야 한다고 한 것이다.[24]

1977년 하버드대학교 경영사학자인 앨프리드 챈들러Alfred Chandler가 출간한 《보이는 손The Visible Hand》에 따르면, 챈들러가 말하는 '보이는 손'은 시진핑의 그것과는 다르다. 챈들러는 정부를 지칭한 것이 아니라, 기업 그것도 대기업을 지칭하고 있다. 시장기능을 대체하는 대기업의 경영관리를 '보이는 손'이라고 한 것이다. 이 책은 근대 기업 환경의 변화에 따라 어떻게 기업이 대기업으로 성장하게 되는지를 밝힌 책으로 경영학의 고전이 되었다.

통신과 교통의 발달로 시장은 더욱 커졌고, 기존의 기업들은 커진 시장의 수요를 감당하기에는 한계에 봉착하게 되었다. 스미스는 《국부론》에서 분업은 시장의 크기에 의해 제약받는다고 한 바 있다. 이렇게 커진 시장의 수요를 원활히 감당하기 위해 기업의 규모가 커졌는데, 기업은 바로 관리적 통합administrative coordination을 고도화시켜서 규모를 키울 수 있게 되었다. 관리적 통합이란 분업화된 프로세스를 통합하는 능력을 말하는 것이다.

경제학자 로널드 코스Ronald Coase는 기업이 탄생하게 된 이유를 다음과 같이 설명했다. 시장에서 필요한 자원을 구매할 수 있지만 이 경우에 거래비용이 너무 많이 발생하기 때문에 필요한 자원을 내부에서 조달하여 거래비용을 줄이기 위해 만들어졌다고 말이다. 챈들러는 바로 이 이론을 계승했는데, 그의 책에서 시장이라는 '보이지 않는 손'은 이제는 기업 내부의 관리적 통합이라는 '보이는 손'에 의해 대체되었다고 정리했다.[25]

대기업은 이런 관리적 통합의 고도화를 실현했다. 따라서 중소기업은 수직적 통합(관리적 통합) 속에서 대기업의 생산 과정의 일부로 편입된다. 그리고 관리적 통합을 이룩한 대형 유통업체는 좁아진 시장 속에서 중소 유통업체의 생존을 위협하기도 한다.

챈들러는 경영 측면에서 이 책을 썼지만, 우리는 이 책의 의미를 경제 측면에서 살펴볼 필요가 있다. 스미스가 우려했던 중상주의에 의한 독점이 현대에 이르러 대기업의 출현으로 말미암아 독과점 문제가 발생했다. 오늘날 시장에 맡겨놓으니 경영관리를 효율화한 대기업이 시장을 독식하게 되고, 시장기능을 기업 내부에서 수행하면서 시장이 축소되고 있다.

또 대기업은 거대한 자본력을 활용하여 중소기업이나 자영업자들의 영역에도 손을 뻗치고 있다. 그리고 그들은 계열사를 만들어 시장에서 공정한 경쟁을 제한하고 있다. 요사이 문제가 되고 있는 대기업의 골목상권의 진출과 계열사 일감 몰아주기들이 이런 불공정한 행위다.

스미스는 오늘날 '보이지 않는 손'이 '보이는 손'(대기업)에 의해 잠식되고 있는 현실을 어떻게 바라볼까? 여러번 반복하지만 그가 《국부론》에서 독점을 철폐하고 시장에 맡기자고 한 것은 경제적 약자를 보호하기 위함이었다. 따라서 그는 대기업과 중소기업 간의 관계에서도 역시 약자 편에 섰을 것이다. 스미스 당시에도 하청기업에 대한 원청기업의 부당한 행위가 있었는데, 이에 대해 그는 이렇게 비판한 바 있다.

> 한 사람의 직조공weaver이 계속 일을 해나가기 위해서는 적어도 3~4명의 방적공spinner이 필요하다. 다시 말해 아마포linen cloth의 생산에 필요한 총노동량의 5분의 4 이상이 아마사linen yarn의 생산에 종사하고 있어야 하는 것이다. 그러나 우리나라 방적공은 가난하며, 대개는 여자이고, 전국 각지에 흩어 있어서 아무런 도움이나 보호를 받지 못하고 있다. 더욱이 우리나라 큰 제조업자들은 이처럼 가난한 방적공이 만들어낸 반제품의 판매에 의해서가 아니라 직조공에 의해 생산된 완제품의 판매에 의해 이윤을 얻는다. 완제품을 가능한 한 비싸게 판매하는 것이 그들의 이익이 이듯이, 가능한 한 저렴한 가격으로 원료(마사)를 사들이는 것 역시 제조업자들의 이익이다. (…) 결국 이들은 가난한

방적공의 임금은 물론 자신의 직조공의 임금도 낮게 유지하려는 생각뿐인데, 따라서 이들이 한편으로는 완제품의 가격을 인상하고 다른 한편으론 원료 가격을 인하하려고 노력하는 것은 모두 결코 노동자들의 이익을 위해서가 아니다. 우리나라 중상주의에 의해 주로 장려되는 것은 부자 권력자를 위한 산업뿐이다, 가난한 사람과 빈궁한 사람의 이익을 위한 산업은 너무 자주 무시되거나 억압을 받고 있다.[26]

실을 짜는 방적공장은 직물을 생산하는 방직공장의 하청업체다. 인용문에서 보듯이 스미스는 발주업체인 방직공장, 요사이 우리 사회에서 많이 회자되고 있는 갑의 횡포를 비난하고 있다.

장하성 교수의 《왜 분노해야 하는가》에 따르면, 2013년 기준으로 한국의 모든 기업 매출액 중에서 재벌그룹에 속하는 100대 기업이 차지하는 매출 비중은 29퍼센트고 전체 중소기업은 35퍼센트를 차지한다고 한다. 100대 기업이 고용하고 있는 노동자는 전체 노동자의 4퍼센트에 불과하지만 중소기업은 72퍼센트나 된다. 재벌 100대 기업 순이익이 한국 기업 전체의 순이익의 60퍼센트를 차지하는데, 중소기업은 35퍼센트에 불과하다.

2015년 기준으로 중소기업 노동자 임금은 대기업 노동자의 62퍼센트이다. 또한 2차 하청기업의 임금은 원청기업의 3분의 1이고, 3차 하청기업은 원청기업의 4분의 1 수준이다. 장하성 교수는 고용을 창출하지 못하는 대기업이 순이익을 독차지하는 한국 경제의 현실은 갑의 힘이 작용하는 불공정한 시장이 작동한 결과라 볼 수 있다고 했다.[27] 《국부론》에는 다음과 같은 구절이 있다.

다만 일부의 계층의 이익을 증진시키기 위해 다른 계층의 이익을 어느 정도 해
치는 것은 모든 계층의 국민들subjects에 대한 국왕의 의무인 정의와 대우의 평
등을 명백히 위반하는 것이다. 그런데 위의 금지조치(양모의 수출 금지)는 (모
직물)제조업자의 이익을 증진시키기 위해 어느 정도 양모 생산자의 이익을 해
치는 것이다.[28]

위의 인용문으로 미루어 볼 때, 애덤 스미스는 오늘날 대기업과 중소
기업, 원청업체와 하청업체 간 불공정 거래 관계에 대해 정부가 나서서 갑
의 횡포를 막을 것을 주장했을 것이다.

보이지 않는 손과 저축

흔히 보이지 않는 손은 '좋은' 결과를 가져다주는 손으로 이해되는데, '보
이지 않는 손'이 나쁜 결과를 가져오기도 할까? '그렇다'는 것이 케인스의
생각이다. 왜 그럴까? 앞서도 간략히 언급했지만, 바로 저축을 통해서다.
케인스는 《설득의 경제학》에서 '지금과 같은 상황에서는 불행히도 절약
정신은 크게 잘못 되었다'며 '저축의 목적이 주택과 공장, 도로, 기계와 같
은 자본재 생산을 위하여 노동을 풀어놓는 것이기 때문'에 '만약 그런 목
적에 동원할 수 있는 실업인구가 있다면, 저축은 단순히 과잉 노동을 추가
로 더하는 결과가 되어 실업자 수를 늘리는 꼴이 되고 만다'고 말한다. 또
'더욱이 어떤 사람이 이런 저런 이유로 일자리에서 쫓겨났을 때, 줄어든
그의 소비력은 그가 더 이상 사지 못하게 된 제품들을 생산하던 사람들 사

이에 실업을 야기한다. 그렇게 되면 사태는 악순환을 이루면서 더욱 악화된다'고 말한다.[29]

케인스가 살았던 시대는 유럽이나 영국의 자본축적이 최대에 이르러 경제가 성장하는 단계가 아니라 정체되는 시기였다. 7장에서 말한 대로 유효수요의 부족으로 수요가 감소하고 시장이 축소되는 공황이 나타났다. 모든 사람이 자신의 이익을 위해 저축을 하게 되면 오히려 이것이 실업의 원인이 되는 것이다. 자신의 이익을 위해 저축을 했지만 사회에는 나쁜 결과를 가져오는 것이다. 이런 악순환을 발견한 것은 스미스가 아니라 바로 케인스이다.

그는 자신의 저서에서 '우리가 한꺼번에 소득을 지출하기를 망설이면서 많은 몫을 저축한다고 가정했을 때, 엉뚱하게도 모든 사람이 일자리를 잃게 될 것'이라며, '얼마 지나지 않아 우리는 지출할 수입을 전혀 갖지 못하게 될 것이 확실'하다고 말한다. 나아가 '저축을 했다고 부자가 되는 사람은 아무도 없을 것'이며 '종말은 우리가 모두 굶어 죽는 것'이라고 말한다.[30]

저축은 자본축적이 안 되었던 경제성장의 초기에는 '미덕'이지만 자본축적이 끝난 선진국에서는 '악덕'이 되는 것이다. 그래서 저축에 대한 관점을 바꾸어야 한다. 이미 덴마크, 스위스, 스웨덴이 마이너스 금리를 채택했고 최근에는 일본까지 가세했다. 은행에 돈을 맡기면 이자를 주는 게 아니고 보관료를 내는 것이다. 보관료라고 하지만 일종의 벌금으로 보아도 된다. 이는 돈을 저축하지 말고 소비를 하라는 메시지를 시장에 발신하는 것이다.

한국의 경제위기는 기업이 노동자에게 돌아가야 하는 임금을 제대로 주지 않고 이익으로 더 많이 가져가면서 시작되었다 할 수 있다. 이 이익을 투자에 사용하지 않고 저축으로 쌓아놓기만 해서 경제위기가 온 것이다. 그런데도 정부는 아직도 기업만 살리면 경제가 살아난다고 믿고 있다.

경영학에는 '능력 과신의 덫competency trap'이라는 말이 있다. 기업이 과거에 성공을 이뤄낸 전략이나 경험에 사로잡혀 시장 환경이 변했음에도 과거 방식을 고집하다 몰락하는 현상을 뜻한다. 이는 정치에 있어서도 마찬가지다. 경제 관료들은 자신들의 능력을 과신하여 과거 방식으로 경제를 운영하면 경제위기를 극복할 수 있을 것이라 믿고 있다. 과거 정부가 기업을 이끌고 도와 경제를 발전시킨 경험이 오히려 해가 될 수 있는 것이다.

하지만 우리나라는 이미 자본축적이 끝나 그런 방식은 더 이상 유용하지 않다. 특히 양극화가 심해진 2000년대 이후에는 이 방식이 더 이상 맞지 않다. 이제는 가계가 살아야 소비가 늘어나고 그래야 일자리가 늘어난다. 그것이 기업이 사는 길이기도 하다.

2015년 7월에 서울 시내 면세점 신규 특허 입찰이 있었다. 중국인 관광객의 급증으로 면세점이 '황금알을 낳는 거위'로 떠오르면서 대기업 간에 치열한 경쟁이 있었고, 이들이 입찰에 참여하여 특혜를 얻어갔다. 이는 분명 정부가 대기업에 특혜를 준 것이니, 정부가 반대급부(예를 들면 주파수 경매처럼 이익금의 일부 회수)를 요구했어야 했는데 과연 그랬는가?

이에 대해 그 어떤 비판 기사 하나 찾아볼 수 없었다. 모든 것을 '보이지 않는 손'에 맡겨야 한다는 논리였다. 그렇지 않아도 돈이 넘쳐나 천문학적 사내 유보금을 쌓아놓고 있는 대기업에게 특혜까지 준 것이다. 9장에서 다시 언급하겠지만 우리나라 기업의 저축률은 가계 저축률의 3배 수준이다. 기업이 이런 특혜를 통해 번 돈으로 투자를 하여 고용을 늘리거나 소비 진작을 위해 이익금의 일부를 종업원에게 임금으로 돌려주거나, 공익목적으로 내놓았다면 누구 하나 뭐라 하지 않을 것이다. 애덤 스미스에게 이런 상황을 어떻게 생각하느냐고 묻고 싶다.

불황기에는 기업이 살기 위해서 구조조정을 통해 종업원을 해고해야만 했다. 기업의 입장에서는 경쟁력을 높이기 위한 자구책이지만 그러면 수요(소비)가 줄어 경기는 더욱 위축된다. 결국 종업원을 해고하면 가계소비를 위축시켜 기업에 부메랑으로 돌아온다. 이 역시 저축처럼 결과적으로 사회에 해를 끼치는 것이다.

정부가 오직 기업이 구조조정을 잘할 수 있도록 도와주기만 한다면 경기가 살아날 거라 생각하는 것은 착각일 뿐이다. 케인스는 《설득의 경제학》에서 '불경기 때 기업인들이 생산량을 줄이거나 보수를 줄이는 방법으로 전체비용을 줄이면 반드시 균형 상태를 회복할 수 있다고 가정하는 것은 착각'이라고 말한다. '왜냐하면 그들의 지출 감축이 자신들의 고객이기도 한 근로자의 구매를 감축시킴으로써, 지출을 삭감한 만큼 판매고의 감소를 부를 것'이기 때문이다.[31]

갈수록 탐욕스러워진 '보이지 않는 손'

앞에서도 말했지만 불경기에서는 기업은 자신이 살기 위해 구조조정을 할 수밖에 없다. 이 경우에 노동자의 대량해고는 수요를 더욱 위축시킨다. 이럴 때 경제를 거시적으로 보고 이런 딜레마를 해결해줄 수 있는 것은 정부다. 정부는 해고된 노동자의 소득이 급감하는 것을 최소화하는 조치를 취해야 한다. 즉 실직자를 위한 사회안전망 확충에도 정부가 적극 나서야 한다. 시장에만 맡기면 이런 문제를 해결할 수 없다. 모든 것을 시장에 맡겨야 한다는 '보이지 않는 손'의 논리는 이 경우 맞지 않는다. 신자유주의 경제학자들은 '보이지 않는 손'을 착한 손이라고 강조하지만, 불황이 지속되는데도 시장에 맡기기만 하면 이는 나쁜 손이 된다.

스미스는 이미 《국부론》에서 시장의 참여자인 상인과 제조업자의 사악함을 지적하면서 '보이지 않는 손은 나쁜 손'이라고 외쳤지만, 웬일인지 신자유주의 경제학은 이 점엔 주목하지 않고 '보이지 않는 손은 착한 손'이라는 것만 강조한다.

1980년대 이후에 나타나는 '보이지 않는 손'은 사회주의 몰락으로 더 거만해지고 더 탐욕스러워진 손이다. 1980년대에 미국의 레이건과 영국의 대처 정부는 각종 규제철폐, 세금인하, 공기업 민영화, 노동시장 유연화 등 신자유주의 사상에 기반한 경제정책을 폈고, 이것이 조금씩 효과를 나타내기 시작했다. 중국도 1980년대에 시장을 개방하고 점차 시장경제를 채택하면서 자본주의식 경제개발을 시작했다. 이런 상황에서 1989년 베를린 장벽의 붕괴는 자본주의와 공산주의의 경쟁에서 자본주의의 승리를 상징하는 사건이 되었다.

그런데 돌이켜보면 자본주의가 가장 안정적이었던 때는 제2차 세계대전이 끝나고 공산주의 국가가 몰락하기 직전인 1980년대까지의 기간이었다. 이때는 자본주의와 공산주의가 서로 경쟁하던 시기다. 공산주의에 대한 두려움으로 자본주의의 탐욕에 고삐가 죄어졌던 시기다.[32] 그러나 공산주의 국가들의 몰락은 이런 긴장을 없애버렸다. 이전의 '보이지 않는 손'은 겸손했었는데, 경쟁자가 사라지자 거만한 손으로 바뀐 것이다.

이런 세계적 흐름 속에서 당시 한국에 새로 들어선 김영삼 정부도 신자유주의적 경제정책 기조인 자유화와 세계화를 채택했다. 그리고 1993년부터 OECD 가입을 추진하게 되면서 자본 거래의 자유화와 서비스 시장의 개방화를 펼친 것은 물론 각종 규제를 완화했다. 1996년 12월 우리나라는 OECD 가입에 성공했지만 준비 없는 자유화는 결국 IMF 외환위기를 초래하게 된다.

자본주의 역사가 오래된 선진국에서는 자유주의 시장경제에서 나오는 부작용을 보완할 여러 장치들을 오랜 기간에 걸쳐 만들어왔는데, 이 점을 고려하지 않고 준비 없이 시행한 시장 자유화와 개방화가 재앙을 불러온 것이다.

1990년부터 계속된 경상수지 적자는 1996년에 이르러 230억 달러를 넘어서게 되었다. 이전에는 이런 위기가 왔을 때 정부가 통제할 수 있는 여러 정책적 수단들이 있었지만, 자유화와 개방화 조치로 인해 이런 수단이 상실되었다. 그 결과 한국에 들어와 있던 외국 단기 자본이 대규모 이탈하면서 외한 보유고가 고갈되고 결국 외채 만기상환이 불가능해졌다. 결국 시장에 모든 것을 맡겨야 한다는 미국식 경제 이념을 추종한 것이 화를 불러일으키고 만 것이다.

신자유주의의 덫과 소득 불평등

장하성 교수를 비롯한 한국의 경제불평등을 다룬 연구들에 따르면, 우리나라의 경제불평등은 외환위기 전후에서 시작되었다. 짧은 기간에 경제성장을 달성했지만 1980년대까지는 소득분배가 이렇게 악화되지는 않았다. 1990년대 중반까지는 오히려 호전되는 양상을 보였다. 많은 사람들이 이렇게 경제불평등이 심해진 것을 압축성장의 결과로 생각하지만 그렇지 않다.

1990년대까지 우리나라는 고도성장 가운데서도 소득분배가 어느 정도 성공하여 중산층이 두터웠던 나라였다. 그러나 1997년 외환위기 이후 경제불평등이 악화되기 시작하더니, 그 속도가 빠르게 진행되어 지난 30년 동안 가장 빠른 속도로 소득이 불평등해진 나라가 되었다. 한국은 이제 거의 모든 지표에서 세계에서 가장 불평등한 나라 중 하나다.[33, 34, 35]

국세청 납세 자료를 기반으로 한 김낙년, 김종일 교수의 연구에 따르면 2012년 말 기준으로 소득 상위 10퍼센트 인구는 전체 국민소득의 44.87퍼센트를 차지하고 있다(소득 상위 1퍼센트 인구는 전체 국민소득의 12.23퍼센트를 차지한다).[36] 상위 10퍼센트의 부의 집중도는 OECD 19개국 중 2위로 한국보다 심각한 국가는 미국뿐이다(미국은 상위 10퍼센트는 48.16퍼센트이고 상위 1퍼센트는 19.34퍼센트다). 이런 결과는 최근에 프랑스 파리경제대학의 세계 상위소득 데이터베이스에 정식 등록되었다.[37]

이런 경제불평등은 앞서 언급했듯이 1990년대 중반 이후 경제성장으로 늘어난 몫을 노동자들보다 기업이 더 많이 가져간 것이 주요 원인이다. 생산성이 증가한 만큼 실질임금이 증가하지 않았기 때문이다. 가계 간 소득 격차도 커졌지만 기업 간 소득 격차도 커졌다. 1980년대 중소기업의 평균임금은 대기업의 90퍼센트 이상이었지만, 2010년대에 들어서는 60퍼센트 수준으로 떨어졌다.[38] 그리고 IMF 사태 이후에는 고용 안정성도 떨어져 2003년 이후 전체 노동자의 30퍼센트 이상이 비정규직이다.

외환위기 이후 등장한, 김대중 전 대통령은 평생 서민을 위한 경제를 주장했지만, 아이러니컬하게도 실제 결과는 그 반대로 소득 불평등이 더 심해졌다. 왜 이런 일이 벌어졌을까? 그 이유는 외환위기로 경제주권을 상실하여 자신의 철학을 구현할 수 없었기 때문이다. 당시 우리나라는 외환 부족 사태를 해결하기 위해 IMF로부터 구제금융을 받는 조건으로 IMF가 제시한 개혁 조건을 받아들여야만 했다.

IMF의 개혁 조건에는 자본시장의 자유화, 무역의 자유화, 노동시장의 유연화 등이 포함되어 있었다. 준비 없는 자유화와 개방화로 외환위기를 맞았는데, 그 해법이 이를 더 강화하는 것이라니 실로 기막힌 일이 아닐 수 없다. 여기에는 IMF를 실질적으로 지배하는 미국의 시각, 즉 투자가인 월가의 요구가 대부분 반영되어 있다.

이처럼 외환위기를 겪으면서 우리나라는 타의에 의해 이런 신자유주의 경제구조가 뿌리를 내리게 되었다. 그 결과 우리나라는 세계에서 가장 불평등한 나라로 꼽히는 미국과 유사한 경제구조로 탈바꿈되었다.[39] 노무현 대통령도 서민을 위한 정책을 펴고자 노력했지만 불평등은 시정되지 않았다. 이런 구조를 만든 제도를 바꾸지 않고서는 경제불평등은 시정할 수 없는 것이다.

미국보다 우리나라에서 일반 서민들은 이런 불평등 구조를 감내하기 더 힘든 것이 현실이다. 사회복지나 사회안전망이 갖추어져 있지 못한 우리나라에서 경제적 약자가 갖는 박탈감은 이루 말할 수 없을 정도다. 2009년을 기준으로 미국은 정부재정에서 42.4퍼센트를 사회복지에 사용했지만, 한국은 28퍼센트 정도만을 사용하고 있을 뿐이다. 참고로 OECD 평균은 52.6퍼센트다.[40] GDP 대비 복지 예산의 비중이 가장 낮은 나라가 우리나라다. 그런데도 왜 언론은 복지비용을 늘리는 정책을 포퓰리즘이라는 논리로 비난하는지 이해가 되지 않는다.

실제로 미국의 경우, 오랜 기간 동안 자본주의를 시행하면서 공정한 시장 질서를 유지하기 위해 반독점법, 소비자보호법, 그리고 엄격한 상속 및 증여세 등이 확립되어 있고, 위반 시에 관용이란 없다.[41] 우리처럼 경제사범으로 구속된 재벌 총수들을 경제 활성화를 내세워 반복적으로 면죄부를 주는 일은 없다.

이미 2008년 일어난 미국 금융위기에서 '보이지 않는 손'은 소수를 위한 탐욕의 손이라는 것을 보여주었다. 겸손을 잃어버린 탐욕의 '보이지 않는 손', 경제적 강자만을 위한 '보이지 않는 손'은 이제 버려야 한다. 미국식이라면 무조건 추종하는 현대판 사대주의를 버리고 그들이 만든 신자유주의 이념의 덫에서 벗어나야 한다. 애덤 스미스로 포장된 신자유주의는 사실 스미스의 사상과 정면으로 배치되고 있다. 애덤 스미스는 자본가들이 이윤은 적게 갖고 노동자들에게 임금을 후하게 주자고 했다. 국민 대다수를 이루는 노동자가 잘살아야 부강한 나라라고 했다.

우리나라는 개인주의 성향의 미국과 달리 유교문화의 전통이 남아 있어 집단주의 성향이 강하다. 우리 전통과 문화는 남과 더불어 살아가는 것이다. 11장에서 살펴보겠지만 유교문화는 개인의 도덕적 주체성도 중시하지만 타인과의 동감을 더 중시해 원래의 스미스 사상과 잘 부합된다. 그래서 스미스와 공자의 사상으로 우리 전통과 문화에 맞는 경제이념, 경제적 약자들도 더불어 살 수 있는 새로운 경제이념을 만들어야 한다.

이는 애덤 스미스의 사상에 반하는 것이 아니라, 원래의 애덤 스미스를 되찾는 길이다. 탐욕에 눈이 어두워 공동체를 망치는 손을 동감의 손으로, '보이지 않는 손'을 '따뜻한 손'으로 모두에게 잘 보이도록 바꾸어야 한다. '보이지 않는 손'은 이기심을 가진 손이 아니고 경제적 약자도 배려하는 '동감의 손'이다. 병에 걸린 자본주의를 치료할 '정의의 손'이고, 벼랑 끝에 선 자본주의에 구원의 손길을 내미는 '따뜻한 손'이다. 애덤 스미스에 대한 통념을 깨면 보이지 않는 손은 잘 보인다. 지난 30년 동안 애덤 스미스의 가면을 쓰고 우리 사회를 지배해온 신자유주의 이념을 극복하는 것이 경제를 살리는 길이다.

9장

노동생산성과
노동과 자본의
분배

스미스는 노동자와 자본가의 이해관계가 대립할 때는 항상 노동자 편이었지만, 그 외에는 양자의 협력과 상생을 강조해왔다. 그는 이렇게 주장했을지도 모른다. '노동이 없는 자본은 공허하고, 자본이 없는 노동은 맹목적이다.' 이제는 신자유주의의 이념에서 벗어나 평범한 대다수 국민이 잘사는 나라를 만들어야 한다.

마르크스의 《자본론》과 애덤 스미스의 《국부론》

1830년대 영국, 방적업을 하는 필Peel이라는 자본가가 있었다. 그는 토지가 무상으로 제공되는 자유식민지 호주에서 방적공장을 운영하면 생산비용이 크게 떨어지고, 따라서 세계시장에서 성공할 수 있다고 믿었다. 필은 5만 파운드어치의 생활수단과 생산수단, 그리고 노동자 계급의 성인 남녀와 아동들 3,000명을 데리고 호주 서부의 스완강으로 이주했다. 그런 다음 공장을 짓고 이집트·인도·미국으로부터 면화를 구입해 값싼 면사를 만들어 세계시장에 판매했다.

그러나 얼마 지나지 않아 공장의 노동자들이 일을 그만두기 시작했다. 노동자들은 호주의 식민정부에서 무상으로 주는 토지를 직접 소유하고 농산물을 생산 판매하여 자급자족하는 것이, 그들의 육체적 정신적 건강과 가족생활에 더 낫다고 생각한 것이다. 결국 자본가 필은 임금노동자를 구하지 못해 공장 문을 닫을 수밖에 없었다.[1,2]

마르크스는 《자본론》에서 식민지 호주에서 일어난 이 사건을 예로 들어, 원료나 공장 부지를 싸게 얻어 낮은 원가로 생산을 할 수 있는 여건이 마련되더라도 일을 시킬 임금노동자를 구하지 못하면 자본가가 될 수 없음을 설명했다.

이 장에서는 스미스의 노동과 자본에 대한 이론을 후대 경제학자 특히 마르크스와의 비교를 통해서 알아보고자 한다. 《국부론》에서는 1편의 노동과 임금을 다룬 장과 2편 자본의 성질과 축적이 이에 해당한다.

경제학에서 재화를 생산하고 시장에서 처분한 결과로 얻은 성과를 어떻게 나누어야 하는가에 대한 문제는 분배이론에 해당한다. 아리스토텔레스는 《니코마스 윤리학》에서 '공공의 재화를 분배할 때는, 당사자들이 거기에 기여한 정도에 비례하여 분배하는 것이 정의'라고 말한 바 있다. 이것이 분배적 정의에 적용되는 기여의 원칙으로 이후 수 세기 동안 유럽 사람들에게 막강한 영향을 미쳤다. 그래서 분배를 논의할 때도 항상 자본가와 노동자가 성과에 얼마나 기여했는가를 두고 논쟁하고 있다. 이 장에서 이야기할 스미스와 마르크스 간의 다른 관점도 바로 이 기여의 문제를 갖고 논의될 것이다.

마셜이 정치경제학에서 탈정치를 선언하면서, 현대 경제학에서는 부의 분배 문제에 대한 비중이 줄어들었다. 그러나 원래 정치경제학에서는 부의 생산과 부의 분배 문제를 같은 비중으로 다루고 있다. 주류 경제학에서 노동자의 임금은 완전경쟁하에서 노동의 한계생산력에 해당하는 가치에 의해 결정된다.

한계생산력이란 노동자나 직원을 한 명 더 투입했을 때 얻게 되는 생산량 혹은 부가가치를 말한다. 쉽게 말해서 노동자는 기업의 생산에 기여한 만큼 보상받는다는 것이다. 노동자가 자신의 능력만큼 보상받기 때문에 신자유주의 경제학에서 논하는 분배에는 아무 문제가 없다.

그런데 현실은 어떤가? 노동의 한계생산력이란 정확히 측정할 수 없는 순전히 관념적인 개념이다. 한계생산력에 의한 임금결정은 완전경쟁이라는 가정에 기초한 이론에서나 가능한 일이다. 현실은 다르다. 비정규직 노동자가 정규직 노동자와 같은 노동을 하면서도 임금은 절반만 받는 일이 한계생산력에 의해 결정되는 것인가? 또 미국의 300대 기업 최고경영자의 연봉이 일반 직원의 300배가 넘는데, 이 역시 한계생산력에 의해 결정된 것인가? 현실에서 최고경영자들은 대부분 한계생산력과 무관하게 자신의 연봉을 자신이 결정한다.

동등한 권리를 주장하는 쌍방이 기여를 두고 갈등할 때는 힘으로 문제가 해결되기 마련이다. 결국 현실에서 분배 문제는 정치적 문제가 된다.[3] 스미스는 이처럼 노동자와 자본가의 힘이 대립하는 상황은 자본가에게 항상 유리하다고 말하며 노동자의 편에 서 있었다. 다음은 《국부론》의 일부다.

보통의 경우 쌍방 중 어느 쪽이 유리한 지위를 차지함으로써 상대방으로 하여금 자기의 조건에 따르게 할 수 있는지를 예상하기는 어렵지 않다. 고용주들은 수적으로 적기 때문에 훨씬 더 쉽게 연합할 수 있으며, 또한 법률과 정부기관은 고용주들의 연합은 인정해주거나 적어도 금지하지 않지만, 노동자들의 단합은 금지하고 있다. 노동의 가격을 낮추기 위해 [고용주들이] 연합하는 것을 반대하는 의회 법률은 하나도 없지만, 노동의 가격을 올리기 위해 [노동자들이] 단합하는 것을 반대하는 의회의 법률은 많이 있다. 이러한 쟁의에서 고용주들은 훨씬 오랫동안 견딜 수 있다. (…) 노동자들은 직업을 가지지 않는다면,

1주간을 버틸 사람은 많지 않고, 한 달간 버틸 사람은 거의 없고, 한 해 동안 버틸 사람은 아무도 없다. 장기적으로 보면 노동자가 고용주를 필요로 하는 것과 마찬가지로 고용주도 노동자를 필요로 할 것이지만, 그 필요성은 노동자가 고용주를 필요로 하는 것만큼 직접적인 것은 아니다.[4]

분배 문제에서 마르크스는 노동자 편을 들어 자본가는 기여하는 바가 없다는 극단적 주장을 한다. 스미스도 경제적 약자인 노동자의 편이긴 하지만 자본가와 노동자 모두의 기여를 인정했다. 후에 마르크스의 주장을 반박하기 위해 슘페터는 자본가에게 돌아가는 이윤은 그들이 추진한 혁신을 성공시킨 데 따른 보상이라고 말했다. 애덤 스미스는 양극단은 부정하고 자본가의 혁신과 노동자의 노동에 의한 기여를 모두 인정하고 서로 상생해야 국가의 부를 증대시킬 수 있다고 봤다.

스미스의 《국부론》은 마르크스의 《자본론》에 많은 영향을 미쳤다. 마르크스는 《국부론》의 애독자였으며 《자본론》을 쓰면서 가장 많이 인용하고 참고한 책이 바로 《국부론》이다. 마르크스의 이론에서 가장 핵심이 되는 노동가치설은 스미스의 《국부론》에서 발전된 것이다. 마르크스는 러시아혁명에 영향을 주었는데, 그는 자본주의가 고도로 발달하면 체제의 모순에 의해 사회주의로 발전하게 된다고 믿었다.

그러나 마르크스의 예측과는 달리 공산주의 혁명은 자본주의가 제일 성숙되지 못한 러시아에서 일어났다. 레닌은 혁명을 성공시키면서 마르크스의 점진적이고 평화적인 사적 소유권 철폐를 무시하고, 프롤레타리아 독재(공산당 일당독재)를 주장하며 혁명을 정당화했다. 이처럼 마르크스 역시 왜곡된 부분이 많다. 1장에서 명작일수록 모조품이 많다는 말을 했었는데, 마르크스 사상도 모조품이 통념이 되어버렸다. 레닌에 의해 왜곡되어 이념화되었기 때문이다.

러시아혁명 후, 프롤레타리아 독재의 타당성을 둘러싼 논쟁은 오스트리아 출신의 당대 최고의 마르크스 이론가 카를 카우츠키Karl Kautsky와 레닌에 의해 전개되었다. 양자 간 논쟁의 핵심은 사회주의 혁명에서의 두 가지 방법, 즉 '민주주의적 방법과 독재적 방법'의 대립이자 '평화적 혁명과 폭력 혁명'의 대립이다. 카우츠키는 1918년에 출간된 《프롤레타리아 독재》라는 책에서 '프롤레타리아 독재를 빙자한 공산당 독재는 결국 폭력 기구들의 독재, 그리고 일인 독재로 변질되게 되어 있다'고 주장한다.

이에 레닌은 같은 해 《프롤레타리아 혁명과 배신자 카우츠키》란 책을 출간하면서 카우츠키를 오히려 변절자로 몰아세운다. 이후 공산주의 국가에서는 레닌의 이론에 의해 공산당이 국가 위에 있어 국가를 지배하는 공산당 독재가 행해지게 된다. 레닌의 책 《프롤레타리아 혁명과 배신자 카우츠키》는 이후 소련에서 고등학생 필독서로 지정된다. 권력을 장악한 소련 공산당이 자신들의 이념을 동유럽이나 베트남과 북한 등으로 전파시키면서, 레닌은 마르크스 사상의 정통 계승자가 된다.

그러나 이후 러시아와 공산주의 역사를 통해 카우츠키의 예언이 사실로 드러났고, 러시아에서 공산당 독재는 막을 내렸다. 만일 이를 스미스가 봤다면 어떤 말을 했을까? 경제 운영을 국가가 완전히 독점하면서 개인의 자유를 박탈하는 공산주의 체제에 대해 중상주의보다 더 격렬한 비판을 쏟아부었을 것이 분명하다.

마르크스와 애덤 스미스가 본 노동과 자본의 관계

자본주의 사회에서 자본가와 노동자의 관계는 대립하면서도 상생하는 양면적 모습을 띠고 있다. 스미스는 이런 상생과 대립의 양면적 관계를 보았지만, 마르크스는 대립하는 한 면만 보았던 것이다. 마르크스는 역사를 계급투쟁의 역사로 보았고 중세에 영주와 농노가 대립하듯이, 자본주의 사회에서 자본가와 노동자의 관계도 대립하고 투쟁하는 것으로 보았다. 그런가 하면 스미스는 노사 간의 대립에서 노동자의 편에 있었지만 자본가의 역할도 부인하지 않았다. 스미스는 상품가격이 임금, 이윤, 지대로 구성되어 있다고 했는데, 자본가의 기여에 상응하는 이윤도 상품의 가격에 포함시켰다.《국부론》의 내용이다.

> 대부분 상품의 가격은 세 부분으로, 즉 상품을 생산하여 시장에 내놓는 데 사용된 노동에 대한 임금, 자본에 대한 이윤, 토지에 대한 지대로 분해된다. 물론 약간의 상품가격은 두 부분, 즉 노동에 대한 임금과 자본에 대한 이윤만으로 구성되며, 또한 극히 소수의 상품가격은 노동에 대한 임금만으로 구성되기도 하지만, 모든 상품가격은 필연적으로 위의 세 부분 중 이 부분, 또는 저 부분, 또는 전부로 분해된다.[5]

위 인용문에서 스미스는 가격이 세 부분으로 분해된다고 했지만 어떻게 구성되는지는 밝히지 않았다. 스미스는 자본과 노동은 불가분의 관계로 보았다. 자본의 증가는 노동의 증가를 위한 것이라 했으며, 노동과 자본이 서로 의존적이라는 것을 분명히 했다. 이어서《국부론》을 살펴보자.

한 사회 안에서 현실적으로 고용되는 유용 노동량의 증대는 그것을 고용하는 자본의 증대에 전적으로 의존하고 있음에 틀림없다.[6]

한 나라의 생산적 노동자의 수는 자본의 증가, 즉 그들을 유지하기 위한 재원의 증가에 의해서만 증가할 수 있다는 점은 분명하다. 동일한 수의 노동자들의 생산력은 노동을 쉽게 하고 단축해주는 기계·도구들의 추가 개선이나 더욱 적절한 분업·작업배치의 결과로서만 증가될 수 있다. 두 경우 모두 자본은 거의 항상 추가로 필요하다. 어떤 사업이든 경영자undertaker가 노동자workmen들에게 더 좋은 기계를 제공해주거나 노동자들 사이에 작업을 더 적절하게 분배할 수 있는 것은 오직 이 추가되는 자본을 통해서이다.[7]

그럼 스미스와 마르크스의 생각을 공식을 통해 비교해보겠다(여기서 편의상 지대는 제외한다). 스미스의 경우 노동과 자본은 서로 의존적이므로 아래 식처럼 자본의 기여와 노동의 기여 간에는 곱으로 표시된다.

$$상품가격 = 자본의 기여 \times 노동의 기여$$

《자본론》에서 마르크스는 노동과 자본은 서로 의존하지 않고 독립적으로 작용하여 상품가치를 만들어내는 것으로 보았다. 《국부론》에서 스미스는 고정자본에 기계, 건축물, 토지 외에도 '습득된 유용한 능력acquired and useful abilities'을 포함시켰다. 고정자본의 목적은 노동생산성을 증가시키는 것인데, 여기에 포함된 습득된 유용한 능력은 사람 속에 고정되어 실현되는 자본capital fixed and realized in person으로 보았다. 스미스는 고정자본에 요즘 말로 하면 하드웨어뿐만 아니라 무형의 소프트웨어도 포함시킨 것이다. 마르크스는 기여contribution의 관점에서 불변자본과 가변자본으로 구분했는데, 불변자본은 가치 증식에는 기여하지 못하고, 노동자의 노동만이 가치에 기여하는 자본이라 했다.

마르크스는 투하자본은 불변자본과 가변자본의 합으로 되어 있다고 했다. 불변자본을 스미스식으로 자본가의 기여로 보게 되면, 상품의 가치는 노동과 자본의 기여가 합해진 것으로 볼 수 있다.

$$투하자본 = 불변자본 + 가변자본 \quad \rightarrow$$
$$상품의 가치 = 자본의 기여 + 노동의 기여$$

위 식을 보면 마르크스는 불변자본으로 표시되는 자본의 기여와 가변자본으로 표시되는 노동의 기여를 곱하기가 아니고 더하기로 표시하여 서로 독립적임을 명시했다. 마르크스는 상품의 가치는 불변자본과 가변자본에서 전환된 가치에 이윤에 해당하는 잉여가치(s)가 더해지는 것으로 보았다. 이윤에 해당하는 잉여가치는 전적으로 자본(불변자본)과는 독립적으로 노동(가변자본)에 의해서 창출된 것으로 보는 것이다.

$$상품의 가치 = 불변자본(c) + 가변자본(v) + 잉여가치(s)$$

마르크스는 잉여가치는 노동자의 노동에 의해 창출되었는데 자본가가 이를 가져가니 노동자의 몫을 가로챘다고 보는 것이다. 즉 다시 말하자면 노동자를 착취해서 얻은 것이라는 말이다.

스미스는 경영자의 역할을 자본을 투하하고 분업 작업환경에서 노동자의 업무를 지휘·감독하는 것으로 보았다. 이러한 지휘·감독 업무가 바로 스미스가 고정자본에 포함시킨 습득된 유용한 능력이며, 경영자가 이 능력을 발휘할 때 노동자들의 협업과 분업이 가능해진다. 즉 분업을 촉진하기 위한 자본가의 노동에 대한 임금이 바로 이윤이 되는 것이다.[8]

스미스는 노동자와 자본가의 이해관계가 대립할 때는 항상 노동자 편이었지만, 그 외에는 양자의 협력과 상생을 강조해왔다. 스미스가 후대 독일 철학자 칸트의 《순수이성비판》을 읽었다면 칸트의 그 유명에 빗대어 자신의 주장을 간결하게 표현했을지도 모른다. "노동이 없는 자본은 공허하고, 자본이 없는 노동은 맹목적이다."

칸트는 《순수이성비판》에서 '감각(내용)이 없는 개념(형식)은 공허하고 개념(형식)이 없는 감각(내용)은 맹목적이다'라고 했다. 인간의 인식에는 감각과 개념(내용과 형식)이 모두 필요하고 서로 의존하고 있다는 뜻이다. 마찬가지로 가치를 창출하는 데는 노동과 자본이 모두 필요하고 서로 의존하고 있다. 이 장의 서두에서 제시한 자본가 필의 사례가 '노동이 없는 자본이 공허하다'는 것을 보여주었다면, 지금부터 '자본이 없는 노동은 맹목적이다'는 사례를 소개해보겠다.

필자는 이 책을 쓰는 동안 마르크스 연구의 국내 권위자 중 한 분의 《자본론》 동영상 강의를 듣게 되었다.[9] 최근 대형 유통업체에서 체인 형식으로 운영하는 기업형 슈퍼마켓(일명 SSM Super Supermarket), 예컨대 이마트와 같은 대형 유통업체에서 만든 슈퍼마켓 브랜드(이마트 에브리데이 등)가 골목상권까지 치고 들어오면서 중소 유통업자들이 어려움에 처해 있다. 강연자는 이에 대항하기 위한 방법으로 강의 끝에 마르크스적 해법을 제시했다. 국내 자영업자가 570만 명이 있는데 이들이 단결하여 3만 원씩 출원하면 이마트 자본금 1,300억 원을 훨씬 능가할 수 있다, 그러니 서로 이기심을 버리고 협력하면 대기업과 동등한 경쟁이 가능하다고 말했다. 필자 역시 이 강연자의 말에 동감하면서도 한편으로 한 가지를 짚고 넘어가고자 한다.

그것은 570만 명의 소규모 자영업자 협력과 연대를 이끌어낼 수 있는 리더가 자영업자들 가운데서 나와야 한다는 것이다. 협력과 연대를 이끌어낼 사람이 필요한 것이다. 자영업자들 가운데 이런 사람이 없다면 '습득된 유용한 능력'을 갖춘 자본가의 도움이 필요하다. 즉, 자영업자들이 모은 기금으로 사업을 운영해서 이익을 나눌 사람이 필요한 것이다. 스미스는 바로 이런 자본가의 역할을 인정하고 있었다.

'습득된 유용한 능력'과 아울러 중요한 것은 자본가의 창업 의지다. 불확실한 모험에서 이를 극복할 의지다. 요즘 창업한 10개의 기업 중 5년 안에 살아남는 기업은 3개 정도에 불과하다고 한다.[10] 이때 창업에 성공한 혁신자들은 이윤이라는 상금을 받게 된다. 《국부론》에는 다음과 같은 구절이 나온다.

> 보통 이윤율은 항상 위험과 더불어 다소 상승한다. 그러나 그것은 위험에 비례하여 상승하는 것 같지도 않고, 위험을 완전히 보상할 만큼 상승하는 것 같지도 않다. 가장 위험한 사업에서 파산이 빈번하다.[11]

《자본론》과 《국부론》의 핵심적 차이

7장에서 언급한 대로 스미스는 노동생산성과 고용률이 한 나라의 국부를 결정짓는다고 했다. 노동생산성을 결정하는 분업은 국가의 부를 위해 좋은 것으로 보았다.

> 통치가 잘 되고 있는 사회에서 최하층의 국민까지도 전반적인 풍요로움을 누리게 되는 것은 분업의 결과 각종 생산물이 크게 증가하기 때문이다.[12]

스미스가 《국부론》 서두에서 제시한 핀 공장의 생산성은 노동자의 분업과 이를 촉진하는 자본가의 기여로 만들어진 결과다. 마르크스도 《자본론》에서 협업과 분업을 다루고 있다. 그러나 마르크스는 이를 모두 노동생산성을 높여 잉여가치를 얻기 위한 것으로 말하고 있다. 즉, 노동자를 착취하기 위한 것으로 보는 것이다. 마르크스처럼 노동생산성을 잉여가치를 얻기 위한 것으로 보느냐 아니면 스미스처럼 국부를 증대시키기 위한 것으로 보느냐, 이것이 《자본론》과 《국부론》의 핵심적 차이라고 생각한다.

스미스는 자본가와 노동자가 상생하지만 양자의 이해관계가 대립하고 있고 노동자가 자본가에 비해 불리한 위치에 있음을 알았다. 그래서 노동자의 편이었다. 스미스는 노동자가 잘살아야 국가가 번영하고 행복하다고 했으며, 나라가 부유해지면 당연히 노동자도 부유해진다고 했다. 또한 전반적으로 노동임금이 상승하는 현상은 부유한 나라가 되었다는 반증이라고 했다. 《국부론》의 내용이다.

하인·노동자 그리고 직공들은 모든 대국의 인구의 대부분을 이루고 있다. 그러므로 그 대부분의 생활 조건을 개선하는 것은 결코 전체에 있어서 불리한 것이라고 간주될 수 없다. 어느 사회라도 그 구성원의 대다수가 가난하고 비참하다면 번영하는 행복한 사회일 수 없다. 뿐만 아니라, 국민 전체의 의식주를 공급하는 노동자들이 자기 자신의 노동생산물 중 자신의 몫으로 그런대로 잘 먹고, 잘 입고, 좋은 집에서 살 수 있어야 또한 공평한 일이다. (…) 그러므로 노동에 대한 후한 보수는 부의 증대의 결과이며 또한 인구 증가의 원인이기도 하다. 노동의 후한 보수를 불평하는 것은 그 나라의 최대 번영의 필연적 인과관계에 대해 한탄하는 것이다.[13]

얼마 전 웹툰을 기반으로 만든 〈미생未生〉이라는 드라마가 직장인들 사이에서 큰 공감을 얻었는데, 이는 많은 직장인들이 '미생 의식'으로 살아가고 있기 때문일 것이다. 미생 의식을 가진 노동자가 고용주에 맞서 자기권리를 주장하기란 쉽지 않다. 노동자는 자신의 신체를 제외한 재산이 없기 때문에 양자 간 투쟁에서 오랫동안 버티기 어렵다. 그런데 스미스는 《국부론》에서 자본가의 단합은 드러나지 않고 노동자의 단체 행동은 잘 드러난다고 한 바 있다.

우리는 사실상 이러한 고용주의 단합에 대해 거의 듣지 못하는데, 그 이유는 이 연합이 아무도 주의하지 않는 평소의 자연스런 상태이기 때문이다. (…) 고용주들의 이 연합은 항상 매우 조용히 비밀스럽게 진행된다. (…) 노동자들의 단합은, 공격적이든 방어적이든, 항상 세상의 이목을 끈다. 왜냐하면 문제를 신속히 해결하기 위해서 노동자들은 언제나 큰 소리로 요란을 피우고, 때로는 매우 놀라운 폭행과 폭력을 사용하기 때문이다. 그들은 절망하고 그리고 절망적인 사람처럼 온갖 황당하고 제멋대로 행동을 하는데, 그 이유는, 그들은 고용주를 위협해서 자기들의 요구를 받아들이도록 하거나 아니면 굶어죽기 때문이다.[14]

스미스 당시에도 정부는 고용주 편이었던 것 같다. 이에 스미스는 경제적 약자인 노동자를 보호하기 위해서는 국가는 고용주 간의 모임을 만들어서는 안 된다고 했다. 이어서 《국부론》의 내용을 계속 살펴보자.

의회가 고용주와 노동자 사이의 의견 차이를 조정하려고 시도할 때, 의회의 상담역이 되는 것은 언제나 고용주다. 그러므로 그 조정이 노동자에게 유리할 때는 항상 정당하고 공평하지만, 고용주에게 유리할 때는 때때로 그렇지 못하다.[15]

동업자들은 오락이나 기분전환을 위해 만나는 경우에도, 그들의 대화는 공중에 반대되는 음모나 가격인상을 위해 모종의 책략으로 끝나지 않을 때가 거의 없다. 이러한 모임을 실제로 집행 가능하거나 자유와 정의에 모순되지 않는 법률로 저지하는 것은 불가능하다. 그러나 법률이 동업자들의 모임을 저지할 수 없다고 하더라도 법률이 그러한 모임을 촉진해서는 안 되며, 더구나 그러한 모임이 필요하도록 만들어서도 안 된다. (…) 사업을 더 잘 관리하기 위해 동업조합이 필요하다는 주장은 전혀 근거 없다. 노동자에 대해 실행되는 진실하고 유효한 제재는 동업조합에 의한 것이 아니고 고객들에 의한 것이다.[16]

비록 한나라의 부富가 아무리 거대하더라도, 만약 그 나라가 오랫동안 정체 상태에 있었다면, 그곳에서 노동임금이 매우 높을 것을 기대해서는 안 된다. (…)
국민의 절대다수인 노동빈민의 생활상태가 가장 행복하고 가장 편안하게 보
이는 것은 사회가 진보하고 있을 때, 즉 사회가 이미 최고로 부유해졌을 때가
아니라 사회가 계속 더욱 부유해지고 있을 때이다. 노동자의 생활상태는 사회
가 정체상태에 있을 때는 어렵고, 쇠퇴상태에 있을 때는 비참하다.[17]

애덤 스미스는 《국부론》에서 위와 같이 말했다. 오늘날에는 노동조
합의 결성도 합법화되고 법정노동시간이 정해져 있는 등 양자 간 관계가
대등하다고 생각하기 쉽다. 그러나 지금도 양자 간 대립에서 노동자는 여
전히 을로 존재한다. 특히 불황기에 접어들면 노동자의 불리함은 여실히
드러난다.

스미스는 국가의 입장에서 부富의 크기도 중요하지만 노동자의 입장
에서는 경제가 지속적으로 성장하는 것, 즉 경제성장률이 더 중요하다고
했다. 스미스는 《국부론》에서 경제가 성장하고 있는 나라와 경제가 쇠퇴
하고 있는 나라의 노동자의 실태를 각각 다음과 같이 묘사하고 있다.

각종 노동자·직인·하인들에 대한 수요가 계속 증가할 때, 매년 그 전년에 취
업한 사람 수보다 더 많은 사람들에게 취업기회를 제공할 때, 노동자들은 임금
을 올리기 위해 단결할 필요가 없다. 노동자의 부족은 고용주들 사이의 경쟁을
야기하며, 고용주들은 노동자를 구하기 위해 더 높은 임금을 제시하며, 따라서
임금을 올리지 말자는 고용주들의 자연적인 연합을 스스로 타파한다.[18]

상류계급에서 성장한 사람들도 많은 숫자가 자기들의 직업에서 일자리를 얻

지 못해 최하급의 일자리를 얻으려 할 것이다. 최하급의 직업은 원래 거기에 있던 노동자들로 가득 차 있을 뿐만 아니라 기타 모든 직업의 사람들이 흘러 들어와 넘치고 있으므로, 그곳은 취업경쟁이 너무나 격렬하여 노동임금을 노동자의 생활이 가장 비참하고 궁핍한 수준으로까지 떨어뜨리게 된다. 이러한 가혹한 조건으로도 많은 사람들은 일자리를 구할 수 없어서 굶어 죽거나 걸식하거나 극악무도한 범죄 행위를 저지르게 된다.[19]

바로 위의 《국부론》 인용문처럼 경제성장이 정체되거나 쇠퇴하는 나라에서 노동자는 큰 어려움에 봉착한다. 이는 오늘날 대한민국 경제상황을 묘사한 것 같은 느낌을 받는다.

자본가의 역할을 인정할 것인가

앞에서 노동자와 자본가의 기여를 이야기할 때 마르크스는 자본가의 기여는 없다고 봤는데, 이것은 노동가치설에 의존하고 있는 것이다. 마르크스에 따르면 모든 가치는 노동에서 나오기 때문에 이익 또한 모두 노동자의 몫이라는 것이다. 그런데 상품가치가 노동에서 나온다는 마르크스의 말은 사실 스미스의 《국부론》에서 유래된 것이다.

스미스의 노동가치설은 사유재산의 정당성을 주장하기 위해 로크의 주장을 계승한 것인데, 로크의 《시민정부론》은 한마디로 공유지에서 자신의 노동으로 손에 얻은 것은 자신의 재산이 된다는 것이다. 오크나무 밑에서 주워 가진 도토리와 숲 속 나무에서 딴 사과는 노동을 제공한 자신의 것이 되는 것이다. 다음은 《국부론》의 내용이다.

> 토지의 사적 점유와 자본의 축적이 있기 이전의 원시사회 상태에서는 노동생산물 전체가 노동자에게 속했다. 그에게는 그것을 나누어 가져야 할 토지 소유자나 고용주가 없었다. (…) 화폐로 구매하거나 재화로 교환하는 물건은, 우리 자신의 노동과 번거로움에 의해 얻는 물건과 마찬가지로 노동의 결과로 얻은 것이다.[20]

그런가 하면 원시사회에서는 노동의 양이 상품의 가치 혹은 상품 간 교환비율을 결정했다. 스미스는 다음과 같이 말했다.

> 자본의 축적과 토지 사유가 없었던 초기의 원시사회에서는 물품을 획득하는 데 필요한 노동의 양 사이의 비율이 물품들 상호 간의 교환에 어떤 법칙을 제공할 수 있는 유일한 요인인 것 같다. 예컨대 수렵민족 사이에서 비버를 잡는 것이 보통 사슴을 잡는 것보다 두 배의 노동이 든다면, 한 마리의 비버는 당연히 두 마리의 사슴과 교환되거나 두 마리의 사슴과 같은 가치가 있어야 할 것이다. 일반적으로 이틀 또는 두 시간의 노동생산물은 하루 또는 한 시간의 노동생산물의 두 배 가치가 있어야 하는 것은 당연하다.[21]

스미스도 로크처럼 원시 수렵사회에서는 노동에 의해 가치가 결정된다고 했지만, 자본이 축적된 이후에는 노동과 아울러 자본의 몫을 인정했다.

자본이 특정한 사람들의 손에 축적되자마자 그들 중 약간의 사람들은 근면한 사람들에게 원료와 생활수단을 제공하면서 일을 시켜, 그들의 만든 것의 판매에 의해, 또는 그들 노동이 원료에 추가한 가치에 의해, 이익을 보려는 것은 당연하다. 완제품을 화폐·노동·기타의 재화와 교환할 때, 자신의 자본을 이러한 모험에 투자한 사업가가 이윤을 얻기 위해서는 원료가격과 노동자의 임금을 지불하고도 무엇이 남아 있어야만 한다. 그러므로 노동자가 원료에 추가하는 가치는 두 부분으로 나누어지는데, 한 부분은 자기의 임금을 지불하고, 다른 부분은 자기의 고용주가 원료와 임금을 지불하기 위해 투자한 자본 전체에 대한 이윤을 지불한다.[22]

마르크스는 선배 경제학자들의 책을 직접 베낀 다음에 거기에 자신의 논평을 붙였는데, 나중에 이것이 카우츠키에 의해 《잉여가치학설사》라는 책으로 나왔다. 《잉여가치학설사》에서는 《국부론》에 대한 논평이 가장 큰 비중을 차지하고 있는데, 위 구절에 대해 마르크스는 '이윤은 노동자들이 노동재료에 첨가한 가치로부터 공제 이외의 다른 것이 아니다. 그러나 그들은 재료에 새로운 노동량 이외에 아무것도 첨가하지 않는다. 그러므로 노동자의 노동시간은 두 개 부분으로 분할된다. 그중 한 부분은 그 대가로 노동자가 자본가에게 등가물인 임금을 받는 부분이며 다른 부분은 노동자가 자본가에게 무상으로 주며 이윤을 이루는 부분이다'라고 덧붙였다.[23]

마르크스 주장의 귀환

스미스는 노동자가 추가하는 가치는 자본가의 도움을 받아 얻은 것이므로 자본가에게 이윤으로 돌아가야 한다고 생각했다. 노동은 자본의 도움을 받아 가치를 창출하기에, 이들 노동과 자본을 상호의존적으로 본 것이다. 그러나 마르크스는 기계나 도구의 도움을 받았어도 가치를 노동자가 증가시켰기 때문에, 증가된 가치는 노동자에게 돌아가야 한다고 봤다. 또 이윤은 노동자가 자본가에게 무상으로 준 것이라고 했다.

이런 마르크스의 주장은 낚시를 하러 간 사람이 낚시가게에서 도구를 빌려서 열 마리의 고기를 잡았는데, 두 마리를 낚시가게에 주면서 무상으로 주었다고 하는 것으로 들린다. 마르크스는 물고기를 잡은 사람이 낚시꾼이기 때문에, 낚시꾼이 없었다면 낚시도구가 있어도 물고기가 없었을 것이라고 보는 것이다. 즉 노동이 상품을 만들었다는 것이다. 이렇게 마르크스는 스미스와는 달리 자본가의 기여를 인정하지 않았고 노동만이 상품의 가치를 창출한다고 했다. 그는 《자본론》에서 '상품의 가치는 그 상품에 체현되어 있는 노동량에 정비례하고 노동생산성에 반비례한다'고 말한다.[24]

이렇게 볼 때 마르크스의 노동가치설은 스미스의 노동가치설을 계승한 것이 아니라, 스미스의 노동가치설을 비판한 데이비드 리카도David Ricardo의 노동가치론을 계승한 것으로 보인다. 슘페터는 자신의 책에서 리카도가 마르크스의 스승이라고 말하기도 했다. 리카도는 《정치경제학과 과세의 원리에 관하여》에서 스미스의 가치이론을 비판하면서, 자본에 대한 이윤이 자본가에게 지불된다 하더라도 상품의 가치는 여전히 생산에 필요한 노동의 양이 결정한다고 했다. 그리고 '상품에 직접 사용된 노동뿐만 아니라 그 노동을 도와주는 도구, 연장, 건물에 투하된 노동도 가치에 영향을 미친다'며,[25] 해당 상품을 생산하는 데 필요한 직접노동은 물론 기계와 같은 생산수단도 간접노동으로 노동에 포함시켰다.

스미스의 고정자본에 해당하는 것을 리카도는 간접노동이라 지칭했다. 이처럼 마르크스는 바로 리카도의 노동가치론을 계승하여 고정자본도 노동의 기여로 본 것이다. 간접노동은 실제 과거의 노동이 집적된 것으로 노동자들이 기여한 부분이 맞다.

이야기를 좀 더 전개해보자. 연필공장을 예로 들어보자. 이 공장에는 목재를 연필 모양으로 자르는 기계가 있다. 이 기계에는 이전의 철광석을 캐는 노동자의 노동, 그리고 제철소에서 철을 추출한 노동자들의 노동 등 일련의 노동이 응집되어 있다. 이는 연필공장의 노동자가 아닌 다른 기업들의 노동자가 기여한 것이다. 연필공장 사장(자본가)이 이해타산을 따져본 후에 이를 생산수단(기계)으로 구매한 것이다. 그 명칭이 스미스가 말하는 고정자본이건 리카도가 말하는 간접노동이건, 이것은 연필공장 사장이 기여한 부분인 것이다.

이런 이해타산에는 불확실성이 존재한다. 따라서 사장의 입장에서는 이 장 서두에서 소개한 방직업자 필처럼 실패할 위험을 무릅쓴 것이다. 이미 연필공장 사장이 임금을 지불했기에 연필이 판매된 후 기계 공장의 노동자들이 연필공장 사장을 찾아와 자신이 기여한 몫을 달라고 하는 것은 말이 되지 않는다.

앞서 6장에서 신고전경제학이 기본 가정들에 대한 엄밀한 검증 없이 이론을 전개한 것을 언급하면서 '선결문제 요구의 오류'라 지적한 바 있다. 마르크스가 노동가치론에 대한 엄밀한 검증 없이 잉여가치를 주장한 점에 대해서도 바로 '선결문제 요구의 오류'를 지적할 수 있다. 노동가치론이 부인되면 이것의 자연적 결론인 잉여가치설도 부인된다.

심지어 마르크스의 《자본론》을 평생 동안 강의한 데이비드 하비David Harvey도 《자본론》을 다시 쓴다면 노동가치론을 당연한 것으로 언급할 것이 아니라, 그것이 옳다는 것을 논리적으로 설명해야 한다고 했다.[26]

경제학적으로도 노동가치설은 노동이 유일한 생산요소인 경우와 완전경쟁을 전제로 했을 때만 성립한다. 현실에서는 이런 조건에 맞는 상황을 찾기 어렵다. 노동가치설은 농업과 수공업이 지배적인 생산방법이었던 17세기에 등장한 개념으로, 생산요소가 인간의 노동에서 기계 중심으로 바뀐 현대에 그대로 적용하는 것은 잘못이라는 비판을 받아왔다. 마르크스는 노동생산성을 자본가의 착취를 위한 수단으로 봄으로써 경영관리를 포함한 '습득된 유용한 능력'이나, 창의력, 리더십 등을 무시하는 우를 범했다는 비판을 받고 있다.

노동가치설에 오류가 있다 하더라도 마르크스가 노동가치설을 통해 주장하려 했던 당시 현실에 대한 비판은 오늘날에도 유용한 것이다. 마르크스도 스미스처럼 경제적 강자가 경제적 약자를 억압하고 심지어 착취하는 사회는 정의로운 사회가 아니라고 했다. 쉬운 말로 갑질이 횡행하는 사회는 좋은 사회가 아니라는 것이다. 이를 이론적으로 뒷받침하려고 노동가치론설을 들고 나온 것으로 보인다.

노동가치설과는 별개로 마르크스의 실업과 공황이론은 다시 재고할 필요가 있다. 앞서 7장에서는 케인스가 다시 돌아왔다고 했는데, 마르크스도 다시 돌아왔다고 할 수 있다. 21세기 들어 우리가 겪고 있는 '고용 없는 성장' 혹은 '자본의 유기적 구성에 의한 실업과 불경기'는 150여 년 전에 마르크스가 예언한 것이기 때문이다.

노동강도와 노동생산성의 관계

이 책을 쓰던 중 필자에게 한 선배로부터 연락이 왔다. 아들이 대기업에 들어갔는데 아침 8시에서 밤 12시까지 일하고 주말에도 쉬지 못하는 것에 지쳐 사표를 내겠다고 하는데, 어떻게 하면 좋겠느냐고 묻는 것이었다. 이것이 오늘날 우리나라의 많은 젊은이들이 처한 상황인 것 같다.

앞에서 언급했듯이 스미스는 경제성장이 정체되거나 쇠퇴하는 나라에서는 실업이 증가하면서 노동자는 큰 어려움에 봉착하게 된다고 했다. 주변에 실업자가 널려 있는 것을 보고 고용주가 노동강도를 높이는 것이다. 노동강도를 높여 이익을 극대화하려는 고용주에게, 스미스는 일찍이 《국부론》에서 노동에 대한 피로로 노동자가 직업병에 걸리지 않게 배려해야 한다고 충고했다.

> 노동자들은 성과급제 임금에 의해 후한 보수를 받을 때 과로하기 쉽고, 수년 안에 자신의 건강을 망치기 쉽다. (…) 정신적인 노동이든 육체적인 노동이든 간에 계속해서 며칠간 많은 노동을 하고 난 후에는 대부분 사람들은 휴식에 대한 커다란 욕구가 자연히 나타나게 마련이다. 이 욕구는 강제나 어떤 필요성에 의해 저지되지 않는 한 거의 억제할 수 없다. 이 휴식에 대한 욕구는 본성의 요구이므로, 어떤 방식으로든, 때로는 편히 쉬는 것에 의해, 때로는 편안하게 쉼

으로써, 때로는 유흥과 오락에 의해, 그 욕구는 충족되어야 한다. 그 요구에 따르지 않으면 그 결과는 흔히 위험하고, 때로는 치명적이며, 거의 언제나 조만간 특유한 직업병을 가져오게 된다. 고용주가 항상 이성과 인도주의 정신에 귀를 기울인다면, 그는 흔히 다수의 노동자들에게 지나치게 열심히 일을 하도록 고무하기보다는 그것을 누그러뜨려 주어야 할 필요가 있다.[27]

오늘날에는 근로기준법에 의해 노동시간을 늘리는 것이 힘들어졌다. 고용주가 연장근무를 시키려면 노동자의 동의를 받거나 추가적인 임금을 지불해야 하기 때문이다. 하지만 직장인 가운데 70퍼센트가 고용불안을 느끼는 요즘, 고용주가 연장근무를 강요한다고 거부할 수 있는 미생들은 많지 않다.[28] 참고로 2012년 기준으로 전체 근로자 가운데 6개월 이하의 단기고용 근로자 비율로 본 우리나라의 고용안정성 지수는 OECD 평균인 10퍼센트의 두 배가 넘는 26퍼센트에 달한다. 조사한 36개 국가 가운데 36위를 기록해 최악의 고용불안정 국가라는 오명을 갖고 있다.[29]

마르크스는 《자본론》에서 영국의 노동자들이 표준노동일을 지키기 위해 어떻게 투쟁했는지, 그리고 당시 영국 노동자들이 공장법이 존재하는데도 불구하고 어떤 노동착취를 당했는지를 당시의 〈공장감독관 보고서〉를 인용해 고발한 바 있다.

그에 따르면 1802년에서 1833년까지 다섯 개의 노동관계법이 통과되었지만 법 집행을 위해 필요한 경비 지출은 의결하지 않는 방법으로 이 법은 사문화되어 있었다. 1833년에 통과된 공장법에서는 아동과 미성년자의 노동을 금지했고 표준노동시간이 정해져 있었지만 실제 이 법이 준수되기까지는 상당한 시간이 걸렸다. 마르크스는 《자본론》에서 노동자들에게 있는 '법이라도 지키라고' 자본가에게 요구하라 권하고 있다.

우리나라에서도 과거 경제성장기에 수출입국을 구호로 삼고 제품 가격의 국제경쟁력을 높이기 위해 저임금과 장시간 노동이 강요된 적이 있다. 한국의 경제성장에서 있어 대기업의 기여가 있었던 것을 부인하기는 어렵지만 대기업, 소위 재벌기업은 노동자들에게 큰 빚을 졌다는 것을 잊지 말아야 한다.

앞에서 언급했듯이 이제는 노동조합도 있고 노동법이 시행되어 노동시간을 늘리는 것은 어려워졌지만, 현실에서는 여전히 많은 시간 일하는 것으로 알려져 있다. 조사결과에 의하면 우리나라는 2013년 기준으로 1인당 노동시간이 2,163시간으로, OECD 국가 평균 1,170시간보다 1.3배가 길다. 아울러 경기침체가 좀처럼 회복되지 않으면서 노동의 강도도 세졌다. 사실 노동의 강도를 높이는 방법은 노동시간을 늘리는 것이 어려워지자 나온 변칙적 노동착취 방법이다.

이제 임금 이야기를 해보자. 스미스는 임금을 노동자들의 생활을 유지하는 비용으로 보았다. 그에게 임금은 노동의 대가가 아니라 생활을 유지하기 위해, 노동을 재생산하기 위한 비용이다. 스미스는《국부론》에서 다음과 같이 말했다.

노동자의 생필품, 즉 노동의 실질가격은, 뒤에서 보는 바와 같이, 경우에 따라 매우 상이하다. (⋯) 사람이 항상 자신의 노동에 의해 생활을 유지해야 한다면, 그의 임금은 적어도 그의 생활을 유지하는 데 충분해야 한다. 대부분의 경우는 임금은 이것보다 좀 많아야 한다.[30]

마르크스는 임금을 생활비와 연결한 스미스의 이론을 발전시켜 노동력과 노동을 구분한다. 노동은 실제 고용되어서 노동에 투입한 시간을 말하고, 노동력은 노동을 생산하는 데 필요한 생활수단을 말한다. 그래서 노동력의 하루 가치는 노동자와 그 가족의 하루 생활비를 뜻하고, 노동력의 가치가 임금이 되는 것이다. 노동자가 고용주에게 판매하는 것은 노동이 아닌 노동력이다. 그런데 고용주는 노동자에게 노동력의 대가인 임금보다 일을 더 많이 시킨다. 고용주는 실제 노동의 대가로 임금을 지불하기 때문에 자신은 노동자에게 대가를 주었다고 생각한다. 임금이 후불제인 이유다. 잉여가치는 노동자에게 필요한 노동력(임금)보다 더 많은 노동을 시킨 결과로 얻은 것이라고 마르크스는 주장한다. 그리고 잉여가치는 곧 노동 착취라는 것이다.

마르크스는 노동시간을 늘이고 노동강도를 높이는 것 외에도 노동생산성을 높여 잉여가치를 얻는다고 했다. 스미스가 얼마나 노동생산성을 중요시하는지는 7장에서 충분히 언급했다. 스미스에게 노동생산성은 국부를 증대시키는 것이지만, 마르크스는 자본가의 부만을 증가시킨다는 관점에서 다루고 있다.

노동생산성에 대한 스미스와 마르크스의 다른 관점은 노동생산성으로 얻은 성과(이윤과 임금)를 어떻게 분배해야 하느냐와도 연결된다. 국부로 연결되느냐 혹은 자본가에게만 돌아가느냐 하는 현실에서, 노동생산성의 증가분은 노동자와 자본가의 기여에 비례해서 나눈다면 아무 문제가 되지 않을 것이다.

하지만 문제는 그렇게 간단하지 않다. 7장에서 언급한 것처럼 미국의 경우 1970년까지는 임금이 생산성에 비례해서 올라갔지만 그 이후에는 생산성에 비례하지 않는다. 우리나라의 경우도 마찬가지다. 장하성 교수에 따르면, 산업화 과정이 시작된 1960년대 초반부터 적어도 1990년대 중반까지 30년이 넘도록 소득 불평등이 악화되지 않았다고 한다. 이는 실질임금이 노동생산성과 비슷하게 올랐기 때문이다.[31]

그러나 1990년대 중반 이후 임금은 노동생산성만큼 오르지 않고 있다. 1990년부터 2014년까지 국민소득에서 가계소득이 차지하는 비율은 70퍼센트에서 62퍼센트로 8퍼센트포인트 감소했고, 기업소득은 17퍼센트에서 25퍼센트로 8퍼센트포인트 증가했다. 2008년에서 2014년 사이에 가계소득의 평균증가율은 2.4퍼센트인데 기업소득의 평균증가율은 5.0퍼센트였다. 참고로 같은 기간 연평균 경제성장률은 3.3퍼센트였다.[32] 2015년 GDP 증가율은 2.6퍼센트였지만, 소비자 물가를 고려한 가계소득 증가율은 0.9퍼센트밖에 되지 않았다.[33]

이는 결국 1990년 중반 이후에 경제성장으로 늘어난 몫을 노동자들보다 기업이 더 많이 가져갔음을 의미한다. 기업이 노동자의 임금상승률을 경제성장률보다 낮춤으로써 이익을 많이 가져간 것이다. 이로 인해 노동자(가계)는 가난해졌고 기업은 부유해졌다. 아울러 기업소득을 따져보면, 중소기업은 줄어들고 대기업은 늘었으며, 하청기업은 줄어들고 원청기업은 늘어났다. 이것이 우리가 겪고 있는 경제불평등의 실상이다.

이윤의 원천은 노동일까 혁신일까

혹자는 기업 이윤의 원천은 혁신이고, 기업이 이익을 더 많이 가져가는 것은 혁신 활동에 대한 기여로 정당한 것이라 주장한다. 바로 경제학자 슘페터의 주장이다. 7장에서 '생산성'은 슘페터에 의해 질적인 측면을 강조하는 혁신이라는 용어로 재정의되었다고 설명했는데, 슘페터는 마르크스의 이론을 비판하면서 이윤에 대한 새로운 관점을 제시한다.

그에 따르면 이윤은 노동자가 창출한 것을 가로챈 잉여가치가 아니라 기업가의 혁신의 결과라는 것이다.[34] 이는 슘페터가 《국부론》에서 스미스가 언급했던 '습득된 유용한 능력'을 자본가의 혁신 능력으로 보다 구체화한 것이다. 그는 자신의 책 《경제발전의 이론》에서 기업과 기업가를 혁신의 관점에서 정의한다.

슘페터는 기업에서 노동자와 기업가의 역할을 구분하여 기획 혹은 혁신 업무는 기업가가 맡고, 순환적 업무 혹은 혁신의 실행은 노동자가 맡는 것으로 기업 구성원의 역할분담론을 제시한다. 슘페터는 노동자는 '지시하는 일'만 하고 창의성을 요하는 '혁신적 업무'는 기업가의 몫으로 본 것이다.

7장에서도 이야기했지만, 경제학자 그레고리 맨큐 역시 '1퍼센트가 버는 소득이 엄청나도 혁신적 가치를 창출하여 사회에 도움이 된다면 큰 문제가 될 것이 없다'고 주장한다.[35] 그런데 슘페터나 맨큐의 논리는 신규 창업한 기업에는 적용할 수 있지만 기존 기업에는 적용되지 않는다. 창업에 성공하여 성장 중인 기업에서 고용주 한 사람의 의지와 역량만으로 혁신 업무를 수행할 수 있을까? 기업이 커지면 종업원도 혁신 업무를 수행해야 한다. 최근 기업에서 창의적 인재, 주도적 인재를 선호하는 이유가 바로 이 때문이다.

이는 비단 사무실에만 해당되는 것이 아니다. 오늘날은 더 많은 공장에서 창조성을 요구하고 있다. 《신창조계급》의 저자 리처드 플로리다는 현대에는 공장 노동자들이 육체적 노동은 물론 아이디어와 지적 재능을 제공하는 창조공장으로 진화했다고 말한다. 현대의 공장 노동자들은 자신이 만드는 제품을 손으로 만지는 대신 생산 과정을 가동시키는 컴퓨터를 모니터하고 관리하며, 때로는 관련 프로그램을 짜기도 한다. 그런데 공장 노동자가 창조성의 발휘하는 일은 이미 오래된 스미스 시대에도 있었다. 즉 혁신 업무에도 노동자가 관여하는 것이다. 《국부론》의 내용이다.

> 노동이 매우 세분화되어 있는 공장에서 사용하는 기계의 대부분은 원래, 어떤 매우 단순한 조작에 종사하면서 자기의 생각을 그 조작을 수행하는 쉽고 간편한 방법의 발견에 집중시킨, 보통 노동자의 발명이었다. (⋯) 그러나 기계에 대해 이루어진 모든 개량들이 기계를 사용할 기회를 가졌던 사람들에 의해서 만들어진 것은 아니다. (⋯) 몇 가지의 개량은 이른바 과학자 또는 사상가에 의해 만들어진 것이다.[36]

그런데 기업의 규모가 커져 혁신을 종업원이 수행하는 경우에 혁신 활동에서 얻는 이윤은 기업가의 몫일까? 아니면 종업원의 몫일까? 슘페터는 마르크스의 잉여가치설을 비판하기 위하여 이는 자본가의 혁신에 의한 이윤으로 자본가에게 돌아가야 한다고 보았다. 슘페터나 맨큐는 종업원이 주도하는 혁신에 대해서는 크게 고려하지 않은 것이다.

《제2의 기계 시대》의 저자 에릭 브린욜프슨과 앤드루 맥아피는 증기기관으로 대표되는 제1의 기계 시대에는 육체적 능력이 중요했지만, 컴퓨터를 비롯한 디지털 기술은 우리의 정신적 능력을 대폭 강화시켜준다고 주장한 바 있다. 제2의 기계 시대에는 단순 반복적인 일은 컴퓨터가 대신하고 인간은 창의성과 감수성을 일에 집중해야 이익을 낼 수 있다고 말이다.

이제는 고용주가 노동강도를 높여 이익을 얻을 것이 아니라 종업원에게 신기술·신제품 개발, 해외시장 개척과 같은 혁신에 집중할 수 있도록 근무 여건을 개선해야 하고 임금도 후하게 주어야 한다. 애덤 스미스는 《국부론》에서 다음과 같이 말한다.

> 노동의 후한 보수는 인구 증가를 장려하면서도 보통 사람의 근면을 증대시킨다. 노동임금은 근면을 장려하는데, 근면은 인간의 성질과 마찬가지로 그것이 받는 장려에 비례해서 증대된다. 풍부한 생활물자는 노동자의 체력을 증진시키고, 자신의 상태를 개선시켜 안락하고 풍부한 가운데 생을 마칠 수 있을 것이라는 유쾌한 희망은 그로 하여금 체력을 최대한도로 발휘하도록 한다. 따라서 임금이 높은 곳에서는 임금이 낮은 곳에서보다 노동자가 더욱 적극적이고, 더욱 부지런하고, 더욱 빨리 움직이는 것을 항상 보게 된다.[37]

우리나라 경제가 어려운 가운데도 희망적인 소식이 있다. 2016년 1월 〈블룸버그 통신〉은 전 세계에서 가장 혁신적인 국가로 한국을 선정한 바 있다. '2016 블룸버그 혁신지수'에서 한국은 총점 91.31점을 받아 2위인 독일과 격차를 6점 가까이 벌리며 최고 순위를 공고히 지켰다. 이로써 우리나라는 2014년과 2015년에 이어 3년 연속 1위를 차지한 셈이다. 앞으로의 기업경쟁은 혁신경쟁이고 여기에서 우리나라는 앞서 있다.

혁신이 경쟁력의 원천인 시대에는 대기업보다는 중소벤처기업이 경제를 끌고 가는 주역이 되어야 한다. 미국 국립연구재단의 연구에 따르면 대기업은 중소벤처기업에 비해 혁신성이 20배 떨어진다고 한다.[38] 또 마케팅 신제품 개발 분야에서 기업이 신제품 아이디어를 어떻게 얻는지 조사해보았더니, 대기업일수록 외부의 컨설팅 업체에 의뢰하는 경우가 많다는 결과가 나왔다.[39]

이는 혁신 아이디어에 대한 보상이 충분하지 않았기 때문에 일어나는 일이다. 요사이 언론을 통해 대기업에 다니던 종업원이 전 직장을 상대로 '발명 보상금을 지급하라'며 소송을 제기하는 것을 종종 볼 수 있다. 간혹 소송을 제기한 종업원이 승소하여 기업의 수익 중 일정 비율을 보상받기도 한다. 슘페터나 맨큐가 오늘날 기업에서 종업원이 주도하는 혁신과 이에 대한 보상이 미흡한 것에 대해 어떻게 생각할지 궁금해진다.

여지분토와 손상익하 정신이 필요한 때

진나라 효공은 상앙을 기용하여 국가를 개혁하고, 주변 6국을 제압해 통일의 기반을 닦은 군주다. 그 발단은 효공의 포고령에서 비롯되었다. 이 포고령의 핵심은 '여지분토與之分土'다. 부국강병의 계책을 낸 사람과 영토를 나누겠다는 말인데, 효공 자신은 혁신 능력이 없어도 혁신을 수행하는 신하와 자신의 이익을 나누겠다는 뜻이 담겨 있다. 이 소식을 위나라 상앙이 듣고 진나라로 가서 효공에게 혁신 방안을 건의했다. 후에 그는 재상이 되어 효공의 지지 아래 혁신(변법)을 시행하여 진나라를 강국으로 탈바꿈시킨다.

이 여지분토 정신은 창업자들도 생각해볼 말이다. 종업원들에게 혁신을 권유하고 그로 인한 이익을 나눈다면 어떤 난관도 헤쳐나갈 수 있을 것이다. 이런 자세가 아니면 혁신적 아이디어를 가진 인재를 얻을 수도 없고 계속 함께할 수도 없다. 기업가에게 여지분토 정신이 없다면 새로운 사업 아이디어를 가진 종업원은 실패 위험을 무릅쓰고서라도 회사 밖으로 나와 창업하려고 할 것이다.

기업은 자본가(오늘날은 기업가)와 노동자의 결합이며 이 둘은 음과 양처럼 서로 조화를 이루어야 한다. 일방적으로 어느 한쪽의 희생이 따른다면 기업이 유지될 수 없다. 종업원의 혁신 활동에 의한 이익을 인정해주고 이익의 일부는 종업원의 이익과 행복을 위해 사용되어야 한다. 기업이 이렇게 운영된다면 종업원은 혁신 업무에 더욱 매진하게 되고 기업의 이익은 향상되어 그 이익이 다시 종업원에게 돌아가는 선순환 구조가 만들어진다. 이렇게만 된다면 어떤 기업이든 지속적으로 성장할 것이다.

그런가 하면 공자는 주역에서 이익을 나타내는 익괘益卦를 '손상익하損上益下'로 풀이했다. 이는 지도층上에서 덜어 서민下에게 보탠다는 뜻이다. 스미스 시대처럼 경제가 성장할 때도 손상익하의 정신은 분배적 정의에 부합하지만, 오늘날처럼 경제가 불황인 상황에서도 이는 바람직한 정책이다.

앞서 7장 개인의 입장에서 저축은 돈을 모으기 위한 수단이지만, 저축한 돈이 계속 은행에만 머물고 그 돈으로 기업이 투자를 하지 않으면 불황이 도래한다고 했다. 이를 해결하기 위해서는 소비를 늘려야 하는데 케인스에 따르면, 부자인 자본가보다는 가난한 노동자들이 소비를 쉽게 늘리는 경향이 있다. 케인스는 한계소비성향이라는 개념을 만들었는데, 이는 새로 증가된 소득 가운데 소비에 쓰이는 비율을 말한다. 소득이 높을수록 한계소비성향이 낮아지고 한계저축성향이 높아진다. 부자일수록 소비는 덜 하고 저축을 더 한다는 뜻이다.

케인스는 《고용, 이자, 화폐의 일반이론》에서 '소득수준에 일어나는 단기적 변화를 제쳐놓고 보면, 소득의 절대적인 수준이 높아지면 일반적으로 소비와의 격차가 더 커지는 경향이 나타날 것이 분명하다'고 말한다. 그 이유는 '어느 한 사람이 그 가족이 당장에 필요한 일차적 욕구를 충족시키려는 동기는(소비하려는 동기를 말함), 대개 어느 정도 안락함이 달성된 뒤에야 유효한 영향력을 발휘하는 축적의 동기(저축하려는 동기를 말함)보다 더 강력하기 때문이며, 이런 이유로 인해 일반적으로 실질소득이 증가함에 따라 소득 가운데 저축하는 비중이 더 커지게 된다'고 덧붙인다.[40]

케인스의 지적을 한국 상황에 적용해보면 저축으로 사회에 해를 끼치고 있는 쪽은 개인이 아니라 기업이다. 장하성 교수에 따르면 한국의 기업저축률과 가계저축률은 IMF 이후에 극명하게 갈린다. 가계저축률은 지속적으로 하락한 반면에 기업저축률은 지속적으로 상승 추세를 보이고 있는 것이다. 1998년 총저축에서 가계저축과 기업저축의 비중이 48.7퍼센트와 27.6퍼센트였다. 그러나 2014년에는 가계저축 비중이 20.5퍼센트였고, 기업저축 비중이 59.9퍼센트를 차지해서 기업저축이 가계저축의 세 배 수준이 되었다.[41]

노동자는 생산자이기도 하지만 소비자, 그것도 다수를 이루는 소비자다. 다수를 이루는 소비자인 노동자들에게 더 많이 분배가 되어야 소비가 살아나 불황의 경제에서 빠져나올 수 있다. 그런데 현 경제 상황은 저축 성향이 높은 부자들이나 기업이 돈을 빨아들이기만 할 뿐, 이것이 높은 소비 성향을 지닌 소비자(동시에 노동자)에게 흘러 들어가지 않고 있는 것이다. 앞서도 말했지만, 그들에게 계속 돈이 흘러가지 않는다면 결국은 부메랑이 되어 기업에 돌아갈 것이다.

경제성장이 정체되면 기업의 이윤율이 하락하면서 고용을 할 수 있는 여력이 더 이상 늘지 않게 된다. 이것이 오늘날 우리가 맞고 있는 경제위기의 실상이다. 이렇게 되면 결국 모든 사람이 스스로의 사업을 영위해야 한다. 즉 창업을 해야 돌파구가 마련되는 것이다. 스미스도 《국부론》에서 부가 최대에 이르면 모든 사람들이 자기가 사업을 영위하도록 해야 한다는 말을 했다.

> 최대의 부를 획득한 나라, 각 사업마다 사용될 수 있는 최대의 자본량이 이미 사용된 나라에서는 통상의 이윤율이 매우 낮을 뿐 아니라, 거기로부터 지불될 수 있는 통상의 이자율도 매우 낮으므로, 매우 부유한 사람을 제외하고는 자기의 화폐 이자로 살아가기가 불가능하다. 중소 규모의 재산을 가진 사람은 모두 자기 스스로 자기 자본을 운용해야 한다. 거의 모든 사람이 사업가가 되거나 어떤 사업에 종사하는 것이 필요하게 된다. 네덜란드는 거의 이 상태에 접근하고 있는 것 같다. 거기에는 사업가가 되지 않는 것이 오히려 이상하다.[42]

현재 성장이 정체된 선진국에서는 새로운 성장 동력으로 창업을 적극 지원해주고 있다. 일례로 오바마 미국 대통령은 '창업국가 미국'을 국가비전으로 제시했으며, 유럽연합은 밴처창업 및 창업활성화 등 10대 강령을 추진하고 있다. 여기서 창업이란 일자리를 잃은 사람들이 생계를 위해 영세업종에서 하는 창업이 아니라, 혁신적 아이디어에 기반한 기회형 창업을 말한다. 다행히 이런 기회형 창업의 여건과 성공 가능성이 높아졌다. 과거에는 아이디어가 있어도 이를 사업화하기에는 여러 난관을 뛰어

넘어야 했는데, 이제는 여러 기술과 환경의 변화로 시장 진입 비용이 획기적으로 낮아지고 있다.[43]

이런 상황에서 정부는 고용효과가 낮은 대기업보다 중소기업, 특히 창업기업을 도와주어야 한다. 중소기업청의 보고서에 따르면 2006년부터 2009년 기업유형별 고용 증가율은 대기업이 2.26퍼센트, 중소기업이 4.99퍼센트 그리고 매출액 1,000억 이상의 벤처기업은 6.8퍼센트였다. 벤처기업의 고용 증가율은 대기업의 세 배에 달하고 있다. 또한 미국 카우프만재단의 연구 결과에 따르면 2007년 미국에서 창출된 새로운 일자리의 3분의 2가 창업기업에서 나왔다고 한다.[44]

이제는 국가의 자원을 대기업에서 신생 창업기업으로 돌려 그들이 성공하도록 도와주어야 한다. 대기업에 주던 투자에 대한 세금감면은 없애고, 이를 신생 창업기업을 지원하는 데 돌려야 할 것이다. 대기업에 투자에 대한 세금을 감면해줘봤자 대부분 시설에 투자를 한다. 세금감면이 고용에 주는 효과는 미미하다. 자본축적이 필요한 경제성장기에는 자본축적에 유리한 이런 정책이 유효했지만, 자본축적이 이미 끝난 지금 이런 시설 투자에 대한 세금감면은 재고되어야 한다.

분배의 원칙과 결과

분배에는 기여의 원칙도 있지만 필요에 의한 분배도 적용될 수 있다. 필요한 사람에게 더 많은 몫을 주는 것을 허용할 수 있다는 말이다. 학생들에게 장학금을 줄 때 성적을 고려하지만 동시에 형편이 어려운 학생에게 우선권을 주는 것과 마찬가지다.

서구에서 이 필요의 원칙principle of need이 사회에 전파되기 시작한 것은 프랑스혁명이 일어난 1790년대 후반부터다. 기여의 원칙을 대체하는 기준으로 부각되었는데, 필요의 원칙은 기여의 원칙과 반대되는 원칙이라기보다 그 원칙과 양립 가능한 원칙이라고 할 수 있다.[45]

현대 철학자 롤스Rawls는 자신의 저서 《정의론》에서 '경제정의는 평등화의 노력에 의해 실현될 수 있다'고 말했다. 그의 정의론은 다음과 같은 원칙으로 요약할 수 있다. 첫째 기본적 자유의 원칙으로 모든 개인이 기본적 자유를 동동하게 누릴 권리를 갖는다. 둘째 차등의 원칙으로 사회적·경제적 불평등은 사회적 약자에게 최대한 도움이 될 수 있는 방향이어야 한다.

한마디로 기여의 원칙과 필요의 원칙 간의 조화라고 할 수 있다. 경제적 자유에 따른 기여를 인정하되 경제적 약자의 필요를 배려한 것으로 볼 수 있다. 이런 롤스의 차등의 원칙은 동양의 전통적 분배의 정의와 일치한다.

스미스도 손상익하의 분배 정신을 갖고 있었다. 상업자본 소유자는 노동자에게 모범을 보여야 하기 때문에 높은 이윤율은 자본가에게는 바람직하지 않다는 것이다.

높은 이윤율은 상인의 속성상 매우 자연적인 절약의 미풍을 파괴한다. 이윤이 많을 때에는 절약이라는 미덕은 불필요한 것으로 생각되고, 사치가 상인의 부유한 처지에 어울리는 것처럼 보인다. 게다가 거대한 상업자본의 소유자는 그 나라 산업 전체의 지도자·지휘자이므로 그들의 생활태도는 다른 어떤 계급의 사람들의 행동보다 국민 전체의 생활태도에 더욱 큰 영향을 미친다. 만일 고용

주가 주의 깊고 절약하는 사람이라면 노동자도 역시 그러할 것이다.[46]

이처럼 스미스는 상위층이 이익을 덜 보는 것이 사회에 좋다고 했다. 우월한 계급인 지주나 자본가보다 노동자에게 더 많이 분배하는 것이 국익에 도움이 된다고 했다. 그런 나라의 예로 당시 식민지 미국을 들고 있다.

> 노동에 대한 높은 보수는 결혼을 장려한다. (…) 다른 나라(유럽을 말함)에서는 지대·이윤이 임금을 잠식하고 두 개의 우월한 계급(지주와 자본가를 말함)이 열등 계급(노동자를 말함)을 억압한다. 그러나 새로운 식민지에서는 두 개의 우월한 계급은 이해관계 때문에 열등계급을 더 너그럽고 인간적으로 취급해야 한다.[47]

역사적 아이러니는 평등주의를 꿈꾸었던 미국의 독립 지도자들의 이상은 기억 속에서 사라지고, 21세기 미국은 OECD 국가들 사이에서 가장 불평등한 나라로 바뀌었다는 것이다.

스미스는 상인의 높은 이윤율을 바람직하지 않다고 주장하면서도, 국민의 대다수인 노동자에게 후한 임금을 주어야 국가가 부강해질 수 있다고 했다. 즉 분배 측면에서 국민 대다수가 잘살아야 나라가 부강해질 수 있다는 것이다. 역시 《국부론》의 내용이다.

> 노동자의 높은 임금은 인구를 증가시킨다. 양질의 토지가 싸고 풍부하기 때문에 개량이 촉진이 되고 소유자는 높은 임금을 지불할 수 있게 된다. 토지 가격의 거의 전체가 그런 임금으로 이루어진다. 노동에 대한 보수로서는 그 임금 수준

이 높지만, 그렇게 매우 가치 있는 것[노동자]의 가격으로서는 그것은 낮은 것이다. 인구증가와 개량을 장려하는 것은 실질적인 부강을 장려하는 것이다.[48]

오늘날 우리나라 실정에서도 출산율을 높이는 것이 국가적으로 필요한데, 이렇게 출산율이 낮은 것은 노동자들의 생활에 시간적 금전적 여유가 없어서다. 높은 주택 가격은 결혼과 출산을 미루는 주요 요인이다. 출산율을 높이기 위해서는 청년들의 취업과 노동자의 생활안정이 무엇보다 필요하다. 그래서 필요의 관점에서도 그들에게 분배의 더 많은 몫이 돌아가야 한다.

얼마 전 분배 문제와 관련하여 현재 한국 경제의 실상을 알 수 있는 사례를 접하게 되었다. 외국인이 인천국제공항 무인출입국심사대를 통해 밀입국한 사건이다. 자동적으로 공항의 관리를 맡고 있던 인천국제공항공사가 비난의 도마에 올랐다.

언론 보도에 따르면, 이 회사의 직원은 비정규직이 정규직의 여섯 배에 달하고, 85퍼센트의 비정규직 외주업체 직원이 보안업무를 담당한다고 한다. 보안검색 요원을 포함해 2,300명이 비정규직이라는 것이다. 비정규직 직원은 정규직 직원에 비해 노동강도는 높은 반면 임금은 정규직의 40퍼센트에 불과하다고 한다.[49]

필자는 회사 경영이 얼마나 힘들었기에 출입국 관리의 핵심이 되는 보안업무를 비정규직 내지 외주업체 직원들로 운영하는지 궁금하여, 이 회사의 홈페이지에 들어가 공시된 재무제표를 살펴보았다. 그런데 이 회사의 2014년 당기순이익은 무려 6,185억 원에 달했다. 이 사례는 오늘날 한국의 분배구조가 잘못되었다는 것을 보여주는 단적인 예라 할 수 있다.

회사가 이익으로 가져갈 돈을 정규직을 고용하여 임금으로 지불했다면 보안은 물론 서비스의 질도 향상시켰을 것이다. 나아가 더 많은 돈이 가계로 흘러가서 소비에도 기여했을 것이다. 인천국제공항공사는 100퍼센트 정부출자기업이다. 물론 이 사례를 모든 기업들로 일반화하긴 어렵지만, 사기업도 아닌 공기업이 이처럼 이익의 극대화만 추구하는 마당인데 사기업은 오죽할까 싶다.

애덤 스미스는 《국부론》에서 노동자의 이익은 사회의 이익과 직결되지만, 노동자들은 이를 제대로 인식하지 못한다고 말한다. 그래서 노동자들의 이익은 지배층에 의해 무시되기 일쑤라고 말한다.

> 사회가 쇠퇴하는 시기에는 노동자보다 더 고통받는 계급은 없을 것이다. 노동자의 이익이 사회의 이익과 밀접히 연관되어 있음에도 불구하고, 그들은 사회의 이익을 파악할 수도 없고, 자신의 이익과 사회의 이익 사이의 관계를 인식할 수도 없다. (⋯) 그 까닭에 정부의 정책적 논의에서 노동자의 목소리는, 다만 노동자의 이러저러한 불평이 그의 고용주에 의해, 노동자의 목적을 위해서가 아니라 고용주 스스로의 목적을 위해, 고무·선동·지지되는 특별한 경우를 제외하고는, 거의 경청되지 않으며 별로 존중되지도 않는다.[50]

또 고용주들은 사회적 이익보다는 자신 계급의 이익을 더 우선시한다고 했다. 그들의 이익은 공공의 이익과 상반되는 경우가 많다고 했다.

> 고용주들로 구성된 제3계급은 이윤으로 살아가는 사람이다. (⋯) 이윤율은 부유한 나라에서는 자연히 낮고, 빈곤한 나라에서는 높으며, 가장 빠르게 망해

가는 나라에서는 언제나 높다. 그러므로 제3계급의 이익과 사회의 일반적 이익 사이의 관련은 다른 두 계급(노동자, 지주를 말함)의 경우와는 다르다. 제3계급 중에서 보통 최대의 자본을 투하하며, 그들의 부로 인해 정부로부터 가장 큰 배려를 받는 층은 상인과 공장주 두 계급 사람들이다. 또한 그들은 일생 동안 여러 가지 계획·목표에 몰두하고 있으므로 대부분의 대지주보다 예리한 이해력을 갖는 경우가 많다. 하지만 그들은 사회의 이익보다는 자신의 특수한 사업상의 이익을 더 많이 고려하므로, 그들의 판단은 가장 공평한 경우에도, 그들이 판단이 모든 경우에 공평하지도 않지만, 사회의 이익보다도 자기 계급의 이익을 더욱 고려하고 있다. (…) 상인과 제조업자의 이익은 항상 몇몇 측면에서는 공공의 이익과 다르고, 심지어 상반되기도 한다. 시장을 확대하고 경쟁을 제한하는 것이 항상 상인과 제조업자의 이익이 된다. 시장을 확대하는 것은 공공의 이익에 합당할 수 있지만, 경쟁을 제한하는 것은 공공의 이익과 충돌한다.[51]

간혹, 자신의 사업보다 사회의 이익을 고려하는 고용주도 있지만 이것은 예외적인 경우라 할 수 있다. 스미스가 《도덕감정론》에서 밝힌 대로 대다수의 상인과 제조업자는 부를 위한 부를 추구하는 사람들일 뿐이다.

익상손하의 위기를 타개하려면

오늘날의 자본주의 위기는 부의 양극화에 있다는 것을 부인할 사람은 아무도 없다. 오늘날의 경제 현상은 주역에서 손괘損卦에 해당한다. 손괘를 공자는 '익상손하益上損下'로 풀었다. 앞서 말한 '손상익하'와 반대의 의미다. 즉 상위층은 이익을 보고 하위층(일반 서민)은 손해를 보는 형국이란 것이다. 스미스는 《국부론》에서 노동자 이익보다 고용주 이익을 우선시하는 중상주의 경제는 익상손하의 경제구조라고 말하고 있다. 경제 강자가 경제적 약자를 착취하는 경제구조다.

신자유주의 경제학자들은 상위층이 많이 벌면 그들의 소득 중 일부가 아래로 흐르는 낙수효과trickle down effect로 경제가 좋아진다고 주장했다. 그러나 지난 25년간의 경험을 통해 낙수효과는 없었다는 것이 입증이 되었다.[52] 고소득층의 저축 성향이 높아 그들에게서 나오는 것에 비해 흘러들어가는 것이 너무 큰 나머지 낙수효과를 기대할 수가 없는 것이다. 오늘날 자본주의 위기를 극복하려면 이런 익상손하의 경제구조를 손상익하로 바꾸어야 한다. 낙수효과를 기대하지 말고 정부가 나서 소득재분배를 통해 경제불평등을 적극 시정해야 한다.

오늘날 경제구조가 익상손하의 구조가 된 주요 원인 중 하나는, 신자유주의가 들어서면서 소득세의 최고율을 인하한 것이다. 우리나라 소득세의 최고율은 1960년대에서 1970년대에 빠르게 상승하여 70퍼센트까지 갔으나, 1980년대 이후 신자유주의 흐름에 편승하여 거의 매년 인하되어 2008년에는 35퍼센트까지 하락했다가 2012년에는 38퍼센트에 있다. 이러한 소득세 최고율 인하로 우리나라도 미국처럼 2000년대 이후 금융기관과 대기업 최고경영자들의 임금이 급상승했다.[53]

미국의 경우 자본주의 황금기에 소득세 최고율이 90퍼센트였고, 우리나라의 경우에도 고도성장기에는 70퍼센트였다. 그러니 소득세 최고율을 높인다는 것은 이를 정상화시키는 것이다. 참고로 말하면, 소득세 최고율이 70퍼센트라 해서 소득의 70퍼센트를 세금으로 내는 것은 아니다. 소득을 몇 개 구간으로 나누어 구간별로 세율을 순차적으로 높여 최고 70퍼센트까지 세율을 적용하는 것이다.

소득세 최고율이 인상되면 최고경영자들이 과도한 임금을 가져가는 것이 자제될 것이고, 그만큼이 종업원들의 임금으로 돌아가게 될 것이다. 앞서도 말했지만 실제로 대부분의 최고경영자들은 자신의 보수를 직접 결정한다. 그래서 기업은 적자인데도 최고경영자가 연봉을 올리거나 종업원보다 몇백 배나 많은 보수를 가져가는 일을 뉴스를 통해 자주 접하게 된다.

소득세와 아울러 미국의 상속세 최고율도 마찬가지 상황이다. 상속세는 1980년에 70퍼센트에서 2013년에 35퍼센트로 인하되었는데, 이것도 다시 정상적으로 인상될 필요가 있다. 소득세나 상속세 최고율 인상은 일반 서민에게는 전혀 영향을 미치지 않는다. 오로지 상위 1퍼센트 소득 계층에 해당되는 얘기다.

미국 경제공황 때 루스벨트 대통령은 취임 후, 후버 대통령 시절 25퍼센트에 불과했던 초고소득층에 대한 연방 소득세의 최고율을 80퍼센트 이상으로 끌어올린 바 있다.[54] 그런가 하면 오바마 정부는 부시 정부가 35퍼센트로 낮춰놓은 소득세 최고율을 2014년에 간신히 39.6퍼센트로 올리는 데 성공했다.

루스벨트 대통령 시절에 비해 소득세 최고율 인상 속도가 이처럼 더딘 이유가 무엇일까? 필자는 아직도 신자유주의 경제이념에서 벗어나지 못하고 있어서 그렇다고 생각한다. 그래서 케인스가 '기득권보다 무서운 것은 이념이다'라고 했나 보다. 이 책의 목적 중 하나는 바로 이런 이념의 허구를 알려 자본주의를 정상적인 모습으로 되돌려놓기 위한 것이다.

토마 피케티는《21세기 자본》에서 소득세 최고율을 높이는 것 외에도 글로벌 자본세를 신설해야 한다는 급진적 주장을 펼친 바 있다. 토지처럼 자본에도 세금을 부과하자는 것이다. 구체적으로 피케티는 모든 자산에 대해 0.1퍼센트 정도의 자본세를 부과할 것을 주장한다. 자본세의 목적은 금융의 투명성을 제고하고 자산을 비효율적으로 활용하는 사람들이 자산을 팔고 그 자산이 확실히 더 역동적인 투자가들에게 돌아가도록 하기 위한 것이다.[55] 또 한 국가에서만 자본세를 부과하면 자본 이동이 심하게 일어나니 모든 국가가 자본세를 부과하자는 것이다.

그런데《국부론》을 보면 스미스는 자본세에 대해 반대의 입장을 표한 바 있다. 고용에 부정적일 것이라 생각했기 때문이다. 경제적 불평등은 시정되어야 하지만 고용에 영향을 줄 것을 생각해 자본에 과세하는 것에 대해 우려를 표했다.

> 자본의 소유자는 무거운 세금을 부과하려고 골치 아픈 세무조사를 하는 나라를 쉽게 떠나며, 자기의 사업을 쉽게 할 수 있거나 자기의 재산을 더 안락하게 즐길 수 있는 다른 나라로 자본을 이동시킬 것이다. 자본을 이동시킴으로써 그는 자신이 떠난 나라에서 자본이 유지했던 모든 산업에 종지부를 찍을 것이다. 자본은 토지를 경작하며 노동을 고용한다. 자본을 쫓아버리는 경향을 갖는 조세는 국왕과 사회에 대해 모든 수입을 그만큼 고갈시키는 경향을 가질 것이다. 자본의 이윤뿐 아니라 토지의 지대 및 노동의 임금도 자본의 이동에 의해 필연적으로 다소 감소할 것이다.[56]

앞에서도 언급했지만 스미스에게 자본은 더 많은 노동자를 고용하거나, 노동자를 도와 생산성을 높이기 위한 것이다.

어떤 자본이 고용할 수 있는 노동량은, 그것이 공급할 수 있는 원료·도구 그리고 작업에 성질에 어울리는 생활유지비를 대어 주고 고용할 수 있는 노동자 수와 같다.[57]

고정자본의 목적은 노동생산력을 증가시켜 같은 수의 노동자들로 하여금 훨씬 더 많은 작업량을 수행하도록 하는 것이다.[58]

스미스라면 글로벌 자본세를 반대하지 않았을까? 글로벌 자본세가 고용을 줄이는 효과를 가져와 결국 경제가 더욱 악화된다고 보았을 것이다.

자본가와 노동자는 서로 협력하여 가치를 창출하고 이를 분배하고 있다. 그런데 노동자들은 자본가에 비해 분배에 있어 불리한 위치에 처해 있다. 여러 번 강조했지만, 나라가 부강해지려면 국민 대다수인 노동자에게 돌아가는 임금이 많아져야 한다. 또한 현재의 경제위기를 타개하려면 신자유주의 경제구조하에서 고착화된 익상손하를 손상익하로 바꾸어야 한다.

《대학》에는 '군주가 재물을 모으면 백성이 흩어지고 군주가 재물을 흩어 놓으면 백성이 모인다'는 말이 있다. 지도자가 지배층의 이익보다 피지배층의 이익을 보살펴야 사람을 모을 수 있다는 것은 동서양을 떠나 만고의 진리다. 애덤 스미스가 《국부론》에서 언급한 것처럼 부강한 나라는 평범한 대다수 국민이 잘사는 나라다. 그리고 이것은 공자의 생각과 그대로 일치한다.

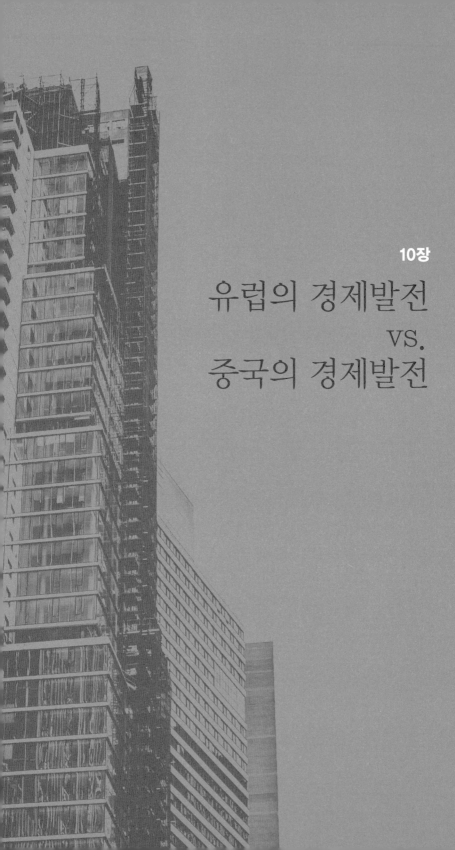

10장

유럽의 경제발전
vs.
중국의 경제발전

애덤 스미스는 경제발전을 설명하면서 '자연적 발전'이라는 말을 쓴다. 이는 인간의 자연적 본성에 반하지 않는 경제발전이라는 말이다. 스미스는 국가 경제가 농업-제조업-외국무역 순서로 발전하는 것이 자연적 경제발전이라 했다.

인간의 자연적 본성에 반하지 않는 경제발전

《국부론》3편의 제목은 '각국의 상이한 국부 증진 과정'이라고 되어 있다. 말하자면 3편은 유럽의 경제(발전)사에 대한 내용이다. 여기서 스미스는 경제발전을 설명하면서 자연적 발전natural progress이란 용어를 쓴다. 이것은 국부의 자연적 발전이라는 말로 '자연적 경제발전' 혹은 '자연적 경제성장'으로 이해하면 될 듯하다. 즉 '자연의 순리에 거스르지 않는다'는 의미를 갖고 있는 것이다.

애덤 스미스는 자연주의 철학자다. 자연주의란 초자연적인 존재를 인정하지 않고 현실과 자연에 얻은 직관적 관찰을 통해 사회와 자연의 법칙을 찾아가려는 태도를 말한다. 스미스는 《도덕감정론》에서 도덕의 원천을 인간의 자연적 본성, 즉 인간관계를 가능하게 하는 동감 본성에서 찾았다.

《국부론》에서도 역시 스미스는 모든 설명을 인간의 자연적 본성(교환 본성)에서 시작한다. 5장에서 설명한 자연적 자유주의나, 6장에서 설명한 자연가격도 순리를 거스르지 않는다는 태도를 견지하고 있다. 그래서 스미스가 《국부론》에 사용한 '자연적 발전'이란 인간의 자연적 본성에 반하지 않는 경제발전이란 말이 된다.

스미스는 경제발전도 자연적 순리에서 찾는다. 그는 이윤이 같다면 대부분 사람들은 자신의 자본을 제조업이나 외국무역보다는 농업에 투자하려 한다고 말한다. 왜냐하면 자본을 감시하기 쉽고 덜 위험하며, 농촌이 주는 즐거움과 아름다움을 자연적(천성적)으로 인간이 좋아하기 때문이다. 이런 이유로 국가 경제는 농업-제조업-외국무역 순서로 발전한다고 했다. 이것이 스미스가 말하는 자연적 발전, 즉 자연적 경제발전이다. 다음은 《국부론》의 내용이다.

사물의 자연적 진행 과정에 따르면, 모든 성장하고 있는 사회의 더 많은 자본은 우선은 농업으로 향하고, 다음에는 제조업, 그리고 마지막으로 외국무역으로 향한다. 이런 순서는 매우 자연스럽기 때문에, 영토를 가지고 있는 모든 사회에서는 언제나 관찰된다고 나는 믿는다. 그들 토지의 약간은 대도시가 설립되기 전에 경작되었음에 틀림없고, 외국무역에 종사하는 것을 생각하기 전에 제조업에 속하는 어떤 조잡한 산업이 도시에서 운영되었음에 틀림없다.[1]

그런데 이에 대해서는 보충설명이 필요하다. 스미스는 자본이 사용되는 용도에 따라 소매상 자본, 도매상 자본, 제조업자 자본, 농업 자본, 이렇게 네 가지로 구분한다. 이 네 가지 자본은 동일 규모로 생산적 노동자를 고용하는 비율이나 연간 생산물의 가치를 증가시키는 비율이 다 다르다. 같은 양의 자본으로 생산적 노동자를 고용하는 숫자를 보면 농업 자본-제조업자 자본-국내 상업자본-해외 상업자본 순서가 된다. 스미스는 농업을 중시했는데, 그 이유는 같은 양의 자본으로 고용률과 연간 생산물의 가치를 증가시키는 비율이 가장 높았기 때문이었다. 거듭 이야기하지만 스미스에게 있어서 자본은 노동을 위해 존재하는 것이었다.

> 농업에 사용된 자본은 제조업에 사용되는 동일 규모의 자본보다 많은 양의 생산적 노동자를 가동시킬 뿐만 아니라, 그것이 고용하는 생산적 노동량에 비해 훨씬 큰 가치를 그 나라의 토지·노동의 연간 생산물, 즉 주민의 진정한 부富와 수입에 부가한다. 자본이 사용되는 모든 방법 중에서 농업에 대한 투자가 사회에 가장 유리하다. 어느 사회에서나 농업과 소매업에 사용된 자본은 그 사회 안에 머물러 있을 수밖에 없다.[2]

이런 이유로 충분한 자본을 갖지 못한 나라가 자본 사용의 효율성을 높이려면 이런 순서(농업-제조업-외국무역)로 자본을 투입해야 한다. 앞서 설명한 자연적 경제발전 순서와도 일치하는 것이다. 스미스는 식민지 미국의 경제가 발전하게 된 것도 다른 산업에 앞서 농업에 먼저 자본을 사용했기 때문이라고 말한다.

> 우리의 아메리카 식민지가 그렇게 빨리 부강할 수 있었던 주요 원인은 바로 그들의 총자본이 지금까지 농업에 투자되었다는 점에 있다. 그들의 농업 발전에 반드시 동반되는 가내공업, 즉 각 가정에서 부녀자·아동이 담당하는 조잡한 가내공업을 제외하면 어떠한 제조업도 가지고 있지 않다. (…) 아메리카인들이 단합하거나 또는 어떤 종류의 폭력에 의해 유럽 제조품의 수입을 중단시키

고 유사한 재화를 생산할 수 있는 그들 자신의 국민에게 독점권을 줌으로써 그들 자본의 상당한 부분을 제조업으로 돌린다면, 그들은 연간 생산물의 가치 증가를 가속화시키는 것이 아니라 지체시킬 것이며, 부강을 향한 그 나라의 전진을 촉진시키는 것이 아니라 방해할 것이다.[3]

이렇게 자본을 효율적으로 사용해 경제를 발전시키는 것이 자연적 발전이다. 그런데 스미스는 유럽은 자연적 경제발전을 따르지 않고 오히려 반대의 순서로 발전했다고 말했다. 즉 외국무역-제조업-농업의 순서로 발전했다는 것이다. 물론 스미스는 지역적으로 농업-제조업-외국무역의 순서로 발전한 곳도 있다는 걸 부정하지 않았다. 하지만 그는 대체로 유럽에서는 농업이 제조업을 견인하여 발전시킨 일은 외국무역이 제조업의 발전을 이끈 것보다 훨씬 뒤늦게 일어났다고 봤다.

사물의 이런 자연적 순서natural order는, 모든 사회에서는 어느 정도 일어난 것이 틀림없으나, 유럽의 모든 근대국가에서는 많은 측면에서 완전히 거꾸로 되어왔다. 우선 약간의 외국무역을 하는 도시가 좀 더 정교한 제조업이나 원거리 판매에 적합한 제조업을 도입했으며, 그다음으로 제조업과 외국무역이 농업에서의 주요한 개량을 야기했다.[4]

유럽의 경우

그렇다면 왜 유럽에서는 자연적 경제발전이 거꾸로 진행되었을까? 스미

300

스가 말한 부의 자연적 발전은 앞에서 언급한 자연적 자유주의처럼 조건이 있다. 바로 '인간이 만든 제도가 인간의 자연적 성향natural inclination of man을 방해하지 않는다면' 농업-제조업-외국무역 순서로 진전된다는 것이다. 여기서 인간의 자연적 성향이란 무엇일까? 그것은 부지런히 자신의 토지를 경작하여 생활을 영위하고자 하는 성향을 말한다. 그럼 무엇이 이런 인간의 자연적 성향을 어긋나게 했을까? 바로 중세 유럽의 봉건 토지제도이다.

좀 더 자세히 살펴보자. 4세기경부터 게르만족 및 스키타이족이 로마 제국 서부의 여러 속주를 침략하고 약탈하면서 도시와 농촌은 황폐화되어 가난에 시달리게 된다. 대토지 소유자는 이민족의 수장이 대부분의 토지를 약탈하자, 상속제를 통해 토지가 소규모로 분할되는 것을 막았다. 원래 남녀와 장유를 구별하지 않고 균등 상속하던 것을 장자상속제와 한정상속제로 바꾼 것이다.

잘 알다시피 장자상속은 장남에게 재산을 몰아주는 것이고, 한정상속은 상속인이 부동산을 배분하거나 달리 처분하는 것을 금지하는 것이다. 이렇게 토지 분할을 막은 것은 대토지 소유자가 토지를 생산의 원천이 아닌 권력의 원천으로만 보았기 때문이다. 당연하게도 대토지 소유자는 토지 개량이나 농업 생산성을 높이는 것에 관심이 없었으며, 그럴 능력도 없었다. 그들 밑에서 토지를 경작하는 농노 역시 그럴 만한 동기가 없었다.

농노제는 나중에 분익농제로 발전했는데, 이것은 지주와 농부가 이익을 반반으로 나누는 것이었다. 그런데 분익농제하에서는 지대가 높아 농부들이 토지 개량이나 농업 생산성에 관심을 둘 수 없었다. 그러던 중 대지주들이 도시에서 들어오는 사치품들을 사들이느라 지대를 인상시키려 하자, 농부들은 지주에게 장기계약을 요구한다. 이에 대지주가 어쩔 수 없이 장기계약을 받아들이면서 농부들은 대지주로부터 독립하는 계기를 마련하게 된다.

스미스는 유럽의 봉건 토지제도가 인간의 자연적 성향에 반하는 부자연스러운 제도라고 하면서, 소수의 사람들이 토지(부)를 독점하면서 자신의 욕심만 채우는 것을 암묵적으로 비판한다. 생산에 종사하는 사람에게 토지를 분배해야 생산성이 높아지고 경제발전에 도움이 된다는 것을 말하고자 했던 것이다.

이는 앞서 중상주의 비판에서 소수 사람들이 상업을 독점한 것과 마찬가지로 소수의 사람이 토지를 독점한 것이 인간의 자연적 성향을 방해하여 경제발전을 가로막은 것으로 볼 수 있다. 스미스는 《국부론》 4편 중상주의 비판에서 정부와 결탁하여 독점을 꾀하는 상업과 제조업자를 비판했다면, 3편 자연적 경제발전에서는 토지를 독점하면서도 토지 개량이나 생산성에 기여하지 못하는 대지주를 비판한다. 대지주의 탐욕이 인간의 자연적 본성을 억제한 것이기 때문이다.

스미스는 《도덕감정론》에서도 자신이 경작한 땅의 수확은 그 자신에게 돌아가는 것이 자연의 순리임을 강조한다. 그에 따르면 부지런히 자신의 토지를 경작하여 경제 행위를 영위하고자 하는 것이 인간의 본성인데 이것을 중세의 봉건 토지제도가 방해한 것이다.

그런데 도시가 늘어나면서 농촌이 바뀌기 시작한다. 우선 도시는 농촌 생산물을 팔 수 있는 시장을 제공했다. 대토지 소유자에게 종속되었던 농노나 소작농이 자유를 찾아 도시로 나오게 된 것이다. 도시민도 처음에는 시골의 농부들과 마찬가지로 거의 노예 상태에 있었지만 세금을 내면서 상황이 바뀌게 된다.

국왕은 처음에는 도시의 장관에게 세금 징수를 청부請負시켰는데, 일정 기간이 지난 후에는 일정한 청부금을 받고 시민에게 영구히 자치권을 허락했고, 이에 대부분의 도시들은 자유시가 되었다. 도시는 대영주에 대항하여 왕과 연합을 했는데, 이는 저축을 해서 조금이라도 자본이 있는 시골 사람들이 도시로 도망을 가 자유인이 되는 것을 촉발시켰다.

도시가 발달하며 시골에도 변화가 생기게 되었다. 도시와 상업이 발달하지 않았을 때는 대지주는 많은 잉여생산물을 자신의 하인들에게 나누어 주거나 시골풍의 향응과 파티에 소비했다. 다음은 《도덕감정론》의 내용이다.

> 그의 위의 용량은 그의 거대한 욕망에 비례하여 크지 않으며, 단지 비천한 농민의 위의 용량 정도밖에는 받아들이지 못할 것이다. 그 잉여 부분을 그는 가장 능숙한 방법으로 자신들이 사용할 작은 양의 양식을 마련하는 농민들에게 (…) 나누어 주지 않을 수 없다.[5]

그런데 도시와 상업이 발달하자 대지주는 자신의 허영심을 자극하는 사치품이나 생활용품을 도시의 상인으로부터 구입하게 된다. 그러자 잉여생산물은 사치품 구매에 사용된다. 스미스는 이런 상황을 《국부론》에서 다음과 같이 설명했다.

> 봉건제도의 모든 강제력으로도 달성할 수 없었던 것이 외국무역·제조업의 조용하고 감지할 수 없는 작용에 의해 점차 이루어졌다. 외국무역과 제조업은 대지주들에게 자기 토지의 총잉여생산물과 교환할 수 있는 물건, 그리고 차지인

이나 하인들과 나누지 않고 스스로 소비할 수 있는 물건을 제공했다. (…) 그들은 다이아몬드 버클buckles이나 하찮고 쓸모없는 물건과의 교환으로 1,000명의 일 년분 생필품을 팔았고, 그것과 함께 생필품이 자기들에게 부여하는 모든 권력을 포기했다.[6]

앞서도 말했지만 대지주는 이렇듯 사치품을 구매하기 위해 소작농과 장기계약을 맺게 되고, 소작농은 점차 대지주로부터 독립하게 된다. 대지주는 그것으로도 부족하면 땅을 팔았다. 부를 축적한 상인과 제조업자가 이 땅을 구매하면서 농촌에 변혁이 일어났다. 토지 개량과 농업 생산성 향상이 이루어지게 된 것이다. 이어서 《국부론》의 내용이다.

도시 주민들이 획득한 부는 팔려고 내놓은 토지 구입에 사용되었는데, 대부분은 미경작지였다. 상인들은 흔히 농촌의 대지주가 되기를 열망하며, 대지주가 되면 일반적으로 가장 뛰어난 개량가가 된다. 상인은 돈을 이익이 남는 사업에 쓰는 데 익숙해 있고, 농촌의 대지주는 그것을 주로 소비하는 데 익숙해 있다. 전자는 돈이 자기를 떠나 이익과 함께 돌아오는 것을 종종 보지만, 후자는 돈을 내놓기만 하면 그것을 다시 보리라 기대하는 법이 거의 없다. 이런 상이한 습관이 자연히 모든 종류의 사업에서 그들의 기질·성향에 영향을 준다. 상인은 보통 대담한 사업가undertaker이지만, 농촌의 대지주는 소심한 사업가이다. 상인은 비용에 비례해 토지가치를 증가시킬 수 있다는 전망이 서면 토지 개량에 한꺼번에 거액의 자본을 투입하는 것을 두려워하지 않는다.[7]

스미스는 이처럼 사치품의 구매에 몰두하는 대지주 허영심과 상인의

부지런함이 결합하여 농촌에 대변혁이 일어났다고 생각했다. 유럽에서는
농업이 발전해서 도시 상업과 제조업이 발전된 것이 아니라, 도시 상업과
제조업이 농업의 발전을 이끈 것이라는 말이다.

> 공공의 행복에 있어서 매우 중요한 혁명이, 이처럼 상이한 두 계층의 사람들
> [대지주와 상인·수공업자]에 의해 초래되었는데, 물론 그들은 공공에 봉사하
> 고자 하는 의도는 조금도 없었다. 대지주의 유일한 동기는 유치한 허영심을 만
> 족시키는 것이었다. 상인이나 수공업자들은 대지주보다는 현명했지만, 역시
> 자신들의 이익만을 쫓아서 생각했으며, 1페니를 얻을 수 있다면 어디든 가서
> 1페니를 번다는 행상인의 원칙에 따라 행동한 것에 지나지 않았다. 그들 중 어
> 느 누구도 대지주의 우매함과 상인·수공업자의 근면이 점차적으로 초래할 혁
> 명을 인식하거나 예견하지 못했다. 유럽 대부분의 지역에서 도시 상업과 제조
> 업은 농촌 개량과 경작의 결과가 아니라 그 원인이고 계기였다.[8]

식민지 미국의 경우

애덤 스미스는 유럽의 봉건제도처럼 소수의 대지주가 땅을 독점하는 것
은 경제에 해롭고, 자신이 땀 흘려 경작한 토지는 자신의 행복을 위해 써야
하는 것이 자연의 순리이며 경제발전을 위해 필요하다는 점을 《국부론》
에서 식민지 미국의 예로 설명한다.

> 모든 이주자들은 자신이 경작할 수 있는 것보다 많은 토지를 획득한다. 그가

지불해야 할 지대도 없으며 세금도 거의 없다. 생산물을 지주와 나눌 필요도 없으며, 일반적으로 국가의 몫도 매우 적다. 그는 생산물을 증가시키려는 동기를 갖게 되며, 생산물은 거의 모두 자기 것이 된다.[9]

스미스는 유럽의 경제발전은 자연적 순리를 거슬러 부가 느리게 진전했고 진전했어도 불확실하다고 했다. 그는 누구나 토지를 거의 무상으로 얻을 수 있고 소수의 사람들에게 토지가 독점되지 않는 식민지 미국의 발전을 예로 들면서, 미국의 자연적 발전은 빠르고 모든 사람들을 풍요롭게 한다고 했다.

이러한 순서는 사물의 자연적 진행 과정과 반대되므로 필연적으로 느리고 불확실하다. 부가 상업과 제조업에 크게 의존하고 있는 유럽 나라들의 느린 발전을 농업에 기초를 두고 있는 북아메리카 식민지의 급속한 발전과 비교해보면 알 수 있다. 유럽의 대부분 지역에서는 주민 수는 500년 이내에 두 배가 될 것으로 생각되지 않지만, 북아메리카 식민지에서는 20~25년에 두 배가 되는 경우가 발견된다.[10]

이상 스미스를 통해 살펴본 대로 근면한 사람에게 그 노력의 대가가 돌아가는 것이 경제발전에 유익하고, 이것이 사물의 자연적 진행이며 인간의 자연적 본성에 반하지 않는 것이다. 결국 '인간의 자연적 본성'이란 자기이익을 위해 열심히 노력하고 그 성과를 누리고자 하는 본성을 말한다. 앞서 여러 번 언급한 것처럼 스미스는 이런 자신의 이익 추구를 자신의 처지를 개선시키려는 욕망이라고 했다.

그는 중세의 봉건제도처럼 자연적 본성을 억압해서 경제발전을 지체시키는 것은 정의롭지 못한 것이라고 했다. 아무것도 하지 않는 대지주의 토지 독점은 상인의 독점처럼 자연의 순리에 어긋나는 것이라 말했다. 스미스의 대지주 비판은 중상주의 비판과 마찬가지로 경제민주화, 즉 포용적 경제제도가 경제발전을 가져온다고 주장한 것으로 볼 수 있다.

이쯤에서 스미스의 경제발전이론을 우리나라의 경제발전 과정과 비교해보자. 한국은 스미스의 시각에서 볼 때 유럽처럼 부자연스런 경제발전 과정을 밟아왔다. 박정희 전 대통령의 1960~1970년대의 수출주도정책이 오늘날 한국의 경제발전을 견인했다고 많은 사람들이 평가한다. 그렇다면 한국의 경제발전사와 스미스의 경제발전이론을 어떻게 연결 지어 볼 수 있을까?

먼저 애덤 스미스는 《국부론》의 서두에서 노동생산성을 결정하는 분업은 시장의 크기에 의해 제한을 받는다고 밝히고 있다. 따라서 시장의 크기가 작은 우리나라 같은 경우에는 유럽의 발전 경로처럼 해외시장에 의존하는 성장을 추구할 수밖에 없었다. 7장에서 언급했듯이 경제성장은 생산성과 고용률이 결합하여 이루어진다. 고용률에 있어서는 농업 자본이 가장 유리하지만 경제성장의 또 다른 요소인 노동생산성 측면에서는 농업 자본이 별로 유리하지 않다. 국내시장이 협소한 국가의 경우에는 특히 더 그렇다. 생산성을 높이기 위해서는 시장의 확대가 필요한데, 국내시장만 가지고서는 금세 한계에 봉착할 수밖에 없으니 해외시장에 의존하는 것이다. 결국 스미스식의 자연적 경제성장은 국내시장이 충분히 큰 중국이나 미국에서 가능한 것으로 생각할 수 있다.

농업을 중시한 애덤 스미스

그럼 다시 스미스가 말한 경제발전의 두 가지 경로로 돌아가서 좀 더 살펴보자. 농업이 제조업을 낳는 경우와 외국무역이 제조업을 낳는 경우다. 스미스는 유럽이 전반적으로 외국무역-제조업-농업의 순으로 발전했다고 했지만, 지역적으로 농업이 제조업을 발전시킨 경우도 있다.

이런 경우는 비옥한 내륙지방에서 잉여생산물을 생산하면서 발생한다. 농업 중심지의 인근 지역에 노동자들이 정착하면서 토지에서 생산한 원료를 가공하고 그 완제품을 식량으로 교환한다. 농촌의 경작자들은 잉여생산물을 편의품으로 교환한다. 제조업자는 이런 제품을 인근 지역에 공급하고, 제품이 개량되고 정교해짐에 따라 더 먼 시장으로 공급한다. 영국의 리즈Leeds, 핼리팩스Halifax, 버밍엄Birmingham 지역 등의 제조업은 이런 방식으로 성장해왔다.[11]

외국무역이 제조업의 발전을 이끄는 경우는 해안 또는 항해가 가능한 하천 연안에 위치한 도시들에서 발생한다(유럽에서는 후자의 경우가 전자의 경우보다 먼저 일어났다). 이들 도시는 생필품을 인근의 농촌에서 얻을 필요가 없었다. 해외무역 혹은 중개무역을 통해 손쉽게 얻을 수 있기 때문이다. 《국부론》에는 다음과 같이 소개되고 있다.

> 해안이나 운항이 가능한 강의 연안에 위치한 도시의 주민들은 그것(생필품을 말함)을 반드시 인근 시골로부터 얻을 필요는 없었다. 그들은 넓은 활동범위를 가지고 있었으며, 따라서 자기 산업의 제조품과 교환하거나 또는 먼 나라 사이의 중계무역에 종사하여 한 나라의 생산물을 다른 나라 생산물과 교환함으로

써, 세계에서 가장 멀리 떨어져 있는 구석으로부터도 그것을 얻을 수 있었다. 이런 식으로 어떤 도시는 인근 시골뿐만 아니라 자기와 거래하는 모든 나라가 빈곤·비참 속에 있을 때에도 큰 부와 영광을 얻을 수 있다. 왜냐하면, 각각의 나라는 개별적으로 보면 도시의 생필품·일거리의 작은 부분만을 제공하지만, 모든 나라 전체로서는 생필품·일거리를 제공할 수 있기 때문이다.[12]

이렇게 해외무역에 의해 도입된 사치품의 수요가 상당히 일반화되었을 때 상인들은 수송비를 절약하기 위해 자신의 나라에서 외국 제조업을 모방하여 제조업을 시작하게 된다. 대표적으로 베네치아를 비롯한 이탈리아의 도시국가와 스미스 당대에 네덜란드와 벨기에 땅이 된 플랑드르 도시들이 이렇게 성장했다.[13]

특정 상인과 사업가의 자본이 위에서 언급한 방식으로 무모하게 투입되어 동일한 종류의 외국 제조업을 모방하여 설립되었다. 그러므로 이러한 제조업은 외국무역의 산물이다.[14]

돌이켜보면 우리나라의 경제성장은 바로 해외무역에 종사하던 상인들이 외국 제조업을 모방하는 제조업을 시작하면서 시작되었다고 볼 수 있다. 한국을 대표하는 기업인 삼성의 경우 6·25 이후 국민 생활에 필요한 생필품을 수입하는 무역회사로 시작했다. 그리고 점차 식품과 전자제품과 같은 외국 제조업을 모방하는 제조기업으로 성장했다.

민트H. Myint와 같은 경제학자들은 스미스의 해외무역에 대한 이론을 경제성장의 관점에서 분석했는데, 스미스는 특히 모방에 의한 학습효과에 주목했다고 한다. 후진국의 경우, 해외무역에서 얻은 사업 경험으로 선진 외국 산업을 모방하는 것이 경제성장에 긍정적인 결과를 가져온다는 것인데, 바로 한국의 수출주도정책이 바로 여기에 해당한다고 볼 수 있다.[15]

스미스는 상공업이 중심이 된 '부자연스럽고 역행적' 경제발전은 농업에까지 그 발전이 미치지 않으면 사라질 수 있다고 했다. 스미스는 당시 영국, 특히 스코틀랜드는 국민 대다수가 농민인 까닭에 도시 발전의 혜택이 농촌까지 돌아가야 한다고 생각한 것이다. 그는 《국부론》에서 다음과 같이 말한다.

> 상업과 제조업에 의해 획득한 한 나라의 자본은, 그 일부라도 토지 경작·개량에 투자되어 실현되기 전에는, 대단히 불안정하고 불확실한 재산이다. (…) 전쟁과 정치로 조성된 보통의 대변혁은 상업으로부터만 나오는 부의 원천을 쉽게 고갈시켜버린다. 농업의 더 건실한 개량으로부터 나오는 부의 원천은 더 오래 지속되며 (…) 약탈과 유린으로 인한 격변에 의하지 않고는 파괴될 수 없다.[16]

스미스의 농업을 중시하는 경제발전이론은 마르크스와 비교된다. 마르크스에 따르면 대지주의 엔클로저운동에 의해 토지를 잃은 농민이 도시의 임금노동자로 전락하면서 자본주의가 발전하게 되었다고 한다. 엔클로저운동이란 대지주들이 양 목축지를 늘리려 주변 농경지를 사들이면서 토지를 잃은 농민들이 도시로 몰려든 사건을 말한다. 즉 마르크스는 농업이 아닌 제조업이 경제발전을 이끌었다고 보는 것이다.

하지만 마르크스도 스미스처럼 노동자가 자본가에게 종속되는 것이 '자연스러운 경제발전'이라고 생각하지는 않은 듯하다. 농민이 땅에서 떠나 도시의 임금노동자가 되는 탈농업적 경제발전은 그 혜택이 소수의 도시 상공업자에게만 돌아가기 때문이다. 스미스는 도시와 농촌의 대립에서 약자인 농촌 편에 서 있었다. 그는 당시 도시와 농촌 간의 격차를 언급하면서 도시의 자본은 농촌의 희생 위에 축적되었다고 했다.《국부론》을 통해 그러한 생각을 엿볼 수 있다.

> 농촌의 주민들은 일반적으로 단결할 의향도 없으며, 단결에도 적합하지 않다. 상인·제조업자들이 시끄럽게 주장하는 소리와 궤변은 쉽사리 사회의 일부 및 그 부차적 부분의 사적 이익이 사회 전체의 이익이라는 것을 농촌 주민에게 설득시킨다. (…) 도시에서 이윤저하는 자본이 농촌으로 유입되도록 강요하며, 그곳에서 농업노동에 대한 새로운 수요를 창출함으로써 필연적으로 농업노동 임금을 인상시킨다. 이리하여 자본은 전국적으로 확산되고 농업에 사용됨으로써 부분적으로 농촌으로 되돌아오는데, 이 자본은 원래 농촌의 희생 위에 대부분 도시에서 축적되었던 것이다.[17]

스미스는 당시 영국과 프랑스를 경제발전 단계에서 농업국가로 보았고, 네덜란드를 상공업국가로 보았다. 스미스의 반도시적이며 농촌 친화적 성향은 농업국가와 상공업국가의 국민성을 비교한 대목에서도 잘 나타난다.

> 프랑스나 영국처럼 토지 소유자와 경작자가 많은 나라들은 근면과 삶을 즐김industry and enjoyment으로써 부유해질 수 있다. 반면에 네덜란드나 함부르크와 같이 주로 상인·수공업자·제조업자로 구성된 나라들은 절약과 내핍parsimony

and privation을 통해 부유해질 수 있다. 이와 같이 상이한 조건에 처해 있는 국가들의 관심사가 다르듯이 국민성도 다르다. 전자의 나라에서는 관대함·솔직함·우애가 자연히 국민성을 이룬다. 후자의 나라에서는 사회적 기쁨과 즐거움을 싫어하는 편협함·비열함·이기적 성향이 국민성의 일부를 이룬다.[18]

결국 애덤 스미스가 말하고자 하는 것은 무엇일까? 생산수단의 독점은 모든 사람에게 좋지 않다는 것이다. 《국부론》 4편의 중상주의 비판에서 독점을 추구하는 상인과 제조업자를 비판했다면, 여기서는 중세의 생산수단인 토지를 독점한 대지주를 비판한 것이다.

중국의 경우

이쯤에서 눈을 중국으로 한번 돌려보자. 중국은 전통적으로 중농주의 정책을 취했다. 《한서》〈식화지〉에 따르면 정치의 근본은 백성을 토지에 안주시키는 것이라 한다.[19] 중국 역사를 보면 농민이 살기 힘들어 고향을 등지기 시작하면 나라가 위태로워졌다. 실제로 왕조 말기에 고향을 등진 유민이 도적이 되고 세력이 커지면 반란을 일으키는 경우가 많았다. 명明을 세운 주원장 역시 이런 수순으로 원元을 무너뜨렸다. 이런 연유로 중국의 지배자들은 농민을 고향에 안주시키는 것을 중요하게 생각했다. 그리고 이런 목적으로 오래전부터 정전제井田制가 실시되었다.

《맹자》〈등문공〉을 보면 정전제에 대한 자세한 설명이 나온다. 정전제란 토지를 정井자처럼 9등분하여 가운데 토지는 공전公田, 즉 공유지로

공동생산에 할당하고, 나머지 8등분한 토지는 개인들의 사전私田으로 할
당하여 경작하는 제도를 말한다. 정전제에서는 공전의 일을 먼저하고 사
전의 일을 나중에 한다는 원칙이 있었다. 토지세는 공전에서 얻은 생산물
로 충당하는데, 보통 10분의 1세라고 전해진다.

맹자는 어진 정치仁政는 경작자의 토지 경계 구획을 바로잡는 데서 시
작한다고 했으니, 정전제를 경제정책으로 기초로 본 것이다. 정전제가 바
르지 않으면 탐욕이 심한 관원이 백성을 혹독하게 수탈한다고 했으니, 정
전제는 관리들이 자의적으로 토지세를 징수해 백성을 수탈할 수 없게 한
것이다. 뿐만 아니라 농사를 지을 때는 서로 짝을 지어 다니고, 도둑을 지
키려 망볼 때는 서로 도우며, 질병이 있을 때는 서로 구제해주니, 정전제로
인해 공동체 의식도 생기고 백성들은 화목해진다고 했다.[20]

반면 중세 유럽의 봉건제에서 농민은 농노로 수확물을 전혀 가져갈
수 없었다. 농노제가 붕괴되면서 소작농제가 생기는데 이 제도(분익농)하
에서는 지주가 수확물의 반을 가져갔다고 한다. 《국부론》에 따르면 스미
스 당대에도 지대는 총생산물의 4분의 1보다 적은 경우는 없고 종종 3분
의 1을 넘었다고 한다.

이와 비교하면 고대 중국의 정전제에서 말하는 10분의 1세가 농민에
게 얼마나 유리한 것이었는지를 알 수 있다. 정전제에서는 사전에서 얻은
경작물은 모두 자신의 소유가 된다. 따라서 농민들도 토지 개량에 힘을 썼
을 것이다.

《국부론》에서 스미스는 '중국에서 왕의 주된 수입은 제국 안의 모든
토지 생산물의 10분의 1로 구성된다'고 했는데, 이것이 당대 중국의 상황
인지 아니면 고대 정전제가 행해지던 때의 상황인지는 분명하지 않다. 다

만 스미스가 이런 낮은 토지세로 인해 중국의 농민들이 토지의 개량과 경작에 관심을 가졌다고 생각한 것은 분명하다.

그런데 이런 좋은 제도가 중국 역사에서 언제 사라진 것일까?《한서》〈식화지〉를 보면 주왕실이 쇠하면서 폭군과 탐관오리가 생겨나자 정전제가 없어지기 시작했다고 되어 있다. 공자가 저술한《춘추》를 보면 노魯나라 선공(재위 기원전 608~591)이 처음으로 사전에서 세를 거두었다고 한다. 이는 정전제의 취지를 훼손하는 것으로 공자가 책망했다고 한다. 이후 진秦나라 효공 때 상앙이 정전법을 폐지하고 새로운 토지제도를 실시했다.[21]

스미스가《국부론》에서 '중국에서 왕의 수입은 모든 토지 생산물의 10분의 1로 구성되어' 농민들이 토지 개량과 경작에 관심을 갖게 되었다고 생각했지만, 이는 과거의 일이었던 것이다.

춘추 시대 말에 이르면 왕권과 국가권력이 점차 강해져 가면서 전쟁 비용 마련을 목적으로 사전에서도 세금을 걷고 급기야 정전제를 폐지하게 된 것으로 보인다.《한서》〈식화지〉에는 정전제 폐지로 사람이 일으킨 재난이 발생하고 폭동과 반란이 일어나는 등 백성의 고통이 시작되었다고 되어 있다.[22]

중국의《염철론》에서 유럽의 중상주의를 보다

자고로 유학자들은 정전제를 가장 이상적인 제도로 보고 그 부활을 주장해왔다. 4장에서 소개한《염철론》에서도 상공업과 농업 중 어느 것을 중시해야 하는지에 대한 관리들과 유학자들의 논쟁을 볼 수 있다. 이 논쟁은

《국부론》4편의 중상주의와 중농주의 비판과 닮았다.

《염철론》에는 '상공업으로 농업을 대신하고 쓸모없는 것을 유용한 것으로 바꾸자. 지금 산림과 연못에서 재화를 취하고 균수법을 시행하여 축적하는 까닭은 물가의 높고 낮음을 조절하여 재화를 부리기 위해서다. 여수와 한수 일대의 사금砂金, 마직물 등의 공물은 외국을 유혹하여 오랑캐의 보물을 취할 수 있는 것이다. 우리 비단 두 장丈이면 흉노의 보물을 많이 얻을 수 있으므로 결국 그들의 보물이 줄어들 것이다. (…) 이와 같이 외국 물건이 들어오니 국가 재정은 충실해지고, 우리 재물이 밖으로 나가지 않으니 백성은 풍족할 것이다'라는 내용이 있다.[23]

상공업을 중심으로 하는 경제발전을 주장하는 위의 인용문 내용은 앞서 4장에서 언급했던 중상주의적 발상과 유사하다. 스미스가 표현한 대로 '이웃 나라를 궁핍하게 만드는' 사고방식이다. 흉노의 보물을 줄어들게 하고 국가의 보물을 늘리는 제로섬 게임의 사고방식 말이다. 중요한 것은 여기서 국민의 생활은 관심의 대상이 아니라는 것이다.

《염철론》을 보면 이에 대해 중농주의자인 유학자들은 사치품보다는 백성에게 긴요한 필수품의 생산을 우선시해야 한다고 한다. 민생이 우선이라는 말이다. 또 나라가 부유하지 못한 것은 농업이 황폐해서라고 말한다. 농토가 있어도 농사지을 사람이 없다는 것이다. 그러면서 고대의 정전제를 부활시킬 것을 주장한다.[24]

중국에서는 새 왕조가 들어서면 전 왕조의 귀족이나 권문세가로부터 몰수한 토지를 백성에게 나누어 주었지만, 시간이 지나면서 흐지부지되었고, 다시 토지가 신흥 귀족들에게 과점되는 악순환이 되풀이된다. 뜻있는 유학자들은 항상 토지개혁이 필요한 시점에 정전제 부활을 주장하지만, 토지를 소유한 귀족들의 반대에 부딪혀 성공한 적이 없다. 한漢나라가 망하고 왕망이 신新나라를 세우면서 정전제를 흉내 낸 왕전제王田制가 부활했지만, 이상만 앞세워 급진적으로 추진하다가 실패하고 만다. 15년간 유지되었던 신나라가 멸망함에 따라 정전제는 또다시 사라지게 되었다. 이후 중국의 역대 왕조는 토지개혁을 시도하지만 정전제에 미치지는 못했다.

우리나라의 경우 조선 시대 다산 정약용도 토지개혁으로 정전제 부활을 주장했다. 귀양생활을 통해 조선의 토지제도가 어떻게 백성을 수탈하는지를 목격한 정약용은 한시도 지체 말고 정전제를 부활시킬 것을 주장했다. 그가 지은 《목민심서》나 《경세유표》에는 당시 지방관리들이 토지제도의 허점을 이용하여 어떤 식으로 백성을 수탈하는지 자세히 기록되어 있다. 정약용은 '우리나라 국토는 산이 많아 토지구획이 어렵고 정전법 시행이 힘들다고 핑계를 대는 관리가 많지만, 정전 모양이 없어도 정전과 같은 실효를 거둘 수 있는 방법이 있다'며, 그 방안을 제시한다.

《경세유표》에서 정약용은 '옛날 성인은 정전법을 마련해서 그 간사함을 미리 막았다. 그런데 지금 사람들은 정전법을 말하는 자가 있으면, 비현실적이어서 사리에 적절하지 못하다고 지목한다'면서 '전지 10결마다 그중 한 결은 공전公田으로 만들고 나머지 아홉 결은 사전私田으로 만든 다음, 아홉 결을 받은 농부들에게 공전 한 결을 함께 가꾸어서 국세에 충당하도록 하고 사전 아홉 결에는 얻은 수확물은 농민들 몫으로 하면 실제로 이것이 정전'이라고 말한다.[25]

애덤 스미스는 《국부론》에서 중국에서는 농업을 중시하는 정책으로 인해 농민의 생활상태가 수공업자보다 양호하고, 토지가 없는 임차 농민의 권리가 충분히 보장된다고 말했다. 그는 각 사업의 성질과 규모가 허용하는 최대의 자본량이 사용된 나라의 예로 당시의 중국과 네덜란드를 들고 있다. 중국은 농업만으로 경제적 성숙 단계에 도달했고 네덜란드는 유럽식 경로, 즉 상업을 통해 경제적 성숙 단계에 도달했다는 것이다. 그러면서 중국은 이미 농업만으로 이룰 수 있는 부의 한계에 이르러 정체 상태에 있었고, 외국무역을 확대하지 않고서는 국부가 증가할 수 없다고 했다.

> 중국은 오랫동안 정지하고 있는 것 같으며, 그 법률과 제도가 줄 수 있는 모든 부를 오래전에 획득한 것 같다. 그러나 그 정도의 부는 중국의 토양·기후·위치가 법률과 제도가 달라졌을 때 줄 수 있는 것보다 훨씬 적다. 외국무역을 무시하거나 경멸하며 외국선박을 한두 개의 항구에만 허용하는 나라는 그와 다른 법과 제도를 가진 나라가 행할 수 있는 것과 동일한 양의 사업을 할 수 없다.[26]

스미스는《국부론》에서 위와 같이 중국은 외국무역을 경시하여 경제발전 기회를 놓치고 있다고 지적하고 있다. 외국무역을 통해 다른 나라에서 사용하는 기술을 학습하여 제조업을 발전시켜야 하는데, 그렇지 못함을 지적하고 있는 것이다.

> 중국의 광활한 영토, 거대한 인구, 다양한 기후 및 이에 따른 전국 각지에 걸친 다양한 생산물, 그리고 수로에 의한 전국 각 지역 사이의 손쉬운 교통 등은 국내시장을 매우 크게 만들어 거대한 제조업을 충분히 지탱할 수 있으며, 상당한 정도의 분업을 가능하게 한다. (…) 이처럼 거대한 국내시장에 세계의 나머지 모든 지역의 외국시장을 덧붙인 외국무역이 만일 이루어진다면, 틀림없이 중

국의 제조품은 더욱더 증가할 것이며, 제조업의 생산력은 더욱더 발전할 것이다. 또한 이렇게 되면 좀 더 폭넓은 항해가 이루어짐으로써 중국인들은 세계의 다른 모든 지역에서 시행되고 있는 기술·산업상의 여러 발전뿐 아니라 다른 나라에서 사용하고 있는 기술까지도 자연스럽게 습득하게 될 것이다. 현재와 같은 정책으로는 다른 나라 국민들을 본받아 그들 자신을 발전시킬 기회는 거의 없다.[27]

스미스가 《국부론》에서 당시 중국 관리들이 외국무역을 경시했다고 했는데, 당시 중국은 민간의 외국무역을 금하는 해금정책海禁政策을 실시하고 있었다. 명나라를 건국한 주원장은 즉위 4년(1371년)에 해금령을 반포한다. 해금령의 목적은 중국 동남연해에서 활동하는 반명反明 해상세력과 왜구의 활동을 억제하기 위한 것이었지만, 결과적으로 민간의 외국무역을 금지하게 되었다. 이후 명을 멸망시킨 청나라도 안보를 목적으로 해금정책을 유지했다.

애덤 스미스의 충고를 받아들인 중국

앞서 언급한 것처럼 스미스의 《국부론》은 19세기 초에 장차 세계 최강으로 부상할 미국의 정치 지도자들에게 영향을 미친 것처럼, 21세기 초 세계 최강을 꿈꾸는 중국의 지도자들에게 읽혀지면서, 앞으로도 세계사에 큰 영향을 미칠 것으로 기대된다. 아마도 중국 지도자들은 《국부론》을 먼저 읽은 후에 《자본론》을 읽어야 한다는 사실을 깨달은 것 같다. 7장에서 설명했듯이《국부론》은 후진국이 자본을 축적하여 경제를 성장시키기 위한 방법을 쓴 것이니 말이다.

그런 가운데 개혁개방 이후 현대 중국의 경제발전이 스미스식이라고 주장하는 학자가 있다. 바로 2007년에《베이징의 애덤 스미스》를 펴낸 존스홉킨스대학교의 조반니 아리기Giovanni Arrighi 교수다. 아리기는 세계 자본주의 체제를 거시적으로 조망해 눈길을 끈 학자로, 1994년에 발표한 《장기 20세기》는 자본주의 역사를 국가 간 헤게모니의 교체로 설명한 바 있다. 즉, 자본주의는 제노바 혹은 베네치아-네덜란드-영국-미국으로 그 중심이 이동되었다는 것이다.

그는 미국이 몰락하고 중국이 헤게모니를 장악할 것을 예언한 바 있다.《베이징의 애덤 스미스》는 이런 연장선상에서 정치경제의 중심지가 미국에서 동아시아(특히 중국)로 이동할 것으로 보고, 동시에《국부론》을 바로 이 이동의 관점에서 해석한 책이다.

많은 사람들이 스미스가 오늘날의 자본주의를 설계한 것으로 보는데, 아리기는 스미스가 오늘날과 같은 자본주의를 설계한 것이 아니라 시장경제의 도래를 예언했다고 말한다. 아리기는 스미스는 자본주의가 아닌 시장경제를 주장했다며, 중국식 시장경제는 스미스식 시장경제라 한 것이다.

실제로 카를 멩거는 스미스를 사회주의의 원조로 언급하고 있다. 이 책의 앞부분에서 언급했듯이 고故 김수행 교수도 스미스를 자본주의 경제학과 사회주의 경제학의 뿌리로 보고 있다. 한 뿌리에서 자본주의적 시장경제가 나왔고, 사회주의적 시장경제가 나왔다는 이야기다.

아리기는 자신의 책《베이징의 애덤 스미스》에서 중국은 애덤 스미스가 《국부론》에서 주장한 자연적 발전을 따라 오늘날의 경제발전을 이룩했다고 주장한다. 개혁개방 이후 중국은 마르크스가 말한 자본주의 발전 개념보다 스미스가 말한 농업에 기반을 두고 시장경제를 도입하며 성장한 것으로 설명하고 있다.

스미스가 충고한 대로, 덩샤오핑은 농업과 국내 경제 개혁을 첫 번째 목표로 삼았다. 1978~1983년 농가생산책임제를 도입하여 작물 결정권과 농업 잉여에 대한 처분권을 농가에 돌려주었고, 농가 수매가격을 대폭 인상했다. 이어 농업 노동자들이 이토불이향離土不離鄕, 즉 '농토에서는 떠나도 촌락을 떠나지 않도록' 배려했다. 농민들이 집단으로 기업을 설립하는 것이 장려되었고 향진기업에서 일할 수 있게 되었다.[28] 향진기업이란 1978년부터 중국 농촌 지역에서 농민들이 설립한 소규모 농촌기업을 말한다.

향진기업은 처음에는 농산품 가공업에서 시작했지만 농업의 비중은 줄면서 공업, 건축업, 운수업, 요식업 등으로 확대되었다. 향진기업의 종업원 수는 2007년 기준으로 1억 5,090만 명인데, 이는 농촌 노동력의 29퍼센트에 달하는 것이다. 중국 향진기업이 1978년에 지불한 1인당 임금은 10.74위안이었다. 2007년에는 1,420위안으로 무려 132배나 증가했다.[29] 중국은 향진기업 이윤의 절반 이상은 기업 내에 재투자하고 복지와 상여금으로 쓰도록 했다. 아리기는 이런 향진기업이 중국의 경제적 부상에 결정적 역할을 담당했다고 말한다.

스미스를 통해 본 중국과 유럽의 결정적 차이

아리기는 '시장에 바탕을 둔 스미스적 역동성'이 중국 경제성장의 특징인데, 이런 역동성을 떠받치는 것은 '노동집약-에너지절약'이라는 대원칙이라고 말한다.

중국은 작업장에서는 자본과 기계보다는 저렴한 인적자원을 중시하고, 그것에 의존한 경제발전은 근면하고 교육받은 노동자의 대량 공급, 기술자나 과학자 같은 전문가의 고급인력에 의존했다. 이런 고급인력의 공급이 가능했던 것은 마오쩌둥 시대 대중교육의 보편화가 있었기 때문이라고 한다. 농업의 발전 역시 마오쩌둥 시대의 토지국유화로 토지가 소유자에서 경작자에게 넘어갔고, 이어 종자개량, 수리시설 확충 등 농촌개발의 토대가 있었기 때문이다.

중국은 스미스 당대에는 농업만으로 부가 최대에 이르러 정체 상태에 빠져 있었지만, 개혁개방 이후 이런 농업발전의 기반 위에 제조업과 해외무역에 주력하여 오늘날의 번영을 이끌었다는 것이 현대 중국의 경제발전에 대한 아리기의 설명이다.[30]

아리기는 중국의 개혁개방은 소수의 부유한 상공업자에 의존하는 불균형적 경제발전보다 하층민의 민생안정을 통해 국가 경제발전을 꾀한 정책이었다며 높이 평가한다. 스미스가 《국부론》에서 말한 자연적 경제발전이 현대 중국에서 구현되었다는 아리기의 해석에는 물론 이견이 있을 수도 있다. 그러나 분명한 것은 스미스가 도시화에 따라 국민이 대다수인 농민이 노동빈민으로 전락하는 경제발전, 제조업이 중심이 되는 유럽의 경제발전을 자연의 순리가 아닌 것으로 보았다는 점이다.

요약하자면, 스미스는 농업-제조업-외국무역 순서로 전개되는 것이 경제발전이 순리라고 봤다. 하지만 유럽의 경제발전은 중세 봉건제도로 인해 인간이 스스로 토지를 개간하고자 하는 자연적 본성을 거슬러 경제발전을 지체시켰다. 말하자면 도시가 먼저 발전하고 도시에서 외국무역과 제조업이 농업의 발전을 이끄는 부자연스러운 경로로 발전했다는 것이다. 반면 중국은 개혁개방 이후 농업을 기반으로 한 경제발전 전략을 채택해, 중국의 사회주의 시장경제는 가히 스미스식 경제발전이라 할 수 있다는 것이다.

11장

공자의 《논어》와 애덤 스미스의 《도덕감정론》

《논어》와《도덕감정론》을 같이 읽으면 많은 유사성을 발견할 수 있다. 공자와 애덤 스미스는 이성보다는 감성을 중시했고, 서恕와 동감을 도덕의 원천으로 보았기 때문이다. 또한 스미스식의 소강사회를 이해하고 나면, 중국의 지도자들이 왜 그렇게《국부론》을 애독하는지 알 수 있다.

스미스와 공자, 두 가지 같은 면

이 장에서는 앞서 간간히 설명해온 공자와 애덤 스미스의 유사성에 대해 이야기하려 한다. 두 인물은 두 가지 점에서 유사하다. 첫째, 그들의 사상이 후대에 오면서 왜곡되었다는 점이다. 공자 사상이 후대에 의해 왜곡된 것을 통해 이념의 허구성을 밝히는 게 이 장의 목적 중 하나다.

유교는 전국 시대(기원전 403~221)에 제자백가의 하나인 유가儒家로 시작되었고, 이후 한나라 송나라를 거쳐 발전한 사상 등을 포괄하는 개념이다. 유교는 시대에 따라 조금씩 변하면서 이어져왔다. 원래 공자의 가르침으로 돌아가거나 당시 지배적인 사상들에 의해 통합되기도 했다. 그러면서 정치적 목적에 의해 변질되는 과정을 겪게 된다. 스미스 사상처럼 위대한 사상이 겪게 되는 필연적 결과인 것이다. 공자 사상의 왜곡사는 '양유음법陽儒陰法'이라는 말로 요약된다. 즉 '겉으로는 유가, 속으로는 법가'를 따른다는 말이다.

둘째, 사상적인 면에서 애덤 스미스는 서양의 공자라 할 수 있다. 4장에서 《염철론》을 소개하면서 법가와 유가의 차이점을 언급한 바 있다. 법가는 군주 편에 서서 부국강병을 주장하고, 유가는 백성 편에 서서 민생안정을 우선시했다는 사실을 기억하고 있을 것이다. 애덤 스미스는 중상주의 비판을 통해, 유럽식 법가 사상을 유럽식 유가의 입장에서 비판한 것이라고 볼 수 있다. 그래서 이 장에서는 공자 사상이 국가이념으로 채택되면서 어떻게 변질되었는지 이야기해보려 한다.

유가와 법가

우선 동양의 법가와 유가를 비교해보자. 법가를 대표하는 책 《한비자》는 '군주가 법과 술法術을 알고 있고 관리들만 장악하면, 백성을 마음대로 부릴 수 있다'고 했다. 군주는 소소한 일에 신경 쓸 필요가 없다는 것이다. 또 같은 책의 〈외저설 우하〉에서는 '관리는 백성의 근본이며 벼리이다. 그래서 성인은 관리를 다스리지 백성을 다스리지 않는다. (…) 성인은 세세히 백성과 친하지 않으며 훌륭한 군주는 몸소 작은 일을 하지 않는다', '집을 부유하게 하려면 먼저 나라를 부유하게 해야 하고, 자신을 이롭게 하려면 먼저 군주를 이롭게 해야 한다'고 했다. 이처럼 법가는 국가가 먼저 부유해야 한다고 말한다.

애덤 스미스는 국민이 부유해야 국가가 부유한 것이라고 했다. 동양의 유가도 같은 생각이다. 군주나 나라보다 백성이 우선인 것이다. 그래서 백성을 하늘같이 섬기라 말한다. 맹자는 〈양혜왕 하〉에서 '백성이 귀하고, 사직이 다음이며, 군주가 가볍다'라고 했고, 순자는 〈왕제〉에서 '군주는 배이고, 백성은 물이다. 물은 배를 띄우기도 하지만 엎어버릴 수도 있다'라고 했다.

여러분이 군주라면 어떤 사상을 통치이념으로 선택할 것인가? 솔직히 민본주의를 내세우는 유가보다 군주에게 편한 길을 가르쳐주는 법가로 기울었을지도 모른다. 중국의 역대 군주들 역시 그랬다. 법가를 선호했지만 이를 노골적으로 내세우지는 못하고 유가를 내세우는 척했다. 이는 진시황이 법가로 통치하다 실패했기 때문이다.

진시황은 법가를 채택해 부국강병책으로 국력을 길러 중국을 통일했다. 통일 이후에도 법가의 원칙에 따라 사소한 범죄에도 잔혹한 형벌을 내리고, 수많은 사람들을 동원하여 방대한 토목사업을 벌였다. 이런 학정을 견디지 못한 백성들에 의해 진나라는 15년 만에 멸망하게 된다.

공자 사상 왜곡의 시작

이후 한나라가 들어섰고, 70여 년 만에 한무제는 국가 정통성 확립과 군주제 강화를 위해 유교를 국교로 채택하게 된다. 그리고 다른 사상을 금지했다. 이것이 바로 한무제의 '유가독존儒家獨尊'이다.

앞서 설명했듯이 유교 사상은 군주들에게는 인기가 없었지만 백성들에게는 인기가 있었다. 공자가 군주의 임무란 백성들의 복리를 도모하는 것이며 이 책무를 수행하지 않고 백성을 괴롭히면 군주도 타도될 수 있다고 가르쳤으니 백성들 입장에서는 좋아할 수밖에 없었던 것이다.

유교의 인기를 이용해야 했지만 막상 이것은 통치자 입장에서는 부담스럽고 위험한 것이었다. 이때 유학자 동중서董仲舒가 등장해서 이 문제를 해결한다. 그가 백성을 위한 공자의 사상을 군주를 위한 사상으로 바꾸어버린 것이다. 보통 공자의 사상을 충효忠孝의 사상이라고 알고 있는데, 이것이 바로 공자의 사상을 왜곡한 것이다. 충효란 임금에게 충성하고 부모에게 효도하는 것인데, 공자 사상에는 부모에 대한 효는 있었지만 임금에 대한 충은 없었다. 후대에 만들어진 것이다.

《논어》에서 충忠이란 글자가 나오는 구절을 모두 조사해보면, 놀랍게도 임금에 대한 충성으로 해석할 수 있는 구절은 단 하나도 없다. 3장에서도 언급했지만 충의 원래 의미는 진심이란 뜻이다. 예컨대 《논어》의 '남을 위해 일을 도모하면서 충忠하지 못한가'나 '남과 더불어 충忠하라'라는 구절을 보면 '충'이 진심을 의미하는 것을 쉽게 알 수 있다.

그런데 어떻게 이 '충'이 왜곡이 된 것일까? 동중서는 백성들이 군주에게 충성하게 하기 위해 군주와 신하 그리고 백성의 관계를 수직적으로 규정하는 '삼강三綱'을 창안한다. 임금은 신하의 근본君爲臣綱, 아버지는 아들의 근본父爲子綱, 남편은 부인의 근본夫爲婦綱이라는 지배와 수직관계로 설정한 것이다. 이것은 바로 법가인 《한비자》〈충효〉편에 나오는 다음 구절을 취한 것이다. '신하는 군주를 섬기고, 아들은 아버지를 섬기고, 아내는 남편을 섬긴다. 이 세 가지를 따르면 천하가 다스려지고 그렇지 않으면 천하는 어지러워진다.'¹

동중서가 삼강을 창안하기 전에는 임금과 군신의 관계가 일방적 복종관계가 아니었다. 공자는 '임금은 임금, 신하는 신하, 아버지는 아버지, 아들은 아들다워야 한다'고 했다. 따라서 충효는 공자의 사상이 아닌 법가의 사상을 빌려온 것이다.

하지만 이렇게 되면서 공자가 말하는 충은 모두 군주에 대한 충성으로 변해버렸다. 그리고 공자의 핵심 사상이 충효인 것이 통념이 되었다. 그렇게 해야 군주가 통치하기 쉬워지기 때문이다. 이렇게 백성들이 선호한 유교로 포장되었지만, 내용은 전제군주를 옹호하는 법가 사상으로 왜곡되었다. 이것이 바로 앞서 말한 양유음법의 시작이다.

8장에서 언급했듯이 애덤 스미스로 포장된 신자유주의 경제학도 그 내용은 스미스의 사상과는 전혀 다른 내용으로 되어 있다. 양유음법과 비슷하다. 역대 중국 황제들은 저마다 유교를 내세웠지만 유교 정신을 실천한 군주는 많지 않았다. 원래 이념이란 것이 그런 것이다. 지배자가 피지배자를 쉽게 다스리기 위해 만든 것이 이념이기 때문이다.

이렇게 지배층에 의해 한나라 때 변질된 공자 사상은 송나라에 와서는 주희朱熹의 잘못된 해석으로 공자 사상과 더 멀어지게 된다. 수당隋唐 시대에 중국은 불교와 도교의 영향으로 유교의 영향력이 감소하게 된다. 그러자 유학자들은 시대적 소명을 갖고 유학을 부흥시키려 했다. 주희는 40년 동안 사서四書에 대한 주석을 집필했는데, 아이러니하게도 주희의 잘못된 해석으로 인해 공자 사상은 또 한 번 왜곡된다. 주희는 도덕감정론자인 공자를 자신의 이기론理氣論에 맞추어 도덕합리주의자로 바꾸어버렸다.

그렇다면 주희가 공자의 도덕감정론을 도덕합리주의로 바꾸었다는 근거는 무엇일까? 지금부터 그 이야기를 해보겠다. 주자학은 보통 성리학性理學이라고 하는데, 이것은 '인간의 본성이 리性卽理'라는 주희의 해석에서 온 것이다. 사서 중 하나인 《중용》은 다음과 같이 시작한다. '하늘이 명한 것을 일컬어 성性이라 하고天命之謂性, 성을 따르는 것을 도道라 하고率性之謂道, 도를 닦는 것을 교敎라 한다修道之謂敎.' 이 구절을 통해 보면 하늘이

명하여 받은 인간의 본성은 이理가 된다. '이'란 인간의 이성을 말한다. 성리性理를 뒤집으면 이성이 된다.

그런데 1993년 형문시荊門市 곽점郭店의 초楚나라 무덤에서 《중용》의 저자인 자사와 관련된 문헌이 발굴된 일이 있었다. 여기서 이제까지 주희가 풀이한 '인간의 본성이 리性卽理'라는 해석을 뒤집는 구절이 나온 것이다.

자사는 공자의 손자이며 증자의 제자이자 맹자의 스승이다. 발굴된 문헌 중 〈성자명출性自命出〉이라는 제목의 책이 있는데, 이 책의 제목인 '성자명출'은 '성性은 명命에서 나온다'라는 《중용》의 1장 첫 구절을 제목으로 한 것이다. 그런데 여기에 다음과 구절이 나온다. '즐겁고, 화나고, 애달프고, 슬픈 기氣가 본성性이다.' '감정은 본성에서 나온다情出于性.'[2] 기氣란 이理와 대비되는 인간의 감성을 말한다. 이외에도 〈성자명출〉에서 나온 구절들은 이제까지 주희의 해석을 뒤집는 말들로 가득하다. 인간의 본성이 리理가 아니고 기氣라는 것이다. 즉 감정情은 본성性에서 나온다는 것이다.

스미스처럼 동감을 중요시한 공자

그런데 사실 이는 그리 놀랄 만한 일이 아니다. 《논어》를 조금만 주의 깊게 읽는다면 주희의 해석이 무리라는 것을 알 수 있다. 앞서 간략히 언급한 것처럼 공자의 핵심 사상은 충서忠恕라고 했다. 《논어》〈위령공〉에서 공자는 자신은 모든 것을 일이관지一以貫之로 알고 있다고 했다. 일이관지란 '모든 것을 하나로 꿰뚫고 있다'는 의미로 핵심을 알고 있다는 말이다.

그리고《논어》〈이인〉에 그 핵심이 무엇인지가 나온다. 공자가 '삼參아, 우리의 도는 일이관지이니라'라고 하니, 제자인 증자(삼)가 '예' 하고 대답했고, 공자가 자리를 뜬 뒤 다른 제자들이 일이관지의 내용을 이해하지 못하자 증자가 그것은 '충서'라고 보충 설명을 한다.

　3장에서 설명했듯이 충忠이란 가운데 중中과 마음 심心이 모인 글자로 '진심'이라는 의미를 갖고, 서恕란 같을 여如와 마음 심心이 모인 글자로 '같은 마음'이라는 의미를 갖는다. 그래서 서恕란 바로 '동감同感을 통해 남과 같은 마음이 되라'는 것이다. 따라서 충서는 '진심으로 남과 같은 마음이 되라'는 의미다. 공자가 서恕를 중요한 덕목으로 꼽았던 것은《논어》의 다른 구절에도 잘 나타난다. 제자인 자공이 '한마디 말로 평생토록 행할 만한 것이 있습니까?' 하고 묻자 공자는 이렇게 말한다. "그것은 서恕이다. 자기가 하고 싶지 않은 바를 남에게 베풀지 말라."

　이처럼 공자도 스미스처럼 동감을 중요한 도덕적 가치로 삼고 있었던 것을 알 수 있다.《논어》의 또 다른 다른 구절을 보아도 공자는 이성보다는 감성이나 감정을 더 중시한 것을 알 수 있다. 예컨대 '아는 것은 좋아함만 못하고 좋아함은 즐기는 것만 못하다고 하였습니다', '지식이 거기에 미쳤어도 어짊仁이 그것을 지켜낼 수 없다면 비록 얻어도 반드시 잃게 된다'라는 구절이다.

　공자는 인간은 행동이나 사고에 있어서 이성보다는 감성적인 존재라 했는데, 주희는 이를 간과하고는 인간의 본성과 도덕의 원천이 이성이라고 해석해버린 것이다.

　그렇다면 주희의 이기론은 어떤 뿌리를 가지고 있는 것일까? 이는 불교《화엄경》의 이理와 사事의 논리구조에서 따온 것이다. 화엄철학에서는 이 우주 현상계를 사事라 하고 그 배후에 있는 근원을 이理라 하는데, 이를 주자학에서 사事 대신에 기氣라는 용어로 쓴 것이다.[3] 이는 당시 불교의 위협 때문에 유교가 위기를 맞아 그 대응책으로 불교와 같은 형이상학 체계를 갖추어야 살아남을 수 있다는 시대적 상황 때문에 비롯된 일이다. 주희는 불교 사상을 의식적 혹은 무의식적으로 흡수하여 '이기론'으로 발전시킨 것이다. 그래서 이런 주자학을 공자의 사상과 구분하여 신유학이라고도 한다.

앞서 6장에서 신고전경제학을 신유학에 비유하면서 신고전경제학이 경제학을 과학으로 만들기 위해 물리학에서 균형이론을 가지고 왔다고 했는데, 마치 짠 것처럼 똑같지 않은가. 공자의 사상은 실천적이고 쉬운 철학이었는데, 주자에 의해 시작된 신유학(주자학)은 실상 사회에 별로 도움도 못되는 추상적 문제에만 집착하여 공리공론의 화석화된 학문으로 전락하고 만다.

어찌 보면 주자학이 의미하는 것은, 학문이 실제적 문제보다는 자신이 세워둔 틀에 사로잡혀 형식에만 치우치면 반드시 외면을 받는다는 것을 역사를 통해 알려준 것이 아닐까 싶다. 또 이런 현상이 현대 경제학이 현실의 문제보다 자신들이 세운 틀(여러 가정들)과 형식적(수학적) 엄밀성에만 집착하는 것과 마찬가지라고 말한다면 지나친 식자우환識字憂患일까.

공자는 금욕주의자도 쾌락주의자도 아닌 인간의 욕망에 대해서 균형된 시각을 갖고 있는 사람이었다. 《논어》에서 부에 관한 구절은 '욕이불탐欲而不貪'으로 요약할 수 있다. 욕심을 내도 탐하지는 않는다는 말이다. 이런 공자의 생각은 애덤 스미스의 생각과 같다. 앞에서도 말했지만 스미스는 《도덕감정론》에서 신중과 정의의 범위에서 부를 추구하는 사람은 사람들의 존경을 받고 성공을 얻을 수 있다고 했다. 공정한 관찰자의 입장에서 자신의 이익을 추구하기 때문이다. 부를 추구하되 의롭게 추구하라는 공자의 가르침은 《논어》에서 나오는 '이익을 보면 의를 생각하라'는 의미의 견리사의見利思義라는 말에 요약되어 있다. 결론적으로 유학은, 주희로부터 덧칠된 부분을 제거하여 원래의 공자의 사상으로 돌아가야 한다.

《논어》와 《도덕감정론》의 주장은 왜 비슷할까

서론에서 밝힌 것처럼 중국에서 번역된 《도덕감정론》의 표지에는 서양의 《논어》가 《도덕감정론》이라는 말이 있다. 그만큼 두 책의 내용은 유사하다. 이 점에 대해 《공자 잠든 유럽을 깨우다》의 저자 황태연 교수는 소심한 스미스가 공자를 은밀히 표절했다고 주장한다. 18세기 유럽에서는 사서가 번역되어 지식인들 사이에서 널리 읽혔는데, 스미스는 중국을 잘 알고 있던 흄과 매우 친한 사이였고, 프랑스 중농주의학파 케네와 튀르고를 통해서 중국에 대한 지식을 많이 얻을 수 있었다는 것이 그 이유다.[4]

흄에 대한 것은 확실히 모르겠지만, 케네와 튀르고와는 《도덕감정론》을 이미 완성한 후 만났기 때문에 이 책에 영향을 미쳤을 가능성은 낮다고 필자는 생각한다. 물론 표절의 가능성도 있을 수 있겠지만 필자가 보기에는 이런 사상의 유사성은 기본 전제가 같았기 때문에 나온 결과라고 생각된다. 씨앗이 비슷하면 그 열매도 비슷한 법이다.

하지만 도덕감정론과 도덕합리주의는 전제도 다르고 결론도 다르다. 이는 서양 철학의 원조이자 도덕합리주의의 원조인 플라톤의 《국가》를

《도덕감정론》,《논어》,《국부론》과 비교하면 바로 이해할 수 있다.

플라톤은 영혼을 이성·기개·욕구의 셋으로 나누어 이성이 기개와 욕구를 통제한다고 했다. 플라톤은 도덕합리주의자로서 이성이 감정을 통제해야 한다고 생각했다. 사회조직도 통치자, 수호자, 생산자로 나누어서 이성(지혜)을 갖춘 통치자가 수호자와 생산자를 지배해야 한다고 했다. 이처럼 도덕합리주의자의 이상국가는 계급사회이고 정치도 이성을 갖춘 소수의 철학자가 하는, 소위 철인정치를 이상으로 생각한다. 말하자면 엘리트주의를 표방하는 것이다.

반면에 도덕감정론자는 인간이 가지고 있는 자연적인 욕구나 감정을 중시한다. 그래서 가장 자연적인 본성인 가족 간 유대를 중시한다. 도덕감정론자의 이상국가는 정치도 백성이 우선이고 민생이 우선인 민본주의국가다. 물론 엘리트주의가 아닌 서민주의를 표방한다.

하지만 도덕합리주의는 인간의 욕구(감성)를 억제해야 할 대상으로 보았기 때문에 가족관계를 중시하지 않는다. 그래서 플라톤의 《국가》에서는 사회 지도층은 결혼하지 않고 집단생활을 한다. 최선의 남자와 최선의 여자가 만나게 하여 자식만 낳고 공동보모가 양육한다. 인간의 감정이나 욕구를 무시한 이런 생각은 결국 전체주의로 이어지게 된다.

이 때문에 철학자 카를 포퍼Karl Popper는 플라톤을 전체주의의 시조라며 맹렬히 비판하기도 한다. 실제로 많은 동서양의 독재자들은 모두가 엘리트주의자라는 공통점이 있다. 하지만 측은한 마음을 중시하는 도덕감정론자는 민본주의자로, 이들에게 국민의 행복, 즉 민생을 무시하는 독재란 생각할 수 없는 것이다.

앞서 공자와 스미스 사상의 기본 전제가 같았다고 했는데, 이들의 기본 전제는 이성보다는 감성을 중시했고, 서양의 동감sympathy과 동양의 동감인 서恕를 도덕의 원천으로 보았다는 것이다. 나아가 공자와 스미스는 또 인간의 본성은 같아도 교육과 습관에 의해 달라진다고 했다. 공자를 계승한 맹자나 순자는 인간이 본성이 선한지 아니면 악한지를 가지고 논쟁을 벌였지만, 공자는 인간이 본성은 가지고 태어나는 것이 아니라 교육 환경과 습관에 의해서 선할 수도 악할 수도 있다고 생각했다.

《논어》〈양화〉에는 '타고난 성품은 비슷해도 습관에 의해 달라진다'는 구절이 있다. 또 앞서 말한 〈성자명출〉을 보면 '천하의 모든 사람들의 성性은 모두 같다'고 되어 있다. 이어서 '즐겁고, 화나고, 애달프고, 슬픈 기氣가 본성性이다. 그것이 바깥으로 나타나는 것은 외부의 다른 사물에 의해 이끌렸기 때문이다'라고 되어 있다. 즉, 본성은 정해져 있는 것이 아니고 외부 환경에 의해 영향을 받는다는 이야기다.

《국부론》에도 유사한 내용이 나온다. 스미스는 사람들의 재능 차이는 선천적이라기보다, 직업, 풍습, 교육에 의한 후천적인 것이라고 했다.

> 각 사람의 천부적 재능의 차이는 사실상 우리가 생각하는 것보다 훨씬 작다. 상이한 직업에 종사하는 성인들이 발휘하는 매우 상이한 재능은, 많은 경우 분업의 원인이라기보다는 분업의 결과이다. 그 성격이 극히 상이한 두 사람 사이의 차이도 (…) 천성으로부터 유래하기보다는 후천적인 습관·풍습·교육으로부터 유래하는 것으로 보인다.[5]

이처럼 동양의 고전인 사서를 《도덕감정론》과 대조해가면서 읽다 보면 많은 유사한 문장들을 발견하게 되는데, 그중 동감과 관련된 문장을 소개해보겠다. 《맹자》〈양혜왕〉에는 여민동락與民同樂, 즉 정치의 요체는 '국민들과 동감하는 것이다'라는 장이 있는데, 거기에 《도덕감정론》에서 말하는 상호동감과 유사한 내용이 나온다. '맹자가 말했다. 혼자 음악을 즐기는 것과 남과 함께 즐기는 것 중 어느 쪽이 더 즐겁습니까? 남과 함께 즐기는 것이지요. 그렇다면 적은 사람과 즐기는 것과 많은 사람과 즐기는 것 중 어느 쪽이 즐겁습니까? 많은 사람과 즐기는 것이지요.'

애덤 스미스는 인간의 행복은 동감을 통한 즐거움과 아울러 공정한 관찰자가 내 안에 있어 평정심을 가질 때 생긴다고 했다. 이렇게 공정한 관찰자가 있으면 일희일비하지 않고 항상 당당하다. 다음은 《도덕감정론》의 내용이다.

> 현명한 사람은 마땅히 받아야 할 칭찬이 아닌 경우에 그것을 경멸하면서 거절하지만, 그는 받아서는 안 될 부당한 비난을 받게 되면 흔히 심하게 분개를 느낀다. (…) 허약한 사람은 종종 이런 허위와 망상의 눈빛으로 자신을 바라보는 것에 큰 기쁨을 느낀다.[6]

또 《논어》〈자로〉에는 다음과 같은 내용이 있다. '군자는 섬기기는 쉽지만 기쁘게 하기는 어려우니 도道로써 기쁘게 하지 않으면 기뻐하지 않는다. 사람을 부리는 데 있어서는 그릇을 본다. 소인은 섬기기는 어렵지만 기쁘게 하기는 쉬우니 비록 도道로써 기쁘게 하지 않더라도 기뻐한다. 사람을 부리는 데 모든 것을 갖추기를 요구한다.'

애덤 스미스는 《도덕감정론》에서 또 이렇게 말한다.

진정으로 자신에게 속한 공적이 아닌 것을 자신에게 속한 것으로 생각하지 않고, 또 다른 사람들이 그것을 자신에게 속한 것으로 생각해주기를 바라지 않는 사람은 창피를 당할까 봐 두려워하지도 않고, 자신의 실체가 발각될까 봐 두려워하지도 않고, 다만 자기 자신의 성품의 진실성과 견고성에 대해 만족하고 느긋해할 뿐이다. (…) 진정으로 총명한 사람에게는 총명한 한 사람의 사려 깊고 신중한 시인이 수천 명의 무지한 열광자들의 요란한 갈채보다 더욱 충심으로부터 우러나오는 만족감을 준다.[7]

다음은 각각 《논어》의 〈안연〉과 〈자한〉, 그리고 《도덕감정론》에 나오는 내용이다. '군자는 걱정하지도 두려워하지도 않는다. 안으로 살펴 두렵지 않으면 무엇을 두려워하리요.' '현명한 자는 미혹되지 않고 어진 자는 걱정하지 않고 용감한 자는 두려워하지 않는다.'

행복은 마음의 평정tranquility과 즐김enjoyment에 있다. 평정 없이는 즐김이 없고, 완전한 평정이 있는 곳에 즐길 수 없는 것은 없다. (…) 인간생활의 불행과 혼란의 최대 원천은 하나의 영속적 상황과 다른 영속적 상황과의 차이를 과대평가하는 것으로부터 생기는 것으로 보인다. 탐욕avarice은 가난과 부유함 사이의 차이를 과대평가하고, 야심ambition은 개인적 지위와 공적 지위를 과대평가하고, 허영은 무명한 상태와 유명한 상태를 과대평가한다. (…) 그것들 중 어느 것도 신중 또는 정의의 법칙을 위반해가면서 격정적 열의를 가지고 추구할 만한 가치가 있는 것은 아니다.[8]

공자와 스미스가 본 동감의 한계와 이를 촉진하는 요건

인간은 동감 능력을 타고났고 이 때문에 사회생활이 가능하고 관계 형성이 가능하다. 그러나 공자나 스미스는 이런 동감의 한계를 인식했다. 공자는 그냥 서恕가 아닌 충서忠恕를 강조했는데, 충忠이 없는 서恕의 문제점을 잘 알고 있었기 때문이다. 앞서 충이란 진심 혹은 성실이라 했다. 그런데 우리가 타인과 동감할 때 진심이 없다면 이것이 '군중심리'일 수도 있다. 그래서 충으로 보완해야 하는 것이다.

공자의 충서와 비견되는 것이 《도덕감정론》에도 있다. 이제 여러분도 물론 알고 있을 것이다. 바로 '공정한 관찰자'라는 개념이다. 스미스는 동감만을 도덕의 원천으로 삼는 것의 위험성을 잘 알고 있었다. 특히 이는 도덕합리주의자의 공격을 받기에 딱 좋은 것이었다. 그래서 그는 공자의 충忠에 해당하는 '공정한 관찰자'를 설정했다.

우리는 마음속에 공정한 관찰자를 설정하여 타인과 동감하되 공정한 관찰자의 입장에서 바라봐야 한다. 따라서 모든 일을 판단하는 데 타인과의 동감과 공정한 관찰자의 입장이 일치하도록 하는 것이 지혜로운 것이다. 감정에 기초한 동감이 첫 번째 심판관이라면, 공정한 관찰자가 두 번째 심판관이 되는 것이다.

동감의 또 다른 한계는 '오해'다. 나의 마음으로 상대의 마음을 헤아리기 때문에 잘못된 인식의 가능성이 존재하는 것이다. 스미스는 《도덕감정론》에서 다음과 같이 말한다.

나는 나의 시각으로써 당신의 시각을 판단하고, 나의 청각으로써 당신의 청각을 판단하고, (…) 나의 분개로써 당신의 분개를 판단하고, 나의 애정으로써 당신의 애정을 판단한다. 그것들을 판단할 이외의 다른 어떤 방법도 나에게는 없으며 또 가질 수도 없다.[9]

인간은 서로에게 상처를 주는데, 내가 받은 상처는 확실하고 분명하게 느끼는 반면 남에게 준 상처는 불확실하고 희미하게 느낀다. 그렇기 때문에 인간은 이런 인식의 한계를 깨닫고 내가 남을 알아주지 못함을 걱정해야 한다. 그래서 서로 마음을 털어놓고 용서를 구해야 한다. 용서容恕란 서로 달라진 마음을 같은 마음으로 돌리는 것을 받아들이는 것이다. 《논어》〈학이〉에는 다음과 같은 말이 있다. '남이 나를 알아주지 못함을 걱정하지 말고, 내가 남을 알아주지 못함을 걱정하라.'

그런가 하면 유교에서는 부모에 대한 효孝와 형제 애悌를 중요한 덕목으로 삼고 있다. 애덤 스미스 역시 《도덕감정론》에서 가족 간의 사랑을 '습관적 동감'이라 칭한 바 있다.

부모나 자식, 형제자매들은 그들이 비록 떨어져 있는 동안에도 서로에게 결코 무관심하지 않다. 그들은 모두 서로를 어떤 애정을 주고받아야 할 사람으로 생각한다. 그들은 그처럼 가까운 혈연관계에 있는 사람들끼리라면 당연히 가져야 할 그런 우애를 누릴 때가 언젠가는 오리라는 기대 속에서 살아간다. (…) 그들은 가족들의 애정을 구성하는 요소인 습관적 동감habitual sympathy을 인식하는 경향이 너무 강하기 때문에, 그들이 서로 대하는 태도 역시 마치 그들 사이에는 실제로 그러한 동감이 존재하는 것과 마찬가지로 행동하기 쉽다.[10]

스미스에 앞서 동감을 연구한 흄에 따르면 동감은 '대상이 자신과 유사한가resemblance', '자신과 얼마나 가까이 있는가contiguity', '나와 인과관계에 있는가causality'에 따라 생생함이 달라진다고 한다. 동감을 촉진하는 조건으로 바로 이 근접성-유사성-인과성을 들고 있다.[11] 이 세 가지 면에서 나와 부모 사이 혹은 나와 자식 사이보다 동감이 잘 이루어지는 관계는 없다.

공자는 '가까운 곳에서 시작하여 멀리 미치라' 했는데, 동감을 가까운 곳에서 실천하는 것이 효인 것이다. 그리고 효나 자식 사랑에는 진심, 즉 충이 포함되어 있다. 그래서 《논어》에서는 '부모에 대한 효와 자식 사랑은 진심'이라 했다. 그런가 하면 애덤 스미스는 《도덕감정론》에서 다음과 같이 말했다.

> 자식에 대한 부모로서의 따뜻한 애정이 없는 부모나, 부모에 대한 자식으로서의 효경심이 없는 자식들은 짐승처럼 보일 것이며, 이들은 증오의 대상이 될 뿐 아니라 공포의 대상이 되기도 한다.[12]

> 아마도 모든 사람들에게 있어, 자식에 대한 부모의 사랑이 부모에 대한 자식의 효심보다 훨씬 더 강렬한 감정이 되게 만들었다. 종족의 보존과 번식은 후자에 의해서가 아니라 전적으로 전자에 달려 있는 것이다.[13]

한편 공자 시대에 묵자라는 사상가가 있었다. 그는 공자를 여러 면에서 비판했는데, 특히 공자가 말하는 효와 같은 혈연 간 사랑을 편협한 것으로 보고 혈연을 넘어 널리 모든 인간을 보편적으로 사랑할 것을 강조했다. 묵자는 이를 겸애兼愛라고 했다. 반면에 유가는 모든 사랑에는 순서가 있는

데 가족 사랑이 먼저다. 이를 별애別愛라고 한다. 맹자는 묵자의 겸애 사상을 아버지도 없는 무부無父 사상이라 비난했다. 그렇다면 《도덕감정론》에서 스미스는 이에 대해 어떻게 이야기했을까?

> 우주라는 이 거대한 체계를 관리하고, 이성적이고 감성적인 모든 존재들의 보편적 행복universal happiness을 돌보는 것은 신의 일이지 인간에게 주어진 일은 아니다. 인간에게 주어진 일은 훨씬 하찮은 부분이지만, 그의 미약한 능력이나 좁은 이해력에 견주어 보면 매우 적합한 것이다. 즉, 자기 자신의 행복, 자기 가족과 자기 친구, 자기 나라의 행복을 돌보는 것이다. (…) 이런 보편적 사랑universal benevolence과는 반대로 아버지 없는 세계fatherless world를 의심해보는 것은 모든 생각 중에서 가장 우울한 것이다.[14]

이처럼 공자나 스미스가 가족 간의 사랑을 강조한 것은 양자가 모두 인간의 자연적 본성인 동감에서 출발했기 때문이다. 《도덕감정론》 첫머리에서 스미스는 인간이 아무리 이기적이라도 동감 본성을 갖고 태어나 타인에 대한 연민을 갖게 된다고 한 바 있다. 즉 동감을 갖고 태어나도 이를 발휘하는 것은 환경과 교육의 영향에 따라 달라질 수 있는 것이다.

만약 애덤 스미스가 〈성자명출〉에서 '인간의 본성은 감정'이라는 구절을 보았다면 아마 무릎을 쳤을 것이다. 또 그는 《중용》의 첫 번째 세 구절, '하늘이 명한 것을 일컬어 성性이라 하고, 성을 따르는 것을 도道라 하고, 도를 닦는 것을 교教라 한다'를 다음과 같이 해석했을 것이다. '인간은 천성적으로 동감 능력을 갖고 태어났고, 인간의 본성인 동감이 도덕의 원천이 되고, 동감을 이해하고 실천하도록 하는 것이 교육이다.' 이러한 스미스적《중용》해석은《도덕감정론》을 요약한 것이기도 하다.

정당한 방법으로 부를 축적할 것을 권한 공자

스미스는 신중과 정의의 범위에서 자신의 이익 추구가 자신을 물론 사회
도 번영하게 한다고 강조했다. 공자도《논어》에서 청부淸富의 중요성을 강
조한 바 있다. 흔히 공자를 주자처럼 가난을 즐기는 도학자로 아는데, 이는
명·청 이후 주자학의 영향이다. 공자는 정당한 방법으로 부를 축적할 것
을 강조했고, 부를 축적하면 좋은 일에 사용할 것을 권유했다.

다음은 각각《논어》의〈이인〉,〈술이〉,〈태백〉의 내용이다. '재물과
귀함은 사람들이 원하는 바이지만 정도로 얻지 않은 것이라면 머물지 말
아야 한다. 가난과 천함은 사람들이 싫어하는 바이지만 정도로 얻지 않으
면 버리지 않는다.' '만약 부富가 구해서 가져도 된다면 비록 채찍을 잡는
천한 일이라도 내가 그 일을 할 것이지만 만약 구해서 안 될 것이라면 내가
좋아하는 바대로 살리라.' '나라에 도道가 있으면 가난과 천함은 부끄러운
것이고, 나라에 도道가 없으면 부와 귀가 부끄러운 것이다.'

그런가 하면《순자》의〈정명〉에는 이런 내용이 있다. '다스리는 일을
얘기하면서 욕망을 없애야 한다고 주장하는 자는 욕망을 잘 인도해줄 생
각은 하지 않고 사람들에게 욕망이 있다는 사실로 곤혹스러워하는 자들
이다.'

덩샤오핑은 개혁개방을 하면서 '부를 추구하는 것은 영광스럽다致富
光榮'는 구호로 중국인에게 사적 이윤 추구가 나쁜 것이 아니라고 강조했

다. 오랫동안 주자학이 지배했고 근현대에 와서는 사회주의로 사적 이윤 추구가 금기시된 중국에서 물욕이 너무 없어 사회가 발전하지 않는다는 것을 깨닫고 시장경제를 도입한 것이다.

하지만 공자는 백성들이 재산을 축적하는 것에 몰두해 부가 불균형하게 되는 것도 바람직하지 않게 생각했다. 물질적 부보다는 백성의 평안(정신적 행복)을 중시했던 것이다. 《논어》〈계씨〉의 한 구절이다. '나라를 다스리는 자는 (백성이) 적음을 근심하지 말고 (부가) 균등하지 못함을 근심하라. (백성의) 가난을 근심하지 않고 (백성이) 평안하지 못한 것을 근심해야 한다.'

애덤 스미스와 공자가 꿈꾼 세상

여러 번 강조했지만, 애덤 스미스는 《국부론》에서 노동자와 같은 평범한 국민이 부자가 되어야 나라가 부강해진다고 주장했다. 나아가 스미스는 일반 국민들을 부유하게 한 후에는 그들을 교육시켜야 한다고 주장했다. 5장에서 살펴본 대로 특히 가난한 서민들의 교육을 중시했다.

그렇다면 공자의 경우는 어떨까? 《논어》에는 공자가 위나라에 갔을 때의 일화가 나온다. 제자가 위나라 인구가 많은 것을 보고 그다음에는 무엇을 해야 하는지 묻자, 공자는 이렇게 답했다. 《논어》〈자로〉에 나오는 말이다. '선생께서 말하셨다. 인구가 많구나. 염유가 말했다. 이미 인구가 많아졌으면 무엇을 더 해야 합니까? 부자로 만들어야 한다. 염유가 되물었다. 이미 부자로 만들었으면 무엇을 더 해야 합니까? 가르쳐야 한다.'

이것이 바로 서지庶之, 부지富之, 교지教之의 3단계 국민경제론이다. 어떤가, 스미스의 사상과 딱 맞아떨어지지 않는가. 애덤 스미스나 공자는 서恕를 중시한 인본주의자이면서 민본주의자였기 때문에 지배층이 아닌 일반 국민을 위한 경제론을 갖고 있었다. 그래서 이들의 사상은 오늘날 자본주의 체제 아래서도 현대성을 지니고 있는 것이다.

애덤 스미스와 공자는 국가(정부)보다 국민(국가), 제조업자나 상인보다 노동자를 옹호한 사상가들이다. 그래서 공자가 이상적으로 생각하는 사회와 스미스가 이상적으로 생각하는 사회는 똑같다. 공자가 이상적으로 생각하는 사회는 대동大同사회로, 애덤 스미스가 말하는 모든 사람들이 자애로 사랑을 나누는 사회와 일맥상통하는 것이다. 《예기》에는 다음과 같은 말이 나온다.

'대도가 행해지던 시대에는 천하를 공공의 것으로 보았다. (…) 그러므로 사람들이 그 어버이만을 친애하지 않고 다른 사람의 어버이에게까지 미치며, 그 자식만을 자애하지 않고 다른 사람의 자식에게까지 미칠 수 있게 하고, 장년의 사람은 충분히 그 힘을 발휘할 수 있게 하고, 어린이는 건전하게 자라날 수 있고 아비·과부·고아·자식 없는 외로운 사람과 불치의 병에 걸린 사람도 모두 충분히 그 몸을 기를 수 있게 했다. 남자는 직분(일자리)이 있고, 여자는 갈 곳이 있었다. 재화는 거두어 땅에 버려지는 것을 싫어하지만 반드시 자기를 위해서 사장하지 않았으며, 힘은 그 몸에서 나오지 않는 것을 싫어하지만 반드시 자기 한 몸만을 위해서 쓰지 않았다. 그러므로 간사한 모의는 닫혀서 일어나지 못하고 도적·난적이 일어나지 못했다. 그렇기 때문에 사람마다 대문을 잠그지 않고 편안하게 살 수 있었으니 이것을 "대동의 세상"이라고 한다.'

그런가 하면《도덕감정론》에는 스미스식의 대동사회가 다음과 설명되어 있다.

> 필요로 하는 도움이 사랑에서, 감사에서, 우정과 존경에서 서로 사이에 제공되는 곳, 그러한 사회는 번영하고 행복한 사회이다. 이러한 사회 모든 구성원들은 사랑과 애정이란 기분 좋은 끈으로 묶여 있고 그리고 상호선행相互善行이라는 하나의 공동의 중심을 향해 끌려가고 있다.[15]

공자는 대동사회는 이상적인 사회이고 이것이 불가능한 현실에서는 예와 정의로운 사익을 추구하는 사회로 나아가야 한다고 했는데, 이것이 바로 소강小康사회다. 다음은《예기》에 나오는 말이다. '지금 세상에는 대도가 이미 없어져 사람들은 천하를 만인의 것이 아니라 자기 것으로 생각하고 있다. 그래서 각기 내 부모만을 부모로 생각하고 내 아들만을 아들로 생각하며 재화와 노력은 사리를 위해서만 사용된다. (…) 예의를 기강으로 삼아, 그것으로 임금과 신하를 바로잡고, 부자를 돈독히 하고, 형제를 화목하게 하고 부부를 화합하게 하고, (…) 공을 이루면 자기 것으로 한다.'

참고로 말하면, 중국은 공산당 창당 100주년이 되는 2021년까지 소강사회 전면 달성을 목표로 하고 있다. 그렇다면 애덤 스미스는《도덕감정론》에서 소강사회에 대해 어떻게 이야기하고 있을까?

> 필요한 도움이 이와 같이 고결하고 이해관계를 초월한 동기에서 제공되지 않는다 하더라도, 사회의 구성원들 사이에 서로에 대한 사랑과 애정이 없더라도, 그 사회는 비록 덜 행복하고 덜 유쾌할지는 몰라도 반드시 와해되는 것은 아니

다. 사회는 그 구성원들 사이에 서로에 대한 사랑 또는 애정이 없더라도, 마치 서로 상인들 사이에서와 같이, 사회의 효용utility에 대한 감각만으로도 존립할 수 있다. 비록 사회의 어느 누구도 서로에 대한 의무감이나 감사의 감정으로 서로 묶여 있지 않다고 하더라도, 사회는 합의된 가치평가에 근거하여 금전적 이익을 목적으로 선행을 서로 교환함으로서도 존속될 수 있다.[16]

신중과 정의의 범위에서 자신의 이익을 추구하는 사회가 바로 스미스식의 소강사회이며, 또 스미스는 이런 사회를 어떻게 구현할 수 있는지를 《국부론》에서 밝히고 있다. 이 점을 이해하고 나면 중국 지도자들이 왜 그렇게 《국부론》을 애독하는지 알 수 있다.

애덤 스미스와 공자에게 덧씌워진 모습을 지우고 참모습을 보면 두 사람이 같은 이야기를 하고 있다는 것을 쉽게 알 수 있다. 둘은 동감 혹은 서恕를 중시한 민본주의자이기에 일반 국민을 위한 정치철학과 경제이념을 갖고 있었던 것이다. 앞서도 말했지만 그래서 공자와 스미스의 사상은 오늘날의 자본주의 체제에서도 현대성을 지니고 있는 것이다. 백성을 사랑하고 경제적 약자를 도우라고 외친 민본주의자이며 정당한 이윤 추구를 옹호하는 경제 사상가였던 공자와 스미스의 원래 모습을 되찾아야 한다. 자본주의가 위기에 처한 바로 지금이 있는 그대로의 애덤 스미스와 공자를 만나야 할 때인 것이다.

진짜 스미스를 알아야 위기를 극복할 수 있다

어느덧 이 책을 마무리할 시점이 왔습니다. 지금까지 살펴보았듯이, 일반적 통념과는 달리 애덤 스미스는 자유방임주의자도 아니고 이기심을 옹호한 경제학자도 아니었습니다. 애덤 스미스가 《국부론》의 핵심으로 정부 간섭이 없는 시장이야말로 가장 이상적인 경제구조라고 했고, 이를 위해 '보이지 않는 손'을 비유로 사용했다는 것은 모두 사실이 아닙니다. 애덤 스미스의 손은 그야말로 '따뜻한 손'이었던 것입니다.

지금까지 논의한 내용들을 정리해보겠습니다. 애덤 스미스가 정부규제를 없애라고 한 것은, 과거 중상주의 체제하에서 상인과 제조업자가 정부 보호 아래 돈벌이하는 것을 비판하면서 시장에 맡기라고 한 것이었습니다. 스미스의 눈에 비친 자본가(당시에는 자본가라는 용어가 없었고, 상인과 제조업자 혹은 고용주였다)는 '독점을 통해 자신들의 이익만을 추구'하는 계급이었고, 이들 계급의 이익은 사회 이익에 반하는 경향을 갖는다고 스미스는 생각했습니다. 스미스는 중세에 토지를 독점한 대지주의 탐욕이 유럽의 경제발전을 가로막았던 것처럼 중상주의 체제하에서 '정부와 결탁하여 독점을 추구한 자본가'가 경제발전을 막았다고 생각했습니다. 그는 이기심의 옹호자가 아니라, 중상주의 체제하에서 자본가의 부당한 이기심에 대한 개인적, 사회적, 법적 통제를 주장했던 이기심에 대한 심판자였던 것입니다.[1]

유감스럽게도 정부의 감시 없이 무엇이든 시장에만 맡기면 결국 탐욕에 의해 경제가 잘못 돌아간다는 것은 과거에도 그랬고, 오늘날에도 마찬가지입니다. 우리나라의 경우, 성급한 경제자유화가 초래한 1997년의 외환위기, 그리고 그 외환위기를 극복하는 과정에서 빠른 속도로 진행된 경제불평등, 2008년 미국의 금융위기와 이후 금융기관이 보여준 행태 등이 이 점을 잘 보여주고 있습니다.

앞서 살펴보았듯이, 애덤 스미스는 모든 것을 시장에 맡기는 '자유방임주의자'가 아니라 '자연적 자유주의자'였습니다. 그는 '국민의 복리를 위해 책임을 다하는 정부'가 타인의 이익을 해치지 않는 범위에서 모든 국민이 자유롭게 참여할 수 있도록 시장의 질서를 관리하라고 주장했습니다. 이러한 시장에서 각 개인은 탐욕과 이기심이 아닌 타인과의 동감을 통해 자신의 이익을 추구해야 한다고 했습니다.

스미스는 자기이익 추구를 자신의 처지를 부단히 개선하려는 인간의 욕망으로 보았습니다. 그러나 이것도 타인과 동감하면서 신중과 정의의 범위에서 자신의 이익을 추구해야 한다고 했습니다. 따라서 정부는 각 개인이 시장에서 동감의 원리에 따라 행위할 수 있도록 '공정한 관찰자' 역할을 해야 한다는 것입니다.

결국 스미스의 주장은 정의롭지 못한 시장경제를 바로잡자는 것과 다름없습니다. 경제적 약자들도 시장에 자유롭게 진입하여 공정하게 경쟁할 수 있도록 말입니다. 오늘날의 현실에 빗대어 말하자면, 갑을관계에서 갑이 을을 착취하는 것을 용인하지 않는 포용적 경제구조를 만들자는 것입니다.

애덤 스미스는 《국부론》을 두고 당시의 경제이념인 '중상주의에 대한 맹렬한 공격'이라고 했습니다. 이 책은 세계를 지배하고 있는 현대판 중상주의, 신자유주의에 대한 맹렬하면서도 이유 있는 공격입니다. 오늘날 신자유주의는 과거 중상주의처럼, 대다수 국민이 부유해지는 정책이 아닌 일부 계층만 부유해지는 정책으로 드러났습니다. 과거 중상주의나 오늘날 신자유주의는 피지배층을 희생하여 지배층만 이익을 보는 익상손하의 경제구조인 것입니다.

애덤 스미스가 《국부론》에서 언급한 '보이지 않는 손'은 자기조절적 시장이 아니라는 것을 이 책에서 충분히 설명했습니다. 이제 신자유주의자들에 의해 왜곡된 애덤 스미스에 대한 통념을 깨야 합니다. 이념의 덫에서 벗어나 애덤 스미스의 원래 사상으로 돌아가야 합니다. 그래야 벼랑 끝에 선 자본주의의 위기를 극복할 수 있습니다.

사정이 이런데도 모든 것을 시장에만 맡긴다는 것은 국민의 복리를 책임진 정부가 그 역할을 포기한 것이나 다름없다고 할 수 있습니다. 자유방임주의는 결국 불평등 방임주의이고, 을에 대한 갑의 착취를 방임하는 것이 됩니다. 정부는 부의 양극화를 더 이상 방치하지 말고 소득재분배에 적극적으로 나서야 합니다. 그것이 경제를 활성화시키는 방법입니다.

물론 오늘날 우리나라의 경제위기는 대외적 경제 여건이 안 좋은 탓도 있습니다. 그러나 이는 우리의 통제 밖이니 논의의 대상이 아닙니다. 대내적으로 오늘날 우리가 맞고 있는 경제위기는 경제성장의 몫을 가계보다는 기업, 가계에서는 서민보다는 부유층이, 기업에서는 중소기업보다는 대기업이 더 많이 가져가는 구조에서 비롯된 것입니다. 이런 경제구조를 만든 것이 바로 신자유주의 경제이념인 것입니다.

현재의 경제위기를 극복하려면 신자유주의가 만든 이념의 덫에서 벗어나는 것은 물론, 먼저 경제를 책임지고 있는 사람들이 과거의 경제성장의 방식으로 위기를 극복할 수 있다고 믿는 '능력과신의 덫'에서 벗어나야 합니다.

현재 정부가 내놓는 경제 대책은 주로 기업을 도와 경제를 활성화시키는 방법입니다. 하지만 자본축적이 끝난 현 시점에서는 이런 방식만으로는 한계가 있습니다. '기업이 살아야 경제가 사는 것'이 아니라 '가계가 살아야 소비가 살고 그래야 기업도 사는 것'으로 인식을 바꾸어야 합니다.

애덤 스미스는 선진국처럼 자본축적이 다 끝나면 자본 간의 경쟁으로 이윤율이 저하된다고 했습니다. 이렇게 되면 기업들은 자본을 투하할 마땅한 투자처를 찾지 못하게 됩니다. 오늘날 언론에 자주 보도되는 대기업의 천문학적 사내 유보금은 바로 이윤율 저하 경향에 따른 결과를 그대로 보여주는 것입니다.

또한 가계나 기업이 저축한 돈이 투자로 이어지지 않으면서 수요가 줄어 경제가 정체되고 있습니다. 자본축적이 다 끝나면 저축은 미덕이 아니라 오히려 악덕이 됩니다. 이에 따라 수요를 늘리기 위해서 은행에 저축을 하면 오히려 벌금을 매기는 마이너스 금리도 생겨났습니다.

이제 케인스의 처방대로 정부가 나서 수요부양정책으로 소비를 진작시킬 필요가 있습니다. 현재의 경제위기를 타개하려면 돈이 저축 성향이 높은 기업이나 상위층 소득자들에게서 소비 성향이 높은 가계나 일반 서민들에게로 흘러가도록 해야 합니다.

오늘날의 형국은 기업이라는 바퀴는 전진하려고 하는데 가계라는 바퀴가 후진하려 하는 것이라 할 수 있습니다. 경제의 두 바퀴인 기업과 가계가 다시 앞으로 돌도록 해야 합니다. 그래서 지난 30여 년간 계속 줄어든 중산층을 다시 늘려야 합니다. 그래야 스미스가 말한 대로 나라가 부강해지고 안정될 것입니다.

'오늘날 신자유주의는 과거 중상주의와 같다'는 필자의 주장에 아직도 의문을 갖고 계신 분들은 4장에서 인용한 스미스가 중상주의를 비판한 부분을 다시 읽어보시길 바랍니다. 소비자를 가계(혹은 노동자)로 생산자를 기업(혹은 고용주)으로 바꾸어 읽어보면 더욱 이해가 잘될 것입니다. 애덤 스미스는 중상주의를 비판하면서 '소비자의 이익은 전적으로 무시되었음에 반해 생산자의 이익에는 매우 신중한 주의가 기울여지고 있다'고 강조한 바 있습니다.

생각이 인간의 행동을 지배하듯이 사회제도는 이념에 의해 유지되고 강화되기 마련입니다. 원래 정치제도나 경제제도란 이념의 산물이며 대다수 사람들이 명시적으로나 암묵적으로 그 이념을 받아들임으로써 유지되고 강화됩니다.

오늘날 우리 경제제도를 지배하는 신자유주의는 '자유방임이 최고의 경제구조'라는 명분으로 불평등 구조를 방임하도록 만들었습니다. 잘못된 이기심의 자본주의가 잘못된 경제구조를 낳은 것입니다. 이제는 잘못된 이념을 바로잡은 후 이에 따라 경제제도도 바꾸어야 합니다.

그러기 위해 벼랑 끝에 선 자본주의를 구하기 위해 왜곡된 애덤 스미스와 공자의 모습이 아닌, 참모습을 보아야 합니다. 이들은 소수가 아니라 평범한 일반 국민이 잘사는 정치철학과 경제이념을 갖고 있었습니다. 동감 혹은 서恕를 중시한 민본주의자였기 때문입니다. 이제 공자가 말한 손상익하의 경제제도로, 애덤 스미스가 중시한 동감이 모든 경제 행위의 중심이 되는 동감 자본주의로 바꾸어야 합니다.

통념을 깨고 보면 애덤 스미스의 손이 보입니다. 경제적 약자도 포용하는 따뜻한 손 말입니다. 애덤 스미스의 따뜻한 손은 병든 이기심의 자본주의를 구할 동감의 손입니다.

1장_애덤 스미스와 《국부론》에 대한 오해

1   존 메이너드 케인스 저·이주명 역,《고용, 이자, 화폐의 일반이론》, 필맥, 2010, p.466

2   이한구 저,《역사학의 철학》, 민음사, 2007, p.58

3   Carl Menger, Die Social-Theorie der classischen National-Oekonomie und die moderne Wirtschaftspolitik, 1891, 다음의 논문에서 재인용함. Emma Rothschild, "Adam Smith and Conservative Economics," *The Economic History Review*, Vol.45(1), 1992, pp.74-96

4   민문홍, "한국사회의 이념적 정체성과 자유민주주의," 〈사회이론〉 42호, 2012, pp.241-273

2장_애덤 스미스는 누구인가?

1   다카시마 젠야 저·김동환 역,《애덤 스미스: 근대화와 민족주의의 시각에서》, 소화, 2004, p.145

2   애덤 스미스 저·김수행 역,《국부론》, 비봉출판사, 2007, p.963

3   나종일·송규범 저,《영국의 역사》, 한울아카데미, 2005, pp.493-494

4   애덤 스미스 저·김수행 역, 앞의 책, p.766

5   박지향 저,《영국사: 보수와 개혁의 드라마》, 까치, 1997, pp.33-35

6   이영석, "잉글랜드와 스코틀랜드: 국민정체성의 변화를 중심으로," 〈사회연구〉, 1호, 2000, pp.113-134

3장_《도덕감정론》으로 본 스미스의 도덕철학

1   에밀 뒤르켐 저·민문홍 역,《사회분업론》, 2012, 아카넷, p.8

2   플라톤 저·김주일 역,《파이드로스》, 이제이북스, 2012, pp.82-85.

3   《여유당전서》〈논어고금주〉 권2, 권7

4   《여유당전서》〈논어고금주〉 권7

5   애덤 스미스 저·박세일·민경국 역,《도덕감정론》, 비봉출판사, 2009, p.3

6   위의 책, p.5

7   위의 책, p.162

8   위의 책, pp.253-254

9   위의 책, pp.210-211

10 위의 책, p.294

11 위의 책, p.92

12 위의 책, pp.345-346

13 애덤 스미스 저 · 김수행 역, 《국부론》, 비봉출판사, 2007, p.418

14 애덤 스미스 저 · 박세일 · 민경국 역, 앞의 책, pp.628-629

4장_ 애덤 스미스의 중상주의 비판과 중국의 염철전매제

1 애덤 스미스 저 · 박세일 · 민경국 역, 《도덕감정론》, 비봉출판사, 2009, p.660

2 E.C. Mossner and I.S. Ross ed., 《Correspondence of Adam Smith》, Clarendon Press, 1977, letter 208, October 1780

3 애덤 스미스 저 · 김수행 역, 《국부론》, 비봉출판사, 2007, p.600

4 R.L. 미크, D.D. 라파엘, P.G. 스테인 편 · 서진수 역, 《애덤 스미스의 법학강의-상》, 자유기업원, 2002, pp.496-497

5 나종일 · 송규범 저, 《영국의 역사》, 한울아카데미, 2005, p.330

6 대런 애쓰모글루 · 제임스 A. 로빈슨 저 · 최완규 역, 《국가는 왜 실패하는가》, 시공사, 2012, p.275

7 애덤 스미스 저 · 김수행 역, 앞의 책, pp.161-162

8 위의 책, p.572

9 위의 책, p.601

10 애덤 스미스 저 · 박세일 · 민경국 역, 앞의 책, p.323

11 위의 책, p.158

12 애덤 스미스 저 · 김수행 역, 앞의 책, pp.435-436

13 위의 책, p.814

14 위의 책, p.547

15 위의 책, p.816

16 위의 책, p.323

17 박기수 외 역, 《사료로 읽는 중국 고대 사회경제사》, 청어람미디어, 2005, pp.59-60

18 위의 책, pp.465-466

19 위의 책, p.382

20 환관 저 · 김원중 역, 《염철론》, 현암사, 2007, pp.15-16

21 위의 책, p.18

22 박기수 외 역, 앞의 책, p.461

23 위의 책, p.165

24 환관 저 · 김원중 역, 앞의 책, pp.26-27

25 박기수 외 역, 앞의 책, pp.167-168

26 위의 책, pp.314-318

27 반고 저 · 홍대표 역, 《한서열전》, 범우사, 1997, pp.236-237

28 Fernand Braudel, 《The Wheel of Commerce: Civilization and Capitalism, 15th-18th Century, Vol.2》, Harper & Row, 1982, pp.588-589

29 페르낭 브로델 저 · 김홍식 역, 《물질문명과 자본주의 읽기》, 갈라파고스, 2012, pp.174-177

5장_자연적 자유주의 vs. 자유방임주의

1 애덤 스미스 저 · 김수행 역, 《국부론》, 비봉출판사, 2007, p.848

2 위의 책, p.746

3 위의 책, p.571

4 위의 책, p.715

5 위의 책, p.159

6 위의 책, p.397

7 위의 책, pp.568-569

8 애덤 스미스 저 · 박세일 · 민경국 역, 《도덕감정론》, 비봉출판사, 2009, p115

9 존 스튜어트 밀 저 · 서병훈 역, 《자유론》, 책세상, 2011, p. 33.

10 애덤 스미스 저 · 박세일 · 민경국 역, 앞의 책, pp.156-157

11 애덤 스미스 저 · 박세일 · 민경국 역, 앞의 책, pp.590-592

12 R.L. 미크, D.D. 라파엘, P.G. 스테인 편 · 서진수 역, 《애덤 스미스의 법학강의-상》, 자유기업원, 2002, pp.706-707

13 애덤 스미스 저 · 김수행 역, 앞의 책, p.504

14 Bernard Mandeville, 《The Fable of the Bees》, Oxford, 1966, pp.287-288

15 애덤 스미스 저 · 김수행 역, 앞의 책, p.102

16 위의 책, p.832

17 애덤 스미스 저 · 박세일 · 민경국 역, 앞의 책, p.167

18 대런 애쓰모글루 · 제임스 A. 로빈슨 저 · 최완규 역, 《국가는 왜 실패하는가》, 시공사, 2012, pp.267-307

19 위의 책, pp.119

20 애덤 스미스 저 · 김수행 역, 앞의 책, p.848

21 위의 책, pp.423-424

22 'Three centuries of data,' www.bankofengland.co.kr 자료

23 제프리 삭스 저 · 홍성완 역, 《지속 가능한 발전의 시대》, 21세기북스, 2015, p.43

24 애덤 스미스 저 · 김수행 역, 앞의 책, pp.860-861

25 위의 책, pp.872-873

26 위의 책, p.874

27 위의 책, p.882

28 위의 책, pp.890-891

29 R.L. 미크, D.D. 라파엘, P.G. 스테인 편 · 서진수 역,《애덤 스미스의 법학강의-상》, 자유기업원, 2002, pp.578-580

30 애덤 스미스 저 · 김수행 역, 앞의 책, p.961

31 위의 책, pp.957-959

6장_스미스의 자연가격 vs. 현대 경제학의 균형가격

1   애덤 스미스 저 · 김수행 역,《국부론》, 비봉출판사, 2007, p.517

2   앨프레드 마셜 저 · 백영현 역,《경제학 원리 1》, 한길사, 2010, p.86

3   위의 책, p.67

4   〈동아일보〉 1999년 12월 3일 자 기사, "경제학자 40여 명 'IMF반성회'"

5   〈조선일보〉 2010년 10월 26일 자 기사, "금융위기 왜 예측 못했소?"

6   〈조선비즈〉 2011년 10월 11일 자 기사, "노벨경제학상의 날 … 그러나 세계경제는 앞날을 알지 못한다"

7   제레미 리프킨 저 · 이창희 역,《엔트로피》, 세종연구원, 2006, p.22

8   〈매일경제〉 2015년 11월 3일 자 기사, "[장경덕이 만난 사람] 물리학으로 경제를 분석하는 과학자 마크 뷰캐넌"

9   애덤 스미스 저 · 김수행 역, 앞의 책, p.73

10 위의 책, p.76

11 위의 책, p.18

12 위의 책, p.19

13 위의 책, p.420

14 애덤 스미스 저 · 박세일 · 민경국 역,《도덕감정론》, 비봉출판사, 2009, p.15

15 R.L. 미크, D.D. 라파엘, P.G. 스테인 편 · 서진수 역,《애덤 스미스의 법학강의-상》, 자유기업원, 2002, p.639

16 아마티아 센 저 · 김원기 역,《자유로서의 발전》, 갈라파고스, 2013, p.24

17 애덤 스미스 저 · 박세일 · 민경국 역, 앞의 책, p.359

18 애덤 스미스 저 · 김수행 역, 앞의 책, p.1080

19 앨프레드 마셜 저 · 백영현 역, 앞의 책, pp.68-69

20 애덤 스미스 저 · 김수행 역, 앞의 책, pp.120, 125

21 위의 책, pp.127-128

22 애덤 스미스 저 · 박세일 · 민경국 역, 앞의 책, pp.92, 105, 110

23 애덤 스미스 저 · 김수행 역, 앞의 책, pp.78, 80

24 토드 부크홀츠 저 · 류현 역, 《죽은 경제학자의 살아 있는 아이디어》, 김영사, 2009, pp.310-311

25 Milton Freedman, 《Essays in Positive Economics》, University of Chicago Press, 1959

26 〈중앙일보〉 2015년 11월 7일 자 기사, "신자유주의는 애덤 스미스의 위작이다"

27 "Rethinking the Social Responsibility of Business," 〈REASON〉, October 2005

28 애덤 스미스 저 · 김수행 역, 앞의 책, pp.552-553

29 Andre Gunder Frank, "Development and Underdevelopment in the New World: Smith and Mark vs. the Weberaians," *International Review of Sociology*, 2nd series, 10, 2-3, 1974, p.121

30 〈중앙일보〉 2015년 9월 24일 자 기사, "일본 경영의 신 '이윤만 좇다간 위기 다가온다'"

7장_시장과 경제성장

1 애덤 스미스 저 · 김수행 역, 《국부론》, 비봉출판사, 2007, p.420

2 홍훈 외 저, 《경제의 교양을 읽는다-고전편》, 더난출판사, 2009, p.9

3 애덤 스미스 저 · 김수행 역, 앞의 책, p.334

4 위의 책, p.413

5 유발 하라리 저 · 조현욱 역, 《사피엔스》, 김영사, 2015, p.442

6 애덤 스미스 저 · 김수행 역, 앞의 책, p.441

7 위의 책, p.420

8 위의 책, p.433

9 위의 책, p.414

10 존 메이너드 케인스 저 · 정명진 역, 《설득의 경제학》, 부글북스, 2009, pp.83-84

11 애덤 스미스 저 · 김수행 역, 앞의 책, p.123

12 이진순 저, "피케티의 《21세기 자본》과 한국경제," 〈재정학연구〉 7권 4호, 2014, pp.183-217

13 폴 크루그먼 저 · 안진환 역, 《불황의 경제학》, 세종서적, 2015, pp.265-279

14 애덤 스미스 저 · 김수행 역, 앞의 책, p.100

15 〈중앙일보〉 2015년 9월 30일 자 기사, "헬조선과 지옥 불바다를 어쩔 셈인가"

16 〈국민일보〉 2015년 3월 16일 자 기사, "[이슈분석-노동생산성 12퍼센트 늘 때 임금 상승은 4퍼센트] 생산량 못 따라간 월급 '임금 없는 성장' 기업에 부메랑"

17 장하성 저, 《왜 분노해야 하는가》, 헤이북스, 2015, p.69

18 김수행 저, 《마르크스 · 슘페터 · 케인스》, 중앙일보사, 1984, p.163

19 애덤 스미스 저 · 김수행 역, 앞의 책, p.150

20 조지프 슘페터 저 · 변상진 역, 《자본주의 · 사회주의 · 민주주의》, 한길사, 2011, p.184

21 Claudia Goldin and Lawrence F. Katz, 《The Race between Education and Technology》, Belknap Press, 2010

22 에릭 브린욜프슨·앤드루 맥아피 저·이한음 역, 《제2의 기계 시대》, 청림출판, 2014, pp.201, 217-218

23 토마 피케티 저·장경덕 역, 《21세기 자본》, 글항아리, 2014, pp.350-361

24 N. Gregory Mankiw, "Defending the One Percent," *Journal of Economic Perspectives*, Vol.27(3), 2013, pp.21-34

25 애덤 스미스 저·김수행 역, 앞의 책, pp.357, 362

26 위의 책, p.417

27 위의 책, pp.435-436

28 위의 책, pp.358-359

29 위의 책, pp.1132-1133

30 〈한국경제신문〉 2014년 5월 3일 자 기사, "국채 매입과 맞바꾼 은행권 발행…전비(戰費) 수요가 중앙은(銀) 탄생시켜"

31 애덤 스미스 저·김수행 역, 앞의 책, pp.1136-1137

32 위의 책, p.1142

33 위의 책, p.372

34 위의 책, p.393

35 쑹훙빙 저·차혜정 역, 《화폐전쟁》, 랜덤하우스코리아, 2008, pp.410-411

36 애덤 스미스 저·김수행 역, 앞의 책, p.392

37 위의 책, p.403

38 〈중앙일보〉 2015년 12월 15일 자 기사, "내가 대통령이 되면 월가를 이렇게 길들이겠다"

8장_ 왜곡된 '보이지 않는 손', 실제로 어떤 손인가?

1 Gavin Kennedy, 《Adam Smith's Lost Legacy》, Palgrave Macmillan, 2005

2 이먼 버틀러 저·김정완 역, 《애덤 스미스의 이해》, 대영문화사, 2012

3 J. Evensky, "Ethics and Invisible Hand," *Journal of Economic Perspectives*, 7(2), 1993, pp.197-205

4 W.D. Grampp, "What did Smith mean by the Invisible Hand." *Journal of Political Economy*, 108(3), 2000, pp.441-464

5 E.L. Khalil, "Making Sense of Adam Smith's Invisible Hand: Beyond Pareto Optimality and Unintended Consequences," *Journal of History and Economic Thought*, 22(1), 2000

6 Gavin Kennedy, 앞의 책, p.166

7   Gavin Kennedy, "Adam Smith and the Invisible Hand: From Metaphor to Myth," *Economic Journal Watch*, May, 2009, pp.239-263

8   Emma Rothschild, 《Economic Sentiments: Adam Smith, Condorcet, and the Enlightenment》, Harvard University Press, 2002

9   Emma Rothschild, "Adam Smith and the Invisible Hand," *American Economic Review*, 84(2), Papers and Proceeding, 1994, pp.319-322

10 위의 논문

11 애덤 스미스 저 · 박세일 · 민경국 역, 《도덕감정론》, 비봉출판사, 2009, p.346

12 이먼 버틀러 저 · 김정완 역, 앞의 책, p.121

13 애덤 스미스 저 · 김수행 역, 《국부론》, 비봉출판사, 2007, pp.552-553

14 위의 책, pp.553-554

15 P.A. Samuelson, 《Economics: An Introductory Analysis》, McGraw-Hill Education, 1948. 다음 논문에서 재인용. Gavin Kennedy, "Adam Smith and the Invisible Hand: From Metaphor to Myth," *Economic Journal Watch*, May, 2009, pp.239-263

16 Kenneth J. Arrow and Frank H. Hahn, 《General Competitive Analysis》, Holden Day, 1971, pp.1-2

17 Joseph E. Stiglitz, "Information and Change in the Paradigm of Economics," *American Economic Review*, 92(3), 2002, pp.460-501

18 Gavin Kennedy, 앞의 논문, pp.239-263

19 존 메이너드 케인스 저 · 이주명 역, 《고용, 이자, 화폐의 일반이론》, 필맥, 2010, p.466

20 애덤 스미스 저 · 박세일 · 민경국 역, 앞의 책, p.164

21 위의 책, p.312

22 Emma Rothschild, 앞의 논문

23 시진핑 저 · 차혜정 역, 《시진핑, 국정운영을 말하다》, 와이즈베리, 2015, p.149

24 《중용》, 〈6장〉에는 "순임금이 양쪽 끝(양단)을 붙잡고 그 가운데를 백성에게 사용했다(執其兩端用其中於民)"는 구절이 나온다.

25 앨프레드 챈들러 저 · 김두얼 외 역, 《보이는 손》, 지식을만드는지식, 2014

26 애덤 스미스 저 · 김수행 역, 앞의 책, pp.793-794

27 장하성 저, 《왜 분노해야 하는가》, 헤이북스, 2015, pp.27-28, 93

28 애덤 스미스 저 · 김수행 역, 앞의 책, p.806

29 존 메이너드 케인스 저 · 정명진 역, 《설득의 경제학》, 부글북스, 2009, pp.93, 118-119

30 위의 책, p.12

31 위의 책, p.105

32 유발 하라리 저 · 조현욱 역, 《사피엔스》, 김영사, 2015, p.470

33 장하성 저, 앞의 책, p.19

34 김승식 저, 《성공한 국가 불행한 국민》, 끌리는책, 2013, pp.57-85

35 김낙년 저, "한국의 소득 불평등, 1963-2010," 〈경제발전연구〉, 18권 2호, 2012

36 Nak Neon Kim and Jongil Kim, "Top Income in Korea 1933-2010: Evidence from Income Tax Statistics," 낙성대경제연구소 워킹페이퍼, 2014

37 〈국민일보〉 2014년 9월 12일 자 기사, "한국 소득불평등 맨얼굴 국제DB 통해 첫 공개"

38 장하성 저, 앞의 책, pp.93-95

39 김승식 저, 앞의 책, pp.79-86

40 위의 책, pp.299-301

41 위의 책, pp.284-287

9장_노동생산성과 노동과 자본의 분배

1 김수행 저, 《자본론 공부》, 돌베개, 2014, pp.139-140

2 카를 마르크스 저 · 김수행 역, 《자본론 I (하)》, 비봉출판사, 2001, p.1054

3 위의 책, p.310

4 애덤 스미스 저 · 김수행 역, 《국부론》, 비봉출판사, 2007, p.87

5 위의 책, p.348

6 위의 책, p.836

7 위의 책, pp.420-421

8 위의 책, p.62

9 휴넷 행복한 인문학당, "《자본(론)》 21세기, 맑스주의 해석과 재발견"

10 〈중앙일보〉 2015년 2월 23일 자 기사, "기업 10곳 중 7곳 창업 5년 내 문 닫았다"

11 애덤 스미스 저 · 김수행 역, 앞의 책, p.144

12 위의 책, p.14

13 위의 책, pp.102, 105-106

14 위의 책, p.88

15 위의 책, p.185

16 위의 책, pp.167-169

17 위의 책, pp.93, 106

18 위의 책, p.90

19 위의 책, p.95

20 위의 책, pp.84, 38

21 위의 책, p.60

22 위의 책, p.61

23 카를 마르크스 저·편집부 역, 《잉여가치학설사》, 도서출판 아침, 1989, p.87

24 카를 마르크스 저·김수행 역, 《자본론 I (상)》, 비봉출판사, 2001, p.50

25 데이비드 리카도 저·권기철 역, 《정치경제학과 과세의 원리에 관하여》, 책세상, 2010, p.35

26 데이비드 하비 저·강신준 역, 《데이비드 하비의 맑스 〈자본〉 강의》, 창비, 2011, p.162

27 애덤 스미스 저·김수행 역, 앞의 책, pp.106-107

28 〈경향신문〉 2015년 12월 24일 자 기사, "구조조정 찬바람 부는 연말… 직장인 70퍼센트 '고용불안 느낀다'"

29 김승식 저, 《성공한 국가 불행한 국민》, 끌리는책, 2013, pp.195-196

30 애덤 스미스 저·김수행 역, 앞의 책, pp.45, 89

31 장하성 저, 《왜 분노해야 하는가》, 헤이북스, 2015, pp.18

32 위의 책, pp.67, 69

33 〈중앙일보〉 2016년 2월 27일 자 사설, "성장율 반도 못 미치는 가계소득으론 내수 못 살린다"

34 조지프 슘페터 저·변상진 역, 《자본주의·사회주의·민주주의》, 한길사, 2011

35 N. Gregory Mankiw, "Defending the One Percent," *Journal of Economic Perspectives*, Vol.27(3), 2013, pp.21-34

36 애덤 스미스 저·김수행 역, 앞의 책, pp.13-14

37 위의 책, p.106

38 이민화·차두언 저, 《창조경제: 제2 한강의 기적》, 북콘서트, 2013, p.154

39 J.E. Burroughs etc., "Facilitating and Rewarding Creativity During Product Development," *Journal of Marketing*, Vol.75, July, 2011, pp.53-67

40 존 메이너드 케인스 저·이주명 역, 《고용, 이자, 화폐의 일반이론》, 필맥, 2010, pp.126-127

41 장하성 저, 앞의 책, pp.179, 433

42 애덤 스미스 저·김수행 역, 앞의 책, p.125

43 이민화·차두언 저, 앞의 책, pp.113-139

44 이윤준 저, "창조경제 시대의 창업 활성화 방안," 〈과학기술정책〉, 23권 2호, 2013, pp.11-21

45 데이비드 존스턴 저·정명진 역, 《정의의 역사》, 부글북스, 2011, pp.281

46 애덤 스미스 저·김수행 역, 앞의 책, p.754

47 위의 책, p.694

48 위의 책, pp.694-695

49 〈중앙일보〉 2016년 2월 16일 자, "사설 속으로, 보안 뚫린 인천공항 사태"

50 애덤 스미스 저·김수행 역, 앞의 책, p.321

51 위의 책, pp.322-323

52 장하성 저, 앞의 책, p.151

53 이진순 저, "피케티의 《21세기 자본》과 한국경제," 〈재정학연구〉 7권 4호, 2014, pp.183-217

54 토마 피케티 저·장경덕 역, 《21세기 자본》, 글항아리, 2014, p.563

55 위의 책, pp.621-632

56 애덤 스미스 저·김수행 역, 앞의 책, pp.1049-1050

57 위의 책, pp.361-362

58 위의 책, p.350

10장_유럽의 경제발전 vs. 중국의 경제발전

1 애덤 스미스 저·김수행 역, 《국부론》, 비봉출판사, 2007, p.468

2 위의 책, pp.446-447

3 위의 책, p.450

4 위의 책, p.468

5 애덤 스미스 저·박세일·민경국 역, 《도덕감정론》, 비봉출판사, 2009, p.345

6 애덤 스미스 저·김수행 역, 앞의 책, p.504

7 위의 책, pp.498-499

8 위의 책, p.508

9 위의 책, p.693

10 위의 책, pp.508-509

11 위의 책, pp.496-497

12 위의 책, p.492

13 위의 책, pp.494-495, 512-514

14 위의 책, p.494

15 김재훈 저, "애덤 스미스를 통해 본 '근대로의 이행' 문제," 〈경제학연구〉 44집 4호, 1996, pp.287-314

16 애덤 스미스 저·김수행 역, 앞의 책, pp.513-514

17 위의 책, pp.166-167

18 위의 책, p.825

19 박기수 외 3인 역, 《사료로 읽는 중국 고대 사회경제사》, 청어람미디어, 2005, p.291

20 차주환 역, 《맹자》, 명문당, 2002, pp.158-159

21 박기수 외 3인 역, 앞의 책, pp.311-312, 324

22 위의 책, pp.311-312, 324

23 환관 저·김원중 역,《염철론》, 현암사, 2007, pp.35-37

24 위의 책, pp.23, 39

25 정약용 저·이익성 역,《경세유표 Ⅰ》, 한길사, 1997, pp.117-118

26 애덤 스미스 저·김수행 역, 앞의 책, pp.123-124

27 위의 책, pp.840-841

28 조반니 아리기 저·강진아 역,《베이징의 애덤 스미스》, 도서출판 길, 2009, p.497

29 장동식·여택동·이창렬 저, "중국 향진기업의 발전 과정과 향후 발전 방향,"〈China 연구〉, 제10집, 2011, pp.125-168

30 조반니 아리기 저·강진아 역, 앞의 책, pp.483-519

11장 _ 공자의 《논어》와 애덤 스미스의 《도덕감정론》

1 장탁(張琢) 저, "유학과 사회학",《공자 사상과 21세기》(한중국제학술회의 대논문집), 동아일보사, 1994, p.349

2 정영수 저, "선진유학의 인간 본성론: 성자명출(性自命出)을 중심으로,"〈범한철학〉 57(2), 2010, pp.61-84

3 박석 저,《대교약졸》, 들녘, 2005, p.325

4 황태연·김종록 저,《공자 잠든 유럽을 깨우다》, 김영사, 2015, pp.238-246

5 애덤 스미스 저·김수행 역,《국부론》, 비봉출판사, 2007, p.20

6 애덤 스미스 저·박세일·민경국 역,《도덕감정론》, 비봉출판사, 2009, pp.230-231

7 위의 책, pp.480-481

8 위의 책, pp.275-276

9 위의 책, p.24

10 위의 책, p.419

11 데이비드 흄 저·이준호 역,《정념에 관하여: 인간 본성에 관한 논고 2》, 서광사, 1996, pp.66-69

12 애덤 스미스 저·박세일·민경국 역, 앞의 책, p.418

13 위의 책, p.261

14 위의 책, pp.450, 447

15 위의 책, p.162

16 위의 책, pp.162-163

에필로그 _ 진짜 스미스를 알아야 위기를 극복할 수 있다

1 김병연 저, "애덤 스미스가 본 사회 통합과 경제성장,"〈현상과인식〉 31권(1·2호), 2007, pp.13-35

애덤 스미스의 따뜻한 손

초판 1쇄 2016년 5월 10일
    4쇄 2020년 3월 30일

지은이 | 김근배

발행인 | 이상언
제작총괄 | 이정아
편집장 | 조한별

발행처 | 중앙일보플러스(주)
주소 | (04517) 서울시 중구 통일로 86 4층
등록 | 2008년 1월 25일 제2014-000178호
판매 | 1588-0950
제작 | (02) 6416-3950
홈페이지 | jbooks.joins.com
네이버 포스트 | post.naver.com/joongangbooks

ⓒ 김근배, 2016

ISBN 978-89-278-0762-9 03320